Angela Merkel (Hg.)

Dialog über Deutschlands Zukunft

Angela Merkel (Hg.)

Dialog über Deutschlands Zukunft

MURMANN

Dieses Buch wurde klimaneutral produziert.

ClimatePartner°
klimaneutral
Druck | ID: 53248-1205-1001

MIX
Papier aus verantwortungsvollen Quellen
FSC® C014496
FSC
www.fsc.org

Bibliografische Information der Deutschen Nationalbibliothek

Die Deutsche Nationalbibliothek verzeichnet diese Publikation in der Deutschen Nationalbibliografie; detaillierte bibliografische Daten sind im Internet über http://dnb.d-nb.de abrufbar.

ISBN 978-3-86774-187-3

Umschlaggestaltung: Groothuis, Lohfert, Consorten, Hamburg | glcons.de
Herstellung: Das Herstellungsbüro, Hamburg
Gesetzt aus der Minion und der Quadraat Sans
Druck und Bindung: GGP Media GmbH, Pößneck
Printed in Germany

Besuchen Sie uns im Internet: www.murmann-verlag.de

Ihre Meinung zu diesem Buch interessiert uns!
Zuschriften bitte an **info@murmann-verlag.de**

Den Newsletter des Murmann Verlages können Sie anfordern unter
newsletter@murmann-verlag.de

Inhalt

Anhang

Angela Merkel
Vorwort der Herausgeberin

Vor über einem Jahr habe ich einen Dialog über Deutschlands Zukunft ins Leben gerufen. Dieser Dialog mit Experten aus Wissenschaft und Wirtschaft, mit Praktikern, mit Bürgerinnen und Bürgern in öffentlichen Veranstaltungen in Erfurt, Heidelberg und Bielefeld und im Internet – er war ein Experiment. Er ist es immer noch, denn zum Zeitpunkt des Erscheinens des vorliegenden Buches ist der Dialog noch nicht abgeschlossen. Es ist deshalb auch noch offen, ob das Experiment gelingen wird oder nicht.

Eines aber wird jetzt schon deutlich: Ein Dialog über Deutschlands Zukunft war überfällig. War das zu Beginn zunächst nur eine Ahnung, so wurde diese Ahnung während des Dialogs immer mehr zur Gewissheit: und zwar für alle Beteiligten, auch für mich ganz persönlich.

Meine politische Arbeit findet zumeist innerhalb eines festen Rahmens statt. Ich bin jeweils für eine Legislaturperiode von vier Jahren gewählt. Mein Arbeitstag als Bundeskanzlerin ist in der Regel bis an den Rand gefüllt und unterliegt vielen Verpflichtungen. Täglich sind Entscheidungen zu treffen, schwierige und einfache, solche, die in der Öffentlichkeit heiß diskutiert werden, und solche, die in der Routine des politischen Alltags kaum oder gar nicht wahrgenommen werden.

Um Entscheidungen der Bundesregierung vorzubereiten, führe ich unzählige Gespräche, suche ich Rat, analysiere ich Sachverhalte, werbe ich für Mehrheiten, im Deutschen Bundestag, im Bundesrat, auf europäischer und internationaler Ebene. Die Themenpalette ist breit. Sie reicht von der Bewältigung der Staatsschuldenkrise, der Umsetzung der Energiewende über Fragen der Integration und des demografischen Wandels bis zu außen- und sicherheitspolitischen Anforderungen zum Beispiel durch neue Formen der Bedrohung.

Viele politischen Handlungsentwürfe aus Verwaltung und Parlament berühren das Hier und Jetzt, oft im Zeitrahmen einer Legislaturperiode. Das liegt in der Natur der Sache. Manches geht auch weit darüber hinaus, denken wir nur an die Energiewende.

Jeden Tag machen sich gleichzeitig auch viele Menschen Gedanken über die Zukunft unseres Landes und unserer Gesellschaft, sie machen sich Gedanken über ihre persönliche Zukunft, über die Zukunft ihrer Kinder. Sie haben Träume, Hoffnungen, Ideen – wie ich auch.

Täglich können die Bürgerinnen und Bürger unseres Landes Entscheidungen und Überlegungen von mir und anderen Politikern lesen, hören, sehen – in Zeitungen, im Radio, im Fernsehen, auf öffentlichen Veranstaltungen, in meiner Neujahrsansprache, in meinem wöchentlichen Videopodcast, im Internet. Ich habe also außergewöhnlich viele Möglichkeiten mitzuteilen, was mich bewegt, welche Entscheidungen die Bundesregierung aus welchen Gründen trifft und vieles mehr.

Das alles ist wichtig, das alles ist unverzichtbar. Doch das alles reicht nicht mehr – zu bahnbrechend sind die Herausforderungen unserer Zeit, zu fest erscheinen dagegen die Strukturen politischen Handelns. Deshalb habe ich mich entschlossen, den Dialog über Deutschlands Zukunft zu starten. Denn dieser Dialog gibt umgekehrt nun mir neue Möglichkeiten, zuzuhören, Ideen aufzunehmen, nachfragen zu können und die so gewonnenen Erkenntnisse in die Welt des politischen Handelns mitzunehmen.

Dieser Idee liegt die Überzeugung zugrunde, dass jeden Tag Millionen Menschen in unserem Land durch ihren Einsatz und ihr Handeln Weichen für die Zukunft stellen. Und dass wir Politiker einen neuen Rahmen schaffen sollten, dieses Tun und Handeln besser als bislang zu unterstützen.

Deshalb musste sich das Konzept des Dialogs über Deutschlands Zukunft gängigen Erwartungen an politische Kommunikation entziehen. Der Zukunftsdialog findet außerhalb üblicher politischer Strukturen und Zeitpläne statt. Er findet auch nicht zwischen den üblichen Akteuren in Ministerien, Parlamentsausschüssen und Verbänden statt. Ebenso geht es nicht darum, ein vorher gesetztes Ziel unbedingt zu erreichen oder ein klassisches politisches Programm für eine Legislaturperiode und die nächste Wahl zu schreiben. Daher habe ich den Zukunftsdialog auch ganz bewusst in der Mitte der Legislaturperiode begonnen. So haben wir die Voraussetzungen geschaffen, dass wir alle – Bürger, Politiker, Experten – bereit sind, uns von herkömmlichen Diskussions- und Denkmustern zu lösen. Dass wir uns während des Dialogs nicht von äußeren Einflüssen und tagesaktuellen Entwicklungen treiben lassen. Dass die Expertinnen und Experten fachübergreifend diskutieren. Dass ich selbst mir immer wieder Zeit nehme, um mich jenseits des politischen Alltagsgeschäfts auf die Gedanken im Experten-, im Bürger- und im Online-Dialog einzulassen.

Mir ging und geht es um einen neuen Ansatz, mit dem wir zu grundsätzlichen Überlegungen zur Zukunft in Deutschland kommen, die auf einer möglichst breiten Grundlage der Beteiligung angestellt werden. Zu Überlegungen, die neue und unerwartete Antworten auf neue und unerwartete Trends und Entwicklungen ermöglichen. Überlegungen, die helfen, die Akzeptanz und Legitimation politischer Prozesse zu stärken.

Auch weiterhin werden viele Entscheidungen in der Hand der Politik, im Parlament und in der Regierung, liegen. Doch was wir brauchen, das sind neue Wege, um zu diesen Entscheidungen zu kommen. Das ist nötiger denn je – zu vielschichtig sind die Entwicklungen unserer Zeit, zu vernetzt ist die Welt, zu anspruchsvoll sind die Aufgaben.

Ausdrücklich danke ich den mehr als 120 Experten ganz herzlich, die seit einem Jahr ehrenamtlich viel Zeit und Kraft in den Dialog über die Zukunft unseres Landes investieren.

Drei zentrale Fragen im Zukunftsdialog

Wie wir uns unser Land in zehn Jahren vorstellen, wie wir es schaffen, dass unser Land auch dann noch menschlich und erfolgreich sein wird – das haben wir in den Mittelpunkt unseres Dialogs gestellt. Drei Fragen haben uns dabei durch den Dialog über Deutschlands Zukunft geführt.

Erstens: Wie wollen wir zusammenleben? Konkret: Wie ist es um den Zusammenhalt unserer Gesellschaft bestellt, und wie stärken wir den Zusammenhalt angesichts vieler Herausforderungen, nicht zuletzt durch den demografischen Wandel?

Zweitens: Wovon wollen wir leben? Konkret: Wie schaffen wir es, in einer Welt mit sieben Milliarden Menschen, die alle nach Wohlstand und Wachstum streben, den Wohlstand unseres Landes in den kommenden Jahren zu erhalten und auszubauen?

Drittens: Wie wollen wir lernen? Konkret: Wie können wir angesichts der rasanten Entwicklung von Wissen die wichtigste Ressource unseres Landes, also die Menschen, die hier leben, stärken und unser Land zur Bildungsrepublik Deutschland machen?

Wie wollen wir zusammenleben?

Wie wollen wir zusammenleben? Diese erste zentrale Frage des Zukunftsdialogs führt zu unserem Selbstverständnis von uns als Land und Nation und dazu, wie die Welt auf uns schaut. Sie betrifft auch unseren ganz konkreten Alltag, die Lebensbedingungen des Einzelnen und der Familien, in den Städten und auf dem Land, das Miteinander der Generationen, Kulturen und Religionen, die Sicherheit in unserem Lebensumfeld, das Vertrauen zwischen Bürgern und Staat, und dies auch angesichts der atemberaubenden Möglichkeiten des Internets.

In allen Gesprächen, die ich im Zukunftsdialog geführt habe,

habe ich gespürt, wie wichtig es ist, mögliche Spaltungen überwinden zu können und unseren inneren Zusammenhalt zu stärken. Das schließt alle in Deutschland lebenden Menschen ein, unabhängig von ihrer Herkunft, Religion, Hautfarbe, ihrem Geschlecht. Zusammenhalt soll auch und gerade in einer Integrationsgesellschaft, die bunter und vielfältiger wird, erhalten werden, mehr noch: Der Zusammenhalt soll wachsen. Das sehen wir am starken und vielfältigen ehrenamtlichen Engagement ebenso wie am beständigen Mühen um Chancengerechtigkeit.

Wir sollten nicht vergessen: Schon für Ludwig Erhard war »Wohlstand für alle« nicht einfach nur eine wirtschaftliche Formel, sondern ein aus dem christlichen Menschenbild erwachsenes Ziel, wonach jeder Mensch die gleiche Chance bekommen muss, ein gutes Leben führen zu können.

Erhard hatte ein umfassendes Wohlstandsverständnis. Das war nicht einfach allein gleichbedeutend mit einem hohen Pro-Kopf-Einkommen oder Wirtschaftswachstum, so wichtig das ohne Zweifel ist, aber für ihn ging es um mehr. Wohlstand bedeutete für ihn, ein menschenwürdiges Leben in einer lebenswerten Gesellschaft zu ermöglichen. Dazu gehören eine leistungsfähige Wirtschaft ebenso wie eine gute Sozialpartnerschaft und stabile Familien und Freundschaften, Geldvermögen ebenso wie Sozialvermögen.

Zusammenhalt in Deutschland dient allen, und ihn zu stärken ist eine Aufgabe für alle. Jeder kann seinen Beitrag leisten: mit der Erziehung von Kindern, der Pflege von Kranken und Alten, mit ehrenamtlichem, nachbarschaftlichem oder politischem Engagement, durch Offenheit für Neues und Fremdes. Je stärker unsere Gemeinschaft ist, desto besser kann sich der Einzelne und können wir uns als Gesellschaft auf den Wandel unserer Zeit einlassen und davon profitieren.

Deutschland hat großes Sozialvermögen. Deutschland zeichnet sich durch ein großes, vielfältiges ehrenamtliches, karitatives und nicht zuletzt kirchliches Engagement aus. Unser Vereinswesen wird manchmal belächelt, aber es bietet auch viel Raum der Begegnung und dafür, Verantwortung zu lernen. Das müssen wir wertschätzen, gerade auch angesichts des tiefgreifenden demografischen Wandels unseres Landes.

Wir Deutschen werden im Durchschnitt älter, und wir werden weniger. Die demografische Entwicklung ist für Deutschland eine der großen Herausforderungen der nächsten Jahrzehnte. Noch gibt es wenig Anzeichen, dass wir so etwas wie einen Konflikt der Generationen zu befürchten haben. Und doch merke ich in meinen Gesprächen im Zukunftsdialog, dass sich viele Menschen sorgen, wie das Miteinander von Jungen und Alten auch in Zukunft gelingen kann und wir einander nicht überfordern.

Der Zusammenhalt in unserem Land – er ist mit entscheidend dafür, ob wir uns Veränderungen, die die Zukunft bringt, offen gegenüberstellen, ob wir als Land handlungs- und wandlungsfähig bleiben. Wer sich seiner Traditionen, Werte und Stärken bewusst ist, der hat den Mut, Risiken einzugehen. Und der kann die zweite zentrale Frage des Zukunftsdialogs beantworten: Wovon wollen wir leben?

Wovon wollen wir leben?

Deutschland ist ein reiches Land mit einem großen wirtschaftlichen und sozialen Vermögen. Wir sind eines der führenden Industrieländer der Welt und haben eine hohe Lebensqualität. Das ist das Ergebnis der sozialen Marktwirtschaft, die für Unternehmen und Arbeitnehmer gute Rahmenbedingungen für freie Initiative und Verantwortung geschaffen hat und die gleichzeitig die Menschen trägt und auffängt, wenn sie Hilfe brauchen. Denn der Staat ist der Hüter dieser Ordnung.

Doch dieser Wohlstand und diese Lebensqualität sind nicht in Stein gemeißelt. Unsere starke Position im internationalen Wettbewerb wird in einer Zeit tiefgreifender Veränderungen herausgefordert. Der Wettbewerb mit den aufstrebenden Staaten Asiens und Lateinamerikas wird schärfer, die Ressourcen werden knapper, der demografische Wandel und die Notwendigkeit zur Sanierung der öffentlichen Haushalte erhöhen den Erneuerungsdruck zusätzlich. Wie also behaupten wir uns unter diesen Bedingungen auch in den nächsten zehn Jahren? Wie bestehen unsere kleinen und großen Betriebe im internationalen Wettbewerb der Märkte und Systeme? Wie stärken wir die Werte der sozialen Marktwirtschaft Freiheit, Gerechtigkeit und Solidarität auch in einer Welt rasanten Wandels?

Zunächst, indem wir uns klarmachen, dass es in Zukunft keinen Wohlstand mehr auf Pump, zu Lasten künftiger Generationen und auf Kosten der Umwelt geben darf. Diese Überzeugung wurde in den Gesprächen und Vorschlägen des Bürgerdialogs sehr oft geäußert. Ich sehe es als meinen Auftrag an, als Aufgabe meiner politischen Generation, gerade hierbei einen grundlegenden Wandel unseres Denkens und Handelns zu erreichen. Es muss Schluss gemacht werden mit einer Politik, die kein Morgen kennt. Unsere Art, zu leben, zu wirtschaften, und auch manches von dem, wie wir Politik machen, müssen sich ändern.

Denn jenseits des Wachstums an Gütern und Geld zeigt sich der Fortschritt unseres Landes und unserer Gesellschaft auch in einem verantwortungsvolleren Umgang mit der Erde und den Ressourcen, die uns anvertraut wurden. Wir brauchen eine Ordnung der Wirtschaft, die das ermöglicht, eine Charta für nachhaltiges Wachstum – national und international.

Eine der großen Menschheitsherausforderungen ist der Wandel des Weltklimas. Wir werden uns anstrengen müssen, die Ursachen und Folgen dieses Wandels zu beherrschen. Eine entwickelte Volkswirtschaft mit hohem Ressourcenverbrauch braucht dafür eine strategische Antwort. Die Energiewende, also die Entscheidung, das Zeitalter der erneuerbaren Energien schneller als jemals zuvor überlegt erreichen zu wollen, ist eine solche. Wir stellen damit die entscheidenden Weichen, um auf erneuerbare Energiequellen umzusteigen, Ressourcen effizienter zu nutzen und mit neuen Produktionsformen und Dienstleistungen Wohlstand zu erarbeiten, kurz: um unsere Art, zu leben und zu wirtschaften, so zu verändern, dass sie der Nachhaltigkeit dient.

Das ist kein Selbstläufer. Doch dass Deutschland in der Lage ist, selbst schwierigste Aufgaben zu meistern, das wissen wir. Die sogenannten Wirtschaftswunder der 1960er Jahre und der letzten Jahre dieses neuen Jahrhunderts – sie waren keine Wunder. Sie waren das Ergebnis fleißiger Arbeit und der Leistung eines ganzen Landes. Wir können es also, und wir haben beste Voraussetzungen: mit einer starken Industrie und erfolgreichen Dienstleistern. Wir waren und sind ein Land der Tüftler, ein Land der Ideen. Handwerkstradition, Ingenieurskunst und Kaufmannsgeschick gehen bei uns vielfach ein produktives Zusammenspiel ein. Dadurch erarbeiten wir uns immer wieder Vorsprünge gegenüber anderen Ländern. Deutschland verfügt über die weltweit anerkannte duale Ausbildung und eine kreative Verbindung von Wissenschaft und Wirtschaft.

Darauf müssen wir aufbauen, um die materielle Grundlage des Wohlstands auch für die Zukunft zu erhalten. Denn unsere wichtigste Ressource waren immer die geistigen und praktischen Fähigkeiten der Menschen. Sie werden es auch in Zukunft sein. Neugier und Entdeckerfreude sind die Kraftquellen für Innovation. Wir brauchen mehr Innovationen und die erfolgreiche Markteinführung einer guten Idee oder technischen Erfindung.

Wir dürfen uns nicht nur auf den international guten Klang des »Made in Germany« stützen, sondern müssen jenseits von Produkten und Dienstleistungen komplexe Systemlösungen entwickeln, die weltweit gefragt sind. Das reicht vom IT-System bis zu unserem Bildungssystem oder der sozialen Marktwirtschaft. Längst haben wir unsere Marke zu »Created in Germany« und »Enabled by Germany« weiterentwickelt.

Unser Erfolg gründet dabei auf der Erfahrung, dass jeder Innovator sein kann, als Selbständiger oder als Teil eines Teams, als gut ausgebildete Fachkraft oder akademischer Spezialist. Wichtig ist, dass wir jedem zuhören und guten Ideen Raum und Chancen auf Umsetzung geben. Die Dynamik in anderen Ländern sollte uns dabei Ansporn sein. Dafür müssen wir uns auch Gedanken darüber machen, wie die Arbeit der Zukunft unter den Bedingungen des demografischen Wandels und technischen Fortschritts aussehen soll, denn Arbeit wird auch weiterhin die Grundlage des Wohlstandes sein. Deshalb bedeutet ein Fachkräftemangel immer auch einen Mangel an Wachstums- und Wohlstandschancen. Auch um ihm zu begegnen, werden wir zu neuen Formen selbständiger und unselbständiger Arbeit, zu mehr Flexibilität und einer Ausgestaltung von Arbeit kommen müssen, die sich an Lebensphasen orientiert.

Der Zusammenhalt in unserem Land, ein Wohlstand an materiellen und immateriellen Gütern – das hängt letztlich von uns ab, von unseren Ideen, von der Bereitschaft, voneinander und miteinander zu lernen. Deshalb lautet die dritte zentrale Frage des Zukunftsdialogs: Wie wollen wir lernen?

Wie wollen wir lernen?

Bildung, das ist die Grundlage für Wohlstand, Aufstieg und ein gelingendes Leben für jeden Menschen in unserem Land. Kein anderes Thema hat in den Bürgergesprächen eine größere Rolle gespielt, kein anderes Thema wurde mit mehr Emotionen diskutiert. Und das zu Recht. Denn unser Land braucht jedes Talent. Und jeder von uns hat Talente, jeder von uns kann etwas beitragen. Das gilt für alle, für Menschen mit und ohne Behinderung, für die, die als leistungsstark angesehen werden, und die vermeintlich Schwächeren, die oft genug erst dadurch schwach werden, dass wir ihnen zu wenig zutrauen. Das gilt für die Jüngeren und Unerfahrenen und für die Älteren mit reicher Lebenserfahrung, deren Potenziale wir stärker nutzen müssen.

Persönliches Fortkommen in Beruf und Leben hängt auch davon ab, wie es gelingen kann, mit Zuversicht zu leben, sich vor der Vielfalt der Welt des 21. Jahrhunderts nicht zu fürchten, sondern sich in ihr wohlzufühlen. Ob wir zu den Mutigen gehören, die sich zutrauen, den Wandel im Berufsleben mitzugehen, und es schaffen, sich trotz der täglichen Entscheidungsvielfalt auf das wirklich Wichtige für das eigene Leben zu konzentrieren, oder ob das Gefühl dominiert, nicht mithalten zu können und sich im Abseits zu befinden, das hängt nach meiner Überzeugung ganz wesentlich von der Qualität unserer Bildung ab.

Denn Bildung ist viel mehr als reine Wissensvermittlung. Bildung umfassend verstanden schafft den Raum, in dem der Einzelne eine Vorstellung davon entwickelt, was er alles mit seinen eigenen Kräften erreichen kann. Bildung umfassend verstanden befähigt zu einem selbstbestimmten Leben. Bildung umfassend verstanden macht Mut und Zuversicht. Sie gibt die Kraft, Verhältnisse zu ändern, die eigenen wie die gesellschaftlichen.

Bildung muss als Aufgabe von uns allen verstanden werden, nicht nur der hauptamtlichen Lehrkräfte. Und Lernorte sind die Kindertagesstätten, Schulen, beruflichen Bildungseinrichtungen, Universitäten, aber nicht nur. Lernorte sind all jene Orte, wo wir Wissen, Kompetenzen und Erfahrungen sammeln, wo wir allein und zusammen Potenziale entfalten und einsetzen und aus Fehlern lernen, also die Familie, Nachbarschaftsinitiativen, die ganze Gesellschaft, das Internet. Auch das ist zu einem weltweiten Lernort geworden, für den wir die richtigen Kompetenzen brauchen, um die Chancen nutzen und Gefahren vermeiden zu lernen. Denn Menschen können online in nie dagewesener Form auf sich aufmerksam machen, und gut organisierte Interessen Einzelner können dabei gegenüber unorganisierten Interessen vieler durchaus auch einen unverhältnismäßigen Einfluss ausüben.

Bildung umfassend verstanden sollte zu einem besseren Miteinander, zu einem stärkeren Gemeinsinn, zu einer lernenden Gesellschaft in der Bildungsrepublik Deutschland führen. Wir lernen nicht nur Fakten, sondern immer auch soziale Kompetenz, kommunikative Stärken und kreatives Geschick. Und wir lernen für uns und für die Gemeinschaft, Verantwortung zu übernehmen.

Was und wie wir lernen, hat viel damit zu tun, wie wir zusammenleben. Wer schon in der Schule lernt, Verantwortung für sich und andere zu übernehmen, und wer im Beruf erlebt, wie viel in Teamarbeit erreicht werden kann, der kann sich auch als guter Nachbar erweisen oder engagierter Bürger. Wie wir lernen, hat dann auch damit zu tun, wovon wir leben. Wer mit Freude lernt, wessen Neugier gefördert und Talent entwickelt wird, der kann seine Kreativität und seinen Ideenreichtum ein Berufsleben lang und darüber hinaus bis ins hohe Alter einbringen und sichert damit die Grundlage unseres zukünftigen Wohlstands.

Die Themen des Zukunftsdialogs sind also vielfach miteinander verknüpft. Und natürlich sind sie nicht auf uns beschränkt. Der Zukunftsdialog schaut über den nationalen Tellerrand hinaus. Wir denken in größeren europäischen und internationalen Zusammenhängen. In einer Welt mit sieben Milliarden Menschen, in einer Welt unterschiedlichster Wirtschafts- und Gesellschaftsmodelle, Werte und Normen kann sich Europa, das gerade sieben Prozent der Weltbevölkerung ausmacht, nicht im heutigen ökonomischen und sozialen Erfolg sicher wiegen – und erst recht kann Deutschland das mit etwas mehr als einem Prozent Anteil an der Weltbevölkerung nicht.

Wir müssen stets aufs Neue für unsere ökonomischen und sozialen Grundlagen und für unsere Werte eintreten – für Frieden, Freiheit und Wohlstand. Wir wissen, dass die Länder und Völker dieser Erde im 21. Jahrhundert die großen Fragen nur gemeinsam meistern können. Die Zukunft ist nicht einfach eine lineare Fortschreibung der Gegenwart. Wir haben es in der Hand, und wir tragen die Verantwortung für das, was in der Zukunft geschieht.

Dem deutschen Schriftsteller Ludwig Börne wird der Satz zugeschrieben: »Die Lebenskraft eines Zeitalters liegt nicht in seiner Ernte, sondern in seiner Aussaat.« Ich sagte es, der Dialog über Deutschlands Zukunft ist noch nicht abgeschlossen, seine Ergebnisse liegen noch nicht vor, mit ihm betreten wir Neuland, aber schon jetzt zeigt er mir auf sehr eindrucksvolle Weise, dass eine große Bereitschaft und Freude besteht, zu säen und zu gestalten. Jeder an seinem Platz, jeder nach seinen Kräften, in gemeinsamer Verantwortung für unser Land. Die überwältigende Resonanz, die der Zukunftsdialog gefunden hat, die Vorschläge und Kommentare vieler Bürgerinnen und Bürger wecken in mir dann auch vor allem eines: Vertrauen in die Zukunft und Freude auf die Zukunft.

Berlin, Mai 2012 *Angela Merkel*

I. Der Expertendialog

Aufgezeichnet von Christoph Schlegel

Prolog

Die »Kleine Lage« ist ein Raum im sechsten Stock des Kanzleramts. In der Mitte steht ein runder Tisch aus rotem Buchenholz, die Tischplatte ist vier Zentimeter dick. Um den Tisch stehen schwarze Ledersessel mit hohen Lehnen. An der Wand ein Porträt von Konrad Adenauer, ein alter Mann, kantig, mit wachen Augen. »Kleine Lage« ist ein Wort aus den Krisenzeiten des Deutschen Herbstes und wie Adenauers Tischuhr im Kabinettssaal eine Verbeugung vor der Nachkriegs-Bundesrepublik.

Angela Merkel sitzt an der Fensterseite. Hinter ihr ist die Spree zu sehen. Es ist ein Montag im Januar 2012, es schneit ein bisschen. Der richtige Winter lässt immer noch auf sich warten. Schräg gegenüber von Merkel sitzt der Hirnforscher Gerald Hüther, er hat gerade das Wort »Potenzialentfaltungscoach« in die Runde geworfen. Seit Monaten sucht er nach einem besseren Wort, erzählt Hüther, aber er finde keines. »Wenn jemand eine bessere Idee hat, bitte, ich bin dankbar.« Er will seine Entfalter in Deutschland etablieren. »Wir müssen Potenziale entdecken und zur Entfaltung bringen – Talente nur zu begleiten, das reicht nicht.« Hüthers Botschaft ist: In uns steckt viel mehr. Unser Gehirn wäre zu mehr in der Lage, wird aber zugeschüttet, in der Schule mit den Noten, in den Unternehmen mit zu viel Information, im Alter, es hört nie mehr auf. »Auch ein älterer Mensch verfügt über Potenziale, die es zu entdecken gilt«, sagt er.

Es steckt viel mehr Potenzial in uns.

Und schon sind wir mittendrin. Seit einem guten halben Jahr läuft der Zukunftsdialog der Bundeskanzlerin. Seit Silvester 2011 weiß die Öffentlichkeit Bescheid. Die Neugier sei groß, sagt die Kanzlerin.

Sie will mit möglichst vielen Menschen in Dialog treten. Viele sollen mitreden, sollen Vorschläge machen, wie es mit diesem Land in den nächsten fünf bis zehn Jahren weitergehen kann, soll, muss. Der Dialog ist eine Öffnung der Politik, ein breit angelegtes Vorausschau-Projekt, ein Ideen-Generator. Und er ist etwas Neues: Gemeinsam mit Bürgern, Wissenschaftlern und Praktikern wagt das Bundeskanzleramt einen strategischen Blick in die Zukunft.

Und ich, der Journalist Christoph Schlegel, habe den Auftrag bekommen, den Zukunftsdialog zu beobachten und zu beschreiben. Von den ersten Überlegungen, den ersten Treffen, über die Sitzungen der Arbeitsgruppen bis hin zu den Treffen mit der Kanzlerin. Einfach aufschreiben: wie die Experten zu ihren thematischen Schwerpunkten finden, wie sie debattieren, gemeinsam Vorschläge entwickeln, und später noch, was die Bürger beitragen, was im Netz von Bürgern an Ideen geliefert wird – und wie das Kanzleramt dieses Experiment handhabt.

Im Spätsommer 2011 sagte die Kanzlerin im Garten von Schloss Meseberg zu mir: »Machen Sie etwas Lesbares daraus, keinen trockenen Bericht.« Das ist das Konzept des Buches: Es geht um einen Blick von außen hinter die Kulissen, mit der direkten und indirekten Wiedergabe gesprochenen Wortes, ohne Anspruch auf Vollständigkeit.

Das vorliegende Buch referiert keine Expertenvorschläge, schon gar nicht nimmt es Bewertungen vor. Es versucht sich auch nicht an einer Bilanz. Denn fertig wurde das Manuskript Anfang Mai 2012, zu einer Zeit, in der die Experten noch an Vorschlägen feilen und noch nicht endgültig feststeht, welche konkreten Ideen der Kanzlerin vorgelegt werden. Auch die Bürgervorschläge sind zu diesem Zeitpunkt noch nicht ausgewertet. Der Zukunftsdialog endet erst Monate später, Ende August. Das vorliegende Buch verfolgt ein anderes Ziel. Es schildert ausschnitthaft die Atmosphäre und die Diskussionen des Zukunftsdialogs der Bundeskanzlerin.

Drei Überschriften haben im Frühjahr 2011 die Linie vorgegeben: Wie wollen wir in Zukunft zusammenleben? Wovon wollen wir leben? Wie wollen wir lernen? Insgesamt 129 Experten haben dafür den Weg ins Bundeskanzleramt angetreten. Sie debattieren in 18 Arbeitsgruppen, thematisch fein aufgefächert, von »Innovationskultur« über »Sicherheit« und »Familie« bis hin zur »Lernenden Gesellschaft«.

Meinungen und Analysen werden ausgetauscht, Sachverhalte geklärt. Viel wichtiger aber war und ist die Frage: Was tun? Was könnte *konkret* gemacht, verändert, angestoßen werden? Nicht nur in der Theorie. Sondern als handfeste Politikpraxis.

Die Leiter der Arbeitsgruppen werden intern Kernexperten genannt. Und die sechs Kernexperten des Themenstrangs »Wie wollen wir lernen?« sitzen heute in der »Kleinen Lage«. Die Kanzlerin ist gespannt.

1. Wie wollen wir zusammenleben?

Der Start – in der Ruhe von Meseberg

Vor ihnen liegt der Huwenowsee. Es ist ein Spätsommertag im Ruppiner Land. Der See glatt wie ein Spiegel. Die Sonne hoch am Himmel. Auf der Schlosstreppe stehen ein Altersforscher, eine Kriminologin, eine Familienforscherin, ein Entwicklungshelfer, ein Politikprofessor, ein Historiker sowie ein Jurist und ein Ingenieur.

Schloss Meseberg, das Gästehaus der Bundesregierung, liegt eine gute Autostunde nördlich von Berlin. Die Nachrichten sind dramatisch. Der Euro steht auf dem Spiel. Ein Krisengipfel jagt den nächsten. Die Börse in Tokio, die in Frankfurt, in New York, die ganze Welt schaut auf die Meldungen, ob sie »nachgeben« oder »fest schließen« und was Griechenland macht. Es gäbe sicher eine Menge Dinge, die die Bundeskanzlerin zu tun hätte. Sie aber will in Meseberg mit den Experten über Zukunft sprechen. Über das Morgen. Über die nächsten fünf bis zehn Jahre. Über die langfristigen Linien und die Zukunft des Landes. Vier Stunden.

»Wir wollen uns ein wenig Zeit nehmen, um uns mit den längeren Linien der Politik zu beschäftigen«, sagt die Kanzlerin zu Beginn. Sie spricht von einem vielfältigen Land. »Es mangelt nicht an Wissen, nicht an Ideen«, sagt sie. Und fragt: Vielleicht mangelt es an einer Verknüpfung der Ideen. Jeder macht seins. Geht es auch anders?

Beiträge für die Zukunft des Landes

Darum sind die Experten hier. Für die meisten ist es der erste Termin im Zukunftsdialog. Für viele auch der erste Termin mit der Kanzlerin. Sie sind jetzt gefragt, können aus ihrem Fachgebiet Beiträge leisten für die Zukunft des Landes. Immerhin sollen daraus konkrete Anregungen fürs Regierungshandeln werden, vielleicht sogar Gesetze. Die Regierungschefin ist da, hört zu, will etwas wissen, diskutiert mit. Ergebnisoffen.

Das Ringen um die richtigen Fragen

Wie wollen wir in Zukunft zusammenleben? Das ist die Frage an die sechs Kernexperten dieses Themas. Es geht um Themen wie Familie, Alter, Sicherheit, Bürgerbeteiligung und das Selbstbild der Deutschen. Diese Experten leiten jeweils wiederum eine Arbeitsgruppe, in denen die jeweils drängenden Fragen diskutiert werden sollen. Im jetzt anstehenden ersten Gespräch mit der Kanzlerin soll geklärt werden: Welche Fragen sind relevant? Vor welchen Aufgaben stehen wir überhaupt? Es geht um das, was viele Menschen am meisten bewegt, ganz konkret: Wie kinderfreundlich ist das Land? Wie steht es um die Familie, um Ehe und Partnerschaft? Wie sicher ist das Land? Wie sieht das neue Bild vom Alter aus? Und: Was ist Deutschland? Wie sehen wir uns selbst, wie sehen uns die anderen? Kurz gefragt: Wer sind wir?

Und es geht um grundlegende Fragen. Zum Beispiel, wie wir zu einem gemeinsamen Verständnis über eine gute, eine wünschenswerte Zukunft kommen können. Wie wir es schaffen, als Gesellschaft über die nahe Zukunft nachzudenken, ohne gleich die eigenen Interessen über alles zu stellen oder von der Komplexität der modernen Welt erdrückt zu werden. Welche kleinen Schritte hin zu echter Veränderung möglich sind, ganz konkret.

Sabine Walper: »Wir müssen in den nächsten Jahren umsichtiger mit den Fundamenten unseres Zusammenlebens umgehen.«

Klaus Henning: »Wohlstand in Deutschland wird in Zukunft viel mehr von Wohlergehen definiert werden.«

Stephan Breidenbach: »Die Erfahrungen der Bürgerinnen und Bürger sind wichtig für den Erfolg des Zukunftsdialogs.«

Übellaunig und frustriert?

Der Historiker Andreas Wirsching aus München wird die Arbeitsgruppe »Selbstbild« leiten. Er ist Direktor des Instituts für Zeitgeschichte. Er berichtet von einem »großen Frustrationspotenzial in unserer Gesellschaft«. Man sei »übellaunig«, unzufrieden, mit der Politik, den Eliten, mit allem. Im Kopf hätten manche schon längst auf Durchzug geschaltet. »Wir beobachten schon länger eine Art Verabschiedungsmentalität«, sagt Wirsching. Das klingt trübsinnig. »Haben wir nicht ein positiveres Gesamtbild, wenn man das ganze Land betrachtet?«, will Merkel von ihm wissen, sie sucht einen repräsentativeren Blickwinkel. Wirsching meint: Ja, aber es gebe eben auch ein großes Frustrationspotenzial.

Auch Oscar Gabriel, Politikprofessor von der Uni Stuttgart, hat ähnliche Eindrücke gesammelt: »Es gibt eine kollektive Unzufriedenheit«, beteuert Gabriel. »Nehmen Sie das Gesundheitssystem: Obwohl wir ein sehr leistungsfähiges Gesundheitssystem haben, sieht die Wahrnehmung ganz anders aus.« In Umfragen aus den 1980er Jahren seien die Deutschen noch sehr zufrieden gewesen mit ihren Lebensumständen, so gut gelaunt wie beispielsweise die Dänen. Inzwischen jedoch hätten wir uns mental deutlich »heruntergefahren«. Jeder Rundgang durchs Internet bestätige das: »Wo leben wir denn?«, »Das ist wie in einer Bananenrepublik!!«, »Und der Bürger ist der Dumme!« Das seien noch die charmanteren Beiträge. Blogs und Kommentarspalten seien voll von frustrierten, teils aggressiven Meinungen, so Gabriel.

Immer nur dagegen hilft nicht weiter.

Solche Meinungen kennt die Kanzlerin auch: »Ich bekomme jeden Monat mehrere Tausend Briefe und Mails«, sagt sie, »natürlich gibt es viele Beschwerden, aber auch viel Zustimmung, ja Ermunterung. Ist es nicht eine alte Erfahrung, dass vor allem diejenigen schreiben, die klagen?« Was dann dazu führe, dass man diejenigen, die im Grundsatz zufrieden sind, nicht so deutlich wahrnehme, da die sich ja kaum äußerten.

Am Anfang dieses Zukunftsprozesses scheint es noch schwer zu sein, ein einheitliches Selbstbild Deutschlands zu beschreiben.

»Vielleicht müssen wir eher von einer Vielfalt des Selbstbilds sprechen«, sagt Klaus Henning aus Aachen. Er ist Ingenieur und Unternehmensberater und ein Mann, der die Bedenkenträger in diesem Land aus ihrem Stimmungstief herausholen will. Er treibt den zweiten Themenstrang im Zukunftsdialog voran, also die Frage »Wovon wollen wir leben?«, und ist heute, an diesem Spätsommertag, als einer der drei wissenschaftlichen Koordinatoren des Dialogs in Meseberg. Unser Verständnis des Wirtschaftens sei anders als das Verständnis beispielsweise in den USA, so Henning. Und das Rückgrat unserer deutschen Wirtschaft bildeten die Familienunternehmen: »Zwei Drittel aller Arbeitsplätze und mehr als 80 Prozent aller Ausbildungsplätze stellen die Familienunternehmen«, sagt Henning. Und diese Unternehmen »gestalten regionale Milieus«. In diesen Milieus, zwischen Schwarzwald, Eifel und dem Ostseestrand, hätten sich Identitäten entwickelt, »regional unterschiedliche Identitäten«, und daraus so etwas wie ein ganz eigenes Selbstbewusstsein, vielleicht auch eine gewisse Selbstbewusstheit. Das Interessante daran: »Beides hängt mit bestimmten Fachkompetenzen zusammen, die in den Regionen verwurzelt sind.«

»Dabei wissen wir immer, wie wir Probleme von anderen schnell und effektiv lösen können«, sagt die Kanzlerin in die Runde. »Mit uns selbst aber tun wir uns da schon schwerer.«

Wie kommen wir also zu einem umfassenden Bild von uns selbst?

Wer also sind wir?

»Vielleicht gibt es einen Weg«, sagt der Historiker Wirsching, »vielleicht müssen wir Deutschland mehr als Lebenschance für Zuwanderer öffnen?« In der Vielfalt liege die Chance, auch die Chance für ein neues Selbstbild. Die andere Frage sei: Welche Rolle soll Deutschland in Europa einnehmen? Gerade Europa, gerade jetzt, wo die Staatsschuldenkrise überwunden werden müsse.

Wer also sind wir? Und wie sind wir?

Die Diskussion kommt immer besser in Fahrt. Der Dialog ist interdisziplinär, der Historiker spricht über Familie, der Ingenieur über das Lernen und alle über das Selbst- und Außenbild. Gemeinsam wird um die »richtigen« Fragestellungen gerungen, gemeinsam will man später Handlungsvorschläge entwickeln. Keiner will hier Showgefechte. Und vor allem keine Diskussionen, bei denen die Frontverläufe von vornherein klar sind.

Bürger beteiligen sich aktiv an der Politik.

Eineinhalb Jahre lang haben sie im Kanzleramt das Format vorbereitet, seit Frühsommer 2010. Sie wollten einen neuen politischen Stil ausprobieren: Das Internet, das unsere Gesellschaft radikal demokratisiert und das jedem die Gelegenheit gibt, seine Meinung kundzutun, sollte in die Politik integriert werden. Die Kanzlerin hatte den Auftrag erteilt, die Bürger mehr als bislang einzubinden. Die Menschen sollten die Möglichkeit bekommen, sich aktiv an der Bundespolitik zu beteiligen. Was in der Lokalpolitik leichter möglich ist, sollte auf diesem Wege auch in der Bundespolitik versucht werden.

Der Zukunftsdialog ist ein Experiment, das erstens sehr stark auf gemeinsames Arbeiten und Diskutieren setzt, zweitens auf gemeinsames Hinzulernen und, drittens, nicht von vornherein auf Konsens ausgerichtet ist, sondern auf Diskussion und Vielfalt.

Das Bundeskanzleramt hat drei wissenschaftliche Koordinatoren bestimmt, die für die drei Themenstränge zuständig sind. Sie sollen vor allem Querverbindungen herausarbeiten. Das sind die

Münchner Familienforscherin Sabine Walper, dann Klaus Henning, der Ingenieur von der Rheinisch-Westfälischen Technischen Hochschule (RWTH) Aachen, und Stephan Breidenbach, Jurist und Initiator der Berliner Humboldt-Viadrina School of Governance sowie Mitgründer der Plattform betterplace.org. Walper leitet den Themenstrang »Wie wollen wir zusammenleben?«, Henning »Wovon wollen wir leben?« und Breidenbach »Wie wollen wir lernen?«. Sie haben ihre Themenstränge mitentwickelt, Linien vorgegeben.

Vor allen Beteiligten, den Experten, den Koordinatoren und den Mitarbeitern des Kanzleramts, liegen nun zehn Monate des Dialogs. Später kommt die breite Öffnung: der Bürgerdialog im Internet, die Bürgergespräche in drei Städten, ein Dialog mit Jugendlichen. Das Bundeskanzleramt will Partizipation konkret machen. Die Politik öffnet sich für die Bürger, jeder kann mitmachen. Mit Ideen. Mit Vorschlägen. Wohin das alles führt, weiß keiner. Das Ergebnis ist offen. Aber einen Versuch ist es allemal wert.

Das neue und alte Fundament: die Familie

In Meseberg diskutieren jetzt also die Experten mit der Kanzlerin das Thema Familie. Nach dem Selbstbild und einer ersten Selbsteinschätzung soll nun das Fundament für das Thema »Familie« gelegt werden. Der Nachmittag ist vorangeschritten. Familie und Ehe, das ist Sabine Walpers Thema, und zu Beginn der neuen Runde fragt Angela Merkel: »Welche Zukunft hat die klassische Familie? Wie kann die Ehe als Partnerschaftsmodell gestärkt werden?«

Uneheliche Kinder: Unterschied zwischen Ost und West

Familienforscherin Sabine Walper antwortet: »Es gibt eine hohe Zahl unehelicher Kinder, vor allem in Ostdeutschland.« Im Jahr 2010 waren es mehr als doppelt so viele wie 1991. Das entspricht rund einem Drittel der Kinder dieses Jahrgangs, wie der »Familienreport 2011« des Bundesfamilienministeriums ausweist. Nicht wenige Eltern heiraten aber nach der Geburt eines Kindes. Der Anteil der nichtehelichen Kinder ist bei der Geburt eines zweiten und dritten Kindes demnach geringer. Im Jahr 2009 kamen in den alten Bundesländern 17 Prozent der zweiten Kinder außerhalb einer Ehe zur Welt. In den neuen Bundesländern waren es 49 Prozent. Es gibt also einen deutlichen Unterschied zwischen Ost und West, so der Report.

Andererseits wünschten sich 80 Prozent der Frauen und 78 Prozent der Männer, dass die Ehe ein Leben lang hält. Auch wenn die meisten Ehen nach wie vor erst durch den Tod eines Partners gelöst werden: Über ein Drittel der Ehen in Deutschland wird mittlerweile geschieden. Die Folge ist eine Zunahme sogenannter Patchworkfamilien, zusammengewürfelt aus verschiedenen Beziehungen. Fachfrau Walper nennt sie Primär- und Sekundärfamilien.

Die anderen Experten drücken es anders aus: Die Familie als alleiniges Lebensmodell gebe es nicht mehr, meint der Historiker Wirsching. Der Zug sei abgefahren, man könne von einer »Entnormativierung« sprechen, das bedeute, dass sich in den letzten 30 Jahren die Formen des familiären Zusammenlebens verändert hätten. Und der Heidelberger Altersforscher Andreas Kruse ergänzt: »Es gibt auch eine strukturelle Rücksichtslosigkeit, das Arbeitsrecht ist beispielsweise familienblind.« Keineswegs, so Kruse, ließen sich Familie und Beruf so gut vereinbaren, wie das oft behauptet werde.

Damit sind die wesentlichen Punkte für die Diskussion genannt: Der Begriff der Familie hat sich verändert, immer mehr zögern, eine zu gründen, auch wenn sie dies eigentlich wollen, und die Unternehmen beschäftigen »Mitarbeiter«, keine Familienväter oder Familienmütter. Ist Familie wirklich ein Auslaufmodell? Welche Weichen müssen wir neu stellen?

Die Kanzlerin sagt: »Wir stecken gedanklich noch zu tief in

der Industriegesellschaft der Nachkriegszeit, die auf dem Alleinverdiener-Modell basiert.« Damals sei der Vater zur Arbeit gegangen, die Mutter habe sich um Kinder und Erziehung gekümmert. So sei Familie früher gewesen. Wie passe das noch in die heutige Gesellschaft? Und vor allem: Könne ein durchschnittlicher Alleinverdiener überhaupt noch die Kosten des alltäglichen Lebens einer Familie tragen? Oder seien, andersherum, einfach die Ansprüche gestiegen? Angela Merkel erläutert: »In der DDR waren Frauen schon immer mehrheitlich erwerbstätig, allerdings blieb die Hausarbeit und die Kindererziehung trotzdem zumeist Frauensache.« Ohnehin sei es in der Geschichte nur eine kurze Zeit gewesen, vielleicht 20 oder 30 Jahre, in der das Alleinverdiener-Modell habe greifen können. Warum könne es nicht selbstverständlich sein, dass Frauen arbeiteten und dadurch kein Nachteil, weder für Kinder noch für Frauen, entstehe?

»Wie passt Familie in die heutige Gesellschaft? Wie können wir sie stützen?«, fragt die Kanzlerin.

Wirsching sagt: »Wir müssen als Erstes klären, welches Familienmodell wollen wir?« Das Alleinverdiener-Modell? Oder zwei arbeitende Eltern, die ihre Familienaufgaben ausbalancierten? »Ich möchte, dass es wirkliche Wahlfreiheit gibt. Das setzt voraus, dass wir den Menschen tatsächlich die Möglichkeit geben, frei zu entscheiden und die für sie individuell besten Optionen wahrnehmen zu können«, sagt Angela Merkel. »Wichtig ist: Wir dürfen die Familien nicht endgültig überfordern«, sagt Sabine Walper. »Es muss aber auch klar sein«, entgegnet Henning, »dass Familie einer der wichtigsten Lernorte ist, in dem Werte und Einstellungen geprägt werden.«

Das Altern nicht verherrlichen

Andreas Kruse spricht nun über den »Zusammenhalt der Generationen«. Er sagt: »Wir müssen ein neues Bild vom Altern entwickeln.« Einerseits müsse die Verletzlichkeit des Alters und Vergänglichkeit des Lebens stärker ins Bewusstsein rücken, andererseits sollten Ältere nicht von Arbeitsprozessen ausgeschlossen werden. »Es muss auch Beschäftigung für Ältere geben, selbst Hochbetagte können etwas für andere machen.« Eigentlich stünde den Alten von heute vieles offen.

Flexibel im Alter hat zwei Seiten.

»Es gibt eine späte Freiheit, Dinge zu tun, zu denen man vorher keine Zeit hatte.« Es gehe auch darum, dass die »jungen Alten« mehr Verantwortung übernehmen. Und dass Unternehmen ältere Mitarbeiter qualifizieren sollten. Auch um dem Facharbeitermangel entgegenzuwirken, von dem alle sprächen und der dem Land bevorstehe.

»Der Wirtschaftsstandort Deutschland wird ohne Erwerbsbeteiligung älterer Menschen nicht zu halten sein«, sagt Kruse weiter. Mit der Robert-Bosch-Stiftung hat Kruse deshalb Programme entwickelt, um ältere Mitarbeiter im Beruf zu halten. »Die Leistungskapazität lässt sich in hervorragender Weise erhalten, zum Teil noch steigern«, fährt er fort. Außerdem würden die Mitarbeiter erkennen, wie sehr sie ihre Leistungsfähigkeit und ihre Gesundheit mitgestalten können. Die Kanzlerin mahnt, dass man das Alter nicht verherrlichen solle. Es sei nicht ganz so einfach, im hohen Alter den flexiblen Anforderungen einer Leistungsgesellschaft immer gerecht zu werden. Ein Leben in Würde im Alter erfordere auch, Krankheit und Gebrechlichkeit anzunehmen, und nicht, es gesellschaftlich zu verdrängen.

Es wird deutlich: Kruse wird im Zukunftsdialog eine höchst lebendige Arbeitsgruppe leiten, eine, die sich heftige Dispute liefert.

Im Moment planen 150 junge Männer gedanklich einen Amoklauf

Thematisch bleibt es anspruchsvoll. Die Gießener Kriminologin Britta Bannenberg ist in die Runde geladen, um über Sicherheit zu sprechen. Bannenberg, eine ehemalige Langstreckenläuferin, hat sich den Ruf einer überaus hartnäckigen Expertin erarbeitet. Als sie einst über organisierte Kriminalität forschte, hat sie irgendwann Leibwächter gebraucht, so tief steckte sie im Thema, so sehr hätte sie ein paar Leuten schaden können und die ihr. Sie kennt sich aus und bemüht sich erst gar nicht um ein vorsichtiges Herantasten. »Während wir hier sitzen, beschäftigen sich zwischen 150 und 200 junge Männer gedanklich damit, einen Amoklauf an einer Schule zu begehen.«

Bannenberg erforscht das Verhalten von Amokläufern, wie sie die Tat geplant haben, ob sich ein Muster oder Parallelen erkennen lassen und wie sie von ihrem Vorhaben abgehalten werden könnten. Sie berichtet von traumatisierten Opfern, von Überlebenden, die kaum mehr richtig Fuß fassen können.

Ein Lehrer, er sei nicht mal in der Nähe des Tatorts an der Schule gewesen, könne seit einer solchen Tat nicht mehr seiner Arbeit nachgehen. Und sie erklärt: Es sind nicht nur die Toten, es gibt eine Vielzahl zerstörter Leben nach einem Amoklauf. Menschen, die nach einer solchen Tat schwer traumatisiert sind, müssen mit dieser Erfahrung leben, was nicht allen gut gelingt. Eine schwere Opfererfahrung.

»Es kann nicht sein, dass sich ›Opfer‹ als Schimpfwort eingebürgert hat: Du Opfer! So nennen die Kinder einander auf dem Schulhof«, sagt Bannenberg. Es ist September 2011. Zwei Monate zuvor hat in Norwegen ein Einzeltäter 77 Menschen getötet, an zwei Tatorten. Diese Tat habe auf negative Weise neue Maßstäbe gesetzt, bemerkt die Expertin. Denn die nächsten Amokläufer wollten sich einreihen in die Reihe der Vorgänger. »Sie wollen auch die Zahl der Opfer erhöhen, und jetzt, nach Norwegen, wird es sicher einen geben, der seine Tat mindestens an zwei Tatorten plant.«

Ein weiterer Tatort wird beleuchtet: »Im Internet kriegen wir noch ganz andere Konfliktfelder«, glaubt Bannenberg. Sie berichtet von antisemitischen Ausfällen, von perverser Gewalt, von allen Ausdrucksformen von Gewalt, die es im Netz zum Anklicken gibt. Und von Attacken, die im Schutz der Anonymität längst alle Grenzen sprengen. Dem Aktionsbündnis Winnenden, das sich nach dem Amoklauf im März 2009 gegründet hat, würden beispielsweise »Spiele« zugeschickt mit »Spielfiguren«, auf die die Köpfe der Opfer montiert seien, natürlich anonym.

»Jugendschutz funktioniert im Netz nicht.«

Bannenberg schont die Runde nicht. Generell sinke die Kriminalität zwar, im Netz aber steige sie an. Wie reagiert man darauf? Mit neuen Gesetzen? Mit Internetsperren? »Der Jugendschutz funktioniert im Netz nicht«, stellt Bannenberg lapidar fest. Aber sie kann auch Ängste nehmen: »Ältere Frauen haben zwar eine große Verbrechensfurcht, junge Männer weniger. Ältere Frauen werden aber weniger häufig Opfer von Straftaten als junge Männer. Junge Männer sind nicht nur als Täter vorne dabei, sie sind auch in den meisten Fällen Opfer von Kriminalität.«

Was heißt das nun für die Gesellschaft? Und was soll die Politik tun? Bannenberg sagt: Es geht um die tatsächliche genauso wie um die gefühlte Sicherheit. Den Menschen ist beides sehr wichtig, und der Schutz der Sicherheit ist eine der zentralen Aufgaben des Staates.

Wie geht Bürgerbeteiligung?

Einen der zentralen Punkte des Zukunftsdialogs geht Oscar Gabriel an. Der Politikprofessor hat sich für seine Gruppe das Thema »Bürgerbeteiligung« vorgenommen, ein großes Thema. Im Grunde ist es eine Leitmelodie des Bürgerdialogs, aber natürlich ist es auch für die Experten ein Thema. Wie kann man den einzelnen Bürger erreichen?

Bürgerbeteiligung ist immer auch ein Versuchsfeld für direkte Demokratie, das Schlagwort lautet Partizipation. Muss Partizipation mehr als früher üblich ermöglicht werden, und wenn ja, wie kann der Bürger regelmäßig an politischen Entscheidungen teilhaben?

Bürger besser in die Politik einbeziehen

Was zum Beispiel der geplante Bau eines Bahnhofs in Stuttgart an Protesten und Verbitterung losgetreten habe, so Merkel, sollte sich nicht wiederholen. Aber: »Was mir bei diesen Diskussionen wichtig ist: Die staatlichen Institutionen und die Bürger dürfen nicht als Gegner gesehen werden, das wäre die falsche Ausgangsbasis«, sagt sie. »Offenbar ist es eher so, dass wir Gesetze und Verordnungen haben, die gerade bei der Planung großer Infrastrukturprojekte nicht mehr richtig passen, und, ja, es gibt auch Fehlentwicklungen in der Politik«, meint die Kanzlerin. Aber damit dürfe man sich nicht abfinden, weder Politik noch die Bürger.

Aber wie könnte das gehen? Die Arbeitsgruppe um Gabriel wird sich in den nächsten Wochen überlegen, wie die Bürger früher und besser einbezogen werden können, wo es Gestaltungsmöglichkeiten gibt und wie dabei die repräsentative Demokratie gestärkt wird – und nicht ersetzt.

Bildung wie Maschinen verkaufen

Jetzt steht noch eine Frage auf dem Programm: Wie wird Deutschland von außen wahrgenommen? Wie steht es um unser Außenbild? Und welche Rolle sollen wir in den Augen der anderen künftig übernehmen? Angela Merkel berichtet: »Wohin ich komme, schwärmen die Leute von der deutschen Berufsbildung.« Mit dem indischen Premierminister Manmohan Singh saß sie neulich zusammen, am Rande der deutsch-indischen Regierungskonsultationen in Delhi. Sie unterhielten sich über die großen Herausforderungen. Merkel sagte: »Ich muss die Stromleistung von 17 Atomkraftwerken ersetzen.« Singh, so erzählt Merkel, erwiderte: »Und ich muss 500 Millionen Indern eine Berufsausbildung ermöglichen.«

Beides gehe an die Substanz. Singh habe Merkel schließlich gebeten, dass Deutschland Indien beim Ausbau des Bildungssystems helfe. Rund 1000 Schulen müssten in Indien errichtet werden. Deutschland ist seit Jahren Indiens wichtigster Partner beim Aufbau der indischen Berufsbildung. Aber schnell 1000 Schulen in Indien zu bauen übersteigt dann doch die aktuellen Möglichkeiten Deutschlands.

Die Kanzlerin weiß um die Bedeutung solcher internationalen Kooperationen. Deshalb ist ihr wichtig, dass Deutschland Indien unterstützt, wo immer es möglich ist. In deutsch-indischen Arbeitsgruppen würden Konzepte entwickelt. Und deutsche Experten entwickelten Ansätze, wie in Indien ein Berufsschulsystem mit allem Drum und Dran etabliert werden könne. »Bildung wird international immer wichtiger. Eines Tages haben wir Nachteile, wenn wir solche Kooperationen nicht hinkriegen«, warnt die Kanzlerin, »Bildungsinstrumente sind eben auch Handelsware mit einer klar geäußerten Nachfrage auf dem Weltmarkt.« Deutschland müsse Bildung wie Fertigungs-Know-how verkaufen. Das erhoffe sich auch das Ausland, sagt die Kanzlerin. Deutschland werde diesen Weg weitergehen. Bevor es andere Nationen machten und dann auch ihre Standards durchsetzen. Die Kanzlerin schaut zu Christoph Beier. Er wird die »Außenbild«-Runde leiten, ist Fachmann für Entwicklungszusammenarbeit und kommt von der Gesellschaft für Internationale Zusammenarbeit (GIZ). Das Thema wird auch seine Arbeitsgruppe beschäftigen, ebenso wie die Experten vom Themenstrang »Wovon wollen wir leben?«.

Handfeste Vorschläge

Es sind nun vier Stunden vergangen in Meseberg, die Kanzlerin hat diskutiert, hat Themen, die nicht täglich auf ihrer Agenda stehen, ins Zentrum gerückt. Sie hat den Zukunftsdialog angeworfen. Nun sind die sechs Kernexperten des ersten Themenstrangs mit Fragen aufgeladen. Nun suchen sie, zusammen mit den Mitarbeitern des Planungsstabes des Kanzleramtes, ihrerseits sechs Experten und bilden ein Team, um Ideen oder – wie es im Kanzleramt heißt: Handlungsvorschläge – zu entwickeln.

Das Tempo der Hauptstadtpolitik kehrt zurück nach Meseberg. Die Kanzlerin muss weg. Eins muss sie noch loswerden: »Wir dürfen nicht zu selbstzufrieden werden«, sagt sie. Einmal habe sie in Rostock eine Gruppe chinesischer Finanzexperten begrüßt. Die Chinesen seien nach Deutschland gekommen, um zu arbeiten, zu tagen, Know-how zu erwerben. Eines Abends hätte der Veranstalter, eine Bank, die Chinesen in ein klassisches Konzert eingeladen – was bei den Chinesen völliges Unverständnis ausgelöst habe. »Sie konnten nicht verstehen, dass man während eines Arbeitsbesuchs ins Konzert geht und nicht nur arbeitet.« Die Botschaft der Kanzlerin: »Vielleicht brauchen wir künftig wieder ein Stück mehr von der Leistungsbereitschaft der Chinesen – und die Chinesen umgekehrt ein Stück unseres kulturellen Lebensgefühls?« Dann muss sie endgültig zurück nach Berlin.

Die Experten bleiben noch und diskutieren weiter. Es liegt nun ein knappes Jahr Arbeit vor ihnen. Keiner verlangt von den Experten eine perfekte Lösung. Sie sollen keinen ausformulierten Masterplan vorlegen. Keinen Zehn-Punkte-Plan nach dem Motto »So geht es mit Deutschland weiter aufwärts!«. Sie sollen debattieren, analysieren – und schließlich möglichst handfeste Vorschläge machen.

Klaus Henning sagt: »Wissen Sie, wie ich es machen würde? Also, ich würde mit dem Außenbild beginnen, also mit der Frage, wie Deutschland von außen gesehen wird. Dem sollte man das Selbstbild der Deutschen gegenüberstellen. Dann kommen wir zu einem tieferen Verständnis unseres Landes.« Wie Deutschland von außen gesehen wird. Und dann tiefer rein.

Deutschland von außen

Klingt nach einer anspruchsvollen Aufgabe für die Mitglieder des Themenstrangs »Wie wollen wir zusammenleben?«.

Jetzt geht es an die Arbeit. Nach dem ersten Treffen mit der Kanzlerin treffen sich nun die 18 Arbeitsgruppen. Eine nach der anderen, den ganzen Herbst bis Weihnachten.

Und dann nochmals im ersten Halbjahr 2012.

Ist das Transatlantik-Zeitalter vorbei?

Leiter der Arbeitsgruppe »Deutschland in den Augen der Welt« ist Christoph Beier, der GIZ-Vorstand. Zur ersten Sitzung hat er eine gerade fertiggestellte Umfrage mitgebracht. Mit seinen Kollegen von der GIZ hat er sie gemacht: Was die anderen über Deutschland denken. Lange persönliche Gespräche mit Menschen aus allen Teilen der Welt, Marokko, Brasilien, Polen. Sie haben die Menschen gefragt: Was ist für Sie Deutschland? Was soll Deutschland in Zukunft sein? Welche Rolle soll Deutschland in der Welt übernehmen? Beier erzählt, wie sie einen polnischen Zentralbanker interviewt haben. Dieser sei zunächst irritiert gewesen. »Das hat mich noch niemand gefragt, was mir zu Deutschland einfällt«, sagte er. Es sei ein mehrstündiges Gespräch geworden.

Beier hat inzwischen Unmengen an O-Tönen und Zitaten über Deutschland. Ein Befragter habe gesagt: »Das ›Sorgenmachen‹ in Deutschland bewundere ich: Es ermöglicht einem Land, schnell zu reagieren, bevor sich Schlimmeres ereignet.« Ein anderer meinte: »Deutschland stellt die Vergangenheit zu stark in den Vordergrund

und nutzt diese zu oft als Ausrede für mangelndes internationales Engagement.« Und eine dritte Meinung: »Deutsche interessieren sich eher für die Politik im Kleinen, politisches Interesse ist auf die lokale und regionale Ebene ausgerichtet, ohne zu beachten, in welchen Kontext Deutschland eingebettet ist.«

Der indische Wissenschaftsautor Subhash Agrawal sagt: »Deutschland erinnert mich an den 50-jährigen gut aussehenden, gut ausgebildeten und gut verdienenden Sohn, der immer noch bei seinen Eltern wohnt, weil ein traumatisches Kindheitserlebnis ihn daran hindert, endlich auszuziehen und sein eigenes Leben zu führen.«

Beier will diese Meinungen auch in den Zukunftsdialog einbringen. Und so ein Bild von außen malen.

Sich von außen diesem Land nähern, schauen, was die anderen denken. Die Runde fragt nicht: Wie war es früher, und wie ist es heute?, sondern will ein Bild für die Zukunft entwickeln. Die Fragen lauten: Welche Rolle soll Deutschland künftig spielen im Weltorchester? Welche Hoffnungen werden von anderen in das Land gesetzt? Und vor allem: Was kann und muss eine Bundesregierung in den nächsten fünf bis zehn Jahren tun, in einer gewandelten internationalen Welt?

In Christoph Beiers Arbeitsgruppe sitzen die Außensicht-Experten: James Davis ist dabei, gebürtiger Amerikaner, er lebt seit 16 Jahren in München und ist Politikprofessor in St. Gallen. Für ihn ist die Beziehung zu Amerika entscheidend. Deutsche und Amerikaner brauchten eine gemeinsame Vision, meint er. Denn die USA orientierten sich in die andere Richtung: »Das Transatlantik-Jahrhundert ist vorbei, wir haben es jetzt mit einem Transpazifik-Jahrhundert zu tun.« Asien drohe Europa im globalen Machtkonzert abzulösen.

Klaus-Dieter Frankenberger, Außenpolitik-Chef der *Frankfurter Allgemeinen Zeitung*, fragt: »Welche Machtressourcen haben wir überhaupt? Wo stehen wir in Europa? Und was machen wir, wenn der amerikanische Präsident das transpazifische Zeitalter spürbar einläutet?«

Christoph Bertram, Journalist und Politikberater, sieht bei der Betonung auf die Außensicht eine gewisse »Verdruckstheit, so als ob die Sicht der anderen ein Ersatz dafür wäre, was wir selbst wollen. Erst wenn wir das wissen, können wir nach außen überzeugen und Vertrauen gewinnen.«

Auch Anton F. Börner ist mit dabei, der Präsident des Bundesverbandes Großhandel, Außenhandel, Dienstleistungen und selbst Unternehmer, sowie Constanze Stelzenmüller vom German Marshall Fund. »Eigentlich haben wir ein Sonderthema, ein Querschnittsthema zu allen Gruppen«, sagt Christoph Beier.

»Deutschland verkauft sich oft unter Wert.«

Er will den Blick weiten. Nabelschau? Nein, das reiche keinesfalls. Was er und seine Mitarbeiter in der Umfrage bisher zu hören bekommen hätten, lasse sich in einem Punkt zusammenfassen: Auf Deutschland werde es ankommen. Oder wie es ein Befragter in der Umfrage gesagt habe: »Deutschland verkauft sich oft unter Wert, außerdem duckt es sich manchmal weg, wenn es darum geht, in globalen Fragen Stellung zu beziehen.« Wer denke, dass die Welt warte, bis wir etwas sagten oder machten, täusche sich kolossal. Die politischen Gewichte begännen sich nicht nur zu verschieben, sondern hätten sich bereits verschoben. »China *ist* in Afrika überaus aktiv«, so Beier. Und was machten die Deutschen? Warten, dass jemand sie rufe.

Das könne es ja nicht sein. Hier müssten Ideen her.

Meinung-Haben reicht nicht

Expertendialog geht so: Der Kernexperte, in diesem Fall Christoph Beier, führt eine Gruppe mit sechs Experten, die er zusammen mit dem Kanzleramt ausgesucht und eingeladen hat. Ergänzt wird die

Runde durch einen oder zwei Mitarbeiter aus dem Kanzleramt, die in den jeweiligen Referaten im Amt sitzen. Dann sind noch zwei Mitarbeiter vom Planungsstab der Kanzlerin dabei. Sie treiben sanft an. Sie ziehen die Experten weg von der Analyse, hin zu Ideen, hin zu den Handlungsvorschlägen.

Die Experten der Arbeitsgruppen kommen um 11.30 Uhr im Kanzleramt an. Die AG-Sitzungen der 18 Gruppen beginnen jeweils um 12 Uhr an einem Tag und enden am anderen Tag, auch um 12 Uhr. Dazwischen Referate, Diskussionen, Abendessen, Schlafen, Handlungsvorschläge, Abschied. Das heißt: 24 Stunden an die Zukunft denken und darüber diskutieren.

Jede Sitzung wird moderiert, an diesem Novembertag von Kirsten Frohnert, sie sitzt in der Geschäftsleitung der IFOK, einem Strategieberatungsunternehmen. Frohnert soll heute Meinungsmacher zu Handlungsmachern wandeln.

Anton Börner ist ein Mann der Wirtschaft, außerdem aktiv in der Deutsch-Russischen Außenhandelskammer. Und er lebt überwiegend in Rom, seine Frau ist Italienerin, seine Kinder gehen dort zur Schule. Börner sieht die Wirtschaft am Zug, wenn es um Außenbeziehungen geht. Die Politik solle Moderator sein. Mit Gerhard Schröder habe das angefangen. Als Bundeskanzler habe der sich wegbewegt vom »Wir geben vor!« hin zu einem »Frag die Wirtschaft!«. Börner hat die passende Anekdote parat: »Als Wolfgang Clement Bundeswirtschaftsminister wurde, hat er einige Wirtschaftsvertreter eingeladen und gefragt: ›Und, was soll ich jetzt machen?‹ Der damalige Siemens-Chef Pierer hat dann gesagt: ›Reisen.‹ Darauf Clement: ›Ja, und wohin?‹ Pierers Antwort war: ›Ich schicke Ihnen eine Liste.‹ Damit war das erledigt.«

Börner ist froh, dass da »einiges entpolitisiert und entideologisiert« wurde, vor allem auch die »ideologischen Scheuklappen in Fragen der Entwicklungshilfe«. Was nach außen gehe, gehe nur mit der Wirtschaft. »Auch Krisenprävention oder Krisenmanagement kann man heute nur mit der Wirtschaft machen«, sagt Börner.

Deshalb müsse man den Leuten klarmachen: Das Geschäft brauche Sicherheit, und Sicherheit koste Geld. »Da können wir nicht sagen: Die anderen sollen die Drecksarbeit machen, und wir halten uns raus.« Er meint: die Sicherheit der Seewege oder auch die deutsche Enthaltung beim militärischen Einsatz in Libyen.

Soll Deutschland mehr internationale Verantwortung übernehmen?

Börner provoziert Gegenrede. »Was hätte Deutschland denn in Libyen tun sollen?«, fragt Klaus-Dieter Frankenberger von der *FAZ*, »das war doch den anderen ganz recht, dass Deutschland nicht mitgemacht hat, da konnten Frankreich und England mal wieder alte Stärke zeigen.« Allerdings habe er die Entscheidung der Bundesregierung, sich im Sicherheitsrat zu enthalten, für falsch gehalten. Aber darum gehe es jetzt nicht.

»Außerdem können wir die deutsche Politik nicht auf den Vertrieb reduzieren«, ergänzt der Politikprofessor Davis. »Wir müssen weiter in die Zukunft blicken, nach Afrika, in den Nahen Osten.« Da müsse jemand für Ordnung sorgen. Und wer solle das sein? Deutschland? Warum eigentlich nicht? Wir hätten doch Verantwortung, heißt es. Wir seien doch stark. Zumindest wirtschaftlich. Aber: Wenn wir es wollten – könnten wir es auch? Militärisch? Fragen die Experten. Und hätten wir überhaupt die politische Kraft, das durchzusetzen? Die Bevölkerung mitzunehmen?

Die Diskussion geht hoch her, und es zeigt sich: Das muss noch geklärt werden.

Ein England ohne »Blitz« und Pickelhaube

»Klar, Deutschland wird stärker«, sagt *FAZ*-Mann Frankenberger, »das hegt Erwartungen, sorgt aber auch für Skepsis.«

»Aber es gibt erstaunlich wenig Ressentiments gegen Deutschland in der gegenwärtigen Situation«, sagt Christoph Bertram.

Bertram: »Die Schwäche der anderen, die Fähigkeiten der anderen haben abgenommen. Wo sind die Engländer, wo sind die Franzosen?« Die Franzosen? Die führten inzwischen eine Debatte nach dem Motto: Sie müssten deutscher werden. Das sei in der Tat historisch, dass Deutschland Gegenstand von Neid und Bewunderung sei, dass Franzosen deutscher werden wollten. Das habe es noch nie gegeben. Und dass selbst britische Zeitungen höchstens noch selbstironisch das Deutschsein mit Pickelhaube und »Blitz« charakterisierten. Trotzdem. Früher sei einiges besser gewesen. Zum Beispiel: »Die deutsche Außenpolitik der alten BRD war berechenbar«, sagt Christoph Bertram. Und die in der Berliner Republik? »Sehr viel Nabelschau.«

»Bei uns sind die Details immer wichtiger als der Einfluss.«

Ein Hauch von »Internationalem Frühschoppen« weht durchs Amt, ein bisschen Politikanalyse, ein bisschen Provokation. Für jemanden wie Anton Börner ist das nichts. Der ist aus der Wirtschaft, da zählen Ergebnisse.

Börner kennt die deutschen Unternehmer. Wenn die im Ausland investierten, dann »halten wir das Deutschsein auf kleinster Flamme«. In Ländern wie Tschechien »fahren wir ganz bewusst nicht unter deutscher Flagge«, sagt Börner. Dabei forderten immer mehr Länder ein wirtschaftliches Engagement der Deutschen, gerade auch in Afrika. »Nehmen Sie Afrika, da gehen die Chinesen gerade massiv rein.« Die Chinesen gingen in ein afrikanisches Land, sicherten sich die Rohstoffe, bauten eine Fabrik, die Infrastruktur und einen Hafen und zögen schließlich einen Zaun drum. »Das weckt manchmal ungute Erinnerungen an frühere Kolonialzeiten«, sagt Börner.

»Ja, in Afrika herrscht ein heftiger Systemwettbewerb«, sagt Beier. Es sei der große Vorteil für die Chinesen, dass sie investieren.

»Wir verlieren uns in Kontrolle. Und wir verlieren uns oft in bürokratischem Klein-Klein«, meint Börner. »Bei uns sind die Details immer wichtiger als der Einfluss.« Und vor lauter Kontrolle setzten wir die Zukunft aufs Spiel. Eine Investition sei aber immer ein Risiko. Ein Risiko, das man eingehen müsse. Sonst gehe es nicht weiter. »Gerade eine älter werdende Gesellschaft kann es sich nicht erlauben, keine Risiken mehr einzugehen«, sagt Börner. Ein Beispiel für zukunftsträchtigen Kontrollverlust, für Investitionen mit unklarer, langfristiger Dividende sei der Export von Bildung. Sein Vorschlag an die Kanzlerin: »Eröffnen Sie deutsche Schulen, wo es nur geht. Die Wirtschaft beteiligt sich dran!«

Der Konsenszwang schadet

»Deutschland ist international unglaublich vernetzt. Die Erfahrung und das Wissen deutscher Akteure im Ausland sind enorm. Da ist noch viel ungehobenes Potenzial«, sagt Beier. Dass es an der Politik liegt, davon ist Christoph Bertram überzeugt. »Konsens ist kein Mittel, nur der Streit ist ein Mittel«, sagt er. »Konsens, Mensch, darunter wabert die Langeweile.« Die »brave Einstimmigkeit auf Parteitagen und in Bundestagsdebatten« behindere die Entwicklung eines außenpolitischen Bewusstseins bei uns, klagt er.

Und was nutzt nun der Außenpolitik?

Constanze Stelzenmüller, Senior Fellow beim German Marshall Fund, plädiert für einen organisierten Weitblick, sogenannte Strategic Foresight Capabilities. Die meisten westlichen Demokratien hätten so etwas. In Kanada zum Beispiel hätten sie die »Policy Horizons Canada«, die Amerikaner hätten die »RAND Corporation«. Für einen modernen Staat sei es einfach wichtig, nach vorne zu schauen, gerade für die Selbstdefinition.

Christoph Bertram ist skeptisch: »Wir brauchen einen Mentalitätswandel.« Und wer soll den einläuten? Die Politik? Die Moderatorin hakt nach.

Erneut ist Bertram grundsätzlich skeptisch: »Uns fehlt es an kenntnisreichen Fachleuten in der Außenpolitik.« Andere Länder, vor allem die USA, hätten eine immense Ressource an Leuten, die über das eigene Land hinausschauen. Das fehle Deutschland.

»Ich glaube, man kann ein Meinungsklima züchten«, überlegt Bertram. »Ja, aber da muss man in Menschen und Institutionen investieren«, erwidert Constanze Stelzenmüller, »das Thinktank-Wesen in Deutschland ist immer noch völlig unterentwickelt.« Einige nicken zustimmend. »Immerhin: dass wir und andere hier sitzen«, sagt Stelzenmüller, »das ist schon eine positive Entwicklung. Früher waren die Mauern des Staates weniger durchlässig als heute.«

»Man müsste auch den Blick der anderen systematisch in unsere Politikprozesse integrieren«, versucht Beier den Weg zur Lösung zu bahnen.

Moderatorin Frohnert bringt das Thema Zuwanderung ins Spiel. Anton Börner erkennt Umsetzbares und schaltet sich ein: »Wenn wir auf den Weltmärkten präsent sein wollen, müssen wir uns stärker supranational engagieren. Wir müssen die besten Köpfe der Welt reinholen.« Es müsse aktiv geworben werden. Eigentlich müsse von Deutschland vor allem ein Signal ausgehen: »Wir sind offen für euch.«

»Ja, aber was kann die Politik da konkret tun?« Moderatorin Frohnert bleibt hartnäckig. Die Frage gehört zur Grundausstattung beim Expertendialog: Was kann die Politik tun? Was würden Sie empfehlen, wenn Sie entscheiden könnten?

Wer sind wir eigentlich?

Ab Klink von der Christen Democratisch Appèl (CDA) in den Niederlanden war einer von drei Politikern, die die Koalitionsverhandlungen des CDA mit der VVD, der Partei des Geert Wilders, führten – und zwar so lange, bis es nicht mehr ging. Klink war damals als amtierender Gesundheitsminister in die Verhandlungen gegangen und erwies sich als hartnäckiger und entschiedener Gegner von Wilders. Klink blieb zwar im CDA, löste im September 2010 allerdings eine kleine Regierungskrise aus. Das liegt nun hinter ihm. Er ist als Experte eingeladen worden zum Zukunftsdialog, wird mitdiskutieren, mitarbeiten. Und er wird darüber sprechen, warum in einem Land wie Holland ein Rechtspopulist politisch erfolgreich sein konnte. Und warum er glaubt, dass das in Deutschland nicht möglich ist.

2,6 – so beurteilen die Bürger das Image des Landes.

September 2011: Laut einer repräsentativen Emnid-Umfrage im Auftrag des Bundespresseamts unter rund 1000 Deutschen sind acht von zehn Bundesbürgern sehr (29 Prozent) beziehungsweise ziemlich (50 Prozent) stolz darauf, Deutsche zu sein. Sie sind dabei insbesondere mit der Wirtschaftskraft ihres Landes (59 Prozent) und der Entwicklung neuer Technologien (58 Prozent) sowie mit sportlichen (58 Prozent) und wissenschaftlichen (55 Prozent) Leistungen zufrieden. Das Image des Landes beurteilen die Bundesbürger mit einer Durchschnittsnote von 2,6. Mit dem Selbstbild scheint es also ganz gut bestellt zu sein. Aber: Was für den Einzelnen gilt, gilt das auch für einen Staat?

Der »seelische Haushalt« der Bundesbürger

Das Selbstbild. Der Leiter dieser Arbeitsgruppe, der Historiker Andreas Wirsching, sagt: »Das Thema ist essenziell, viele andere Länder schauen darauf, wie Deutschland als stärkster Player in Europa agiert.« Der Bonner Politikprofessor Volker Kronenberg sagt: »Wir sollen hier nicht im unverbindlichen Abwägen stehen bleiben.« Er wolle hier, in dieser Sitzung »Selbstbild«, eine Antwort finden auf die Frage: »Wer ist Deutschland, wer sind wir?«

Richard Schröder, Theologe und ehemaliger SPD-Fraktionsvorsitzender in der letzten Volkskammer der DDR, führt aus:

Nach zwei Diktaturen in Deutschland gelte es für die Zukunft ein Ergebnis von der Qualität zu produzieren, dass die Bürger etwas bekämen für ihren »seelischen Haushalt«.

Bülent Ucar ist Professor für Islamische Religionspädagogik und Leiter des Zentrums für Interkulturelle Islamstudien der Universität Osnabrück, er saß in der Islamkonferenz und erzählt, dass er seit seinem ersten Lebenstag zwischen zwei Ländern stehe. Sein Vater sei und bleibe Türke. Das gelte auch für seine Mutter. Er selbst ist in Deutschland geboren, in Oberhausen. Wenn er in die Türkei fahre, verachteten sie ihn als Almanci, als »Deutschländer«. »Ich werde sogar auf dem Markt übers Ohr gehauen, weil ich für sie kein richtiger Türke bin.« Mit seinem Heimatland Deutschland könne er sich aber auch nie recht sicher sein.

In der Türkei verachten sie ihn als Deutschländer.

Die Mülltrennung ist nicht das Problem

Ab Klink, der ehemalige Gesundheitsminister der Niederlande, sagt: »Ein Land wie Deutschland steht mit der Alterung der Gesellschaft nicht nur vor ökonomischen, sondern auch kulturellen Herausforderungen.«

In Holland habe jeder fünfte Einwohner einen sogenannten Migrationshintergrund. Ein Faktum, das dazu beigetragen habe, den Populisten Geert Wilders stark werden zu lassen – und der dann dazu beigetragen habe, dass das Land seinen Begriff von Toleranz überdacht habe. Wer in die Niederlande einwandern wolle, müsse einen Integrationskurs selbst bezahlen. Er werde ausgewiesen, wenn er den Kurs nicht vollständig absolviere. Und Ausländer, die straffällig geworden seien, hätten ihr Aufenthaltsrecht verwirkt.

In der Selbstbild-Arbeitsgruppe sitzt auch der Koblenzer Soziologe Clemens Albrecht. Der will wissen: »Über welche Zuwanderergruppe reden wir eigentlich? Deutschland hat eine immense Pluralität.« Es habe doch auch früher schon Zuwanderer gegeben, etwa die Polen, die im Ruhrgebiet gearbeitet hätten. Die seien auch alle längst integriert. Und früher seien die Preußen nach Hamburg gezogen, damals auch Ausland. Und die Slawen, die Heinrich der Löwe kolonialisierte? Werde das Thema heute nicht generell überschätzt? Außerdem will Albrecht auch so neue deutsche Tugenden »wie die Mülltrennung« berücksichtigen. Dabei muss er lachen.

In diese Tiefen will Kernexperte Wirsching noch nicht vordringen. »Reinheit gehört nicht zu den dringlichen Themen.« Aber was dann? Oder auch: Was nicht? Die »postkommunistische Transformation« wirke sich nicht mehr auf das künftige Leben aus. Die Bewältigung der deutschen Einheit und die Überwindung der Mauer in den Köpfen zählten in unserem Kontext nicht mehr zu den entscheidenden Herausforderungen der nächsten Jahre, sagt Wirsching. Denn da sei das Land einen großen Schritt weiter. Und was die Last der deutschen Vergangenheit, der Naziherrschaft, angehe, habe man eine lebendige Forschung.

Es gebe aber noch viel zu tun beim Thema »Abgrenzung von Fremden«: »Das ist ein Trend, der bleiben wird, das lässt sich nicht wegdiskutieren«, so Wirsching. Er wisse, wovon er spreche. Im Frühjahr 2011 habe er einen Text in der *Süddeutschen Zeitung* über das Zusammenleben und den Islam in Deutschland veröffentlicht, unter anderem mit diesen Sätzen: »Will man aber den ›clash of civilizations‹ nicht herbeireden, sondern ihn vermeiden, dann muss der zweite Schritt gemacht und nachhaltig eingeübt werden. Er lautet: Kraft zur Unterscheidung. Es ist keine Verharmlosung, darauf hinzuweisen, dass inakzeptable Gewalttaten oder Verletzungen der Meinungsfreiheit durch Muslime die Ausnahme sind.« Daraufhin habe er wütende Briefe bekommen und nicht wenige hasserfüllte Mails, die auch physisch drohenden Charakter gehabt hätten. Bülent Ucar sagt, dass für ihn solche Bösartigkeiten Alltag seien. In der anonymisierten Welt des Internets sei verbale Gewalt offenbar normal geworden. Auch das sei Realität in Deutschland.

Ein gigantischer Freiheitsgewinn

Die Runde ist sich einig: Die deutschen Stärken liegen ganz klar im Industriesockel. Technologisch und wirtschaftlich ist Deutschland eine Großmacht, aber Exportweltmeister ist noch keine Identität. Auch nicht Vize-Exportweltmeister.

»Wir haben generell eine Identitätsverunsicherung«, meint Wirsching. Das sei aber kein rein deutsches Problem. Ausgelöst durch die Globalisierung wüssten viele Menschen nicht mehr, wohin sie gehörten. Auch reisten die Menschen viel mehr, und sie zögen ihren Arbeitsplätzen nicht nur innerhalb ihrer Länder hinterher, sondern weit mehr als früher auch über Ländergrenzen hinweg. Dänen arbeiteten in Deutschland, deutsche Ärzte in Norwegen, Südeuropäer wieder in Deutschland, deutsche Manager in tschechischen oder portugiesischen Autofabriken, Neuseeländer in Köln und so weiter. Man könne von einem zumindest multiethnisch geprägten Land sprechen.

Das bestätigt auch das Statistische Bundesamt im April 2012. Nach Angaben der Statistiker lebten im Jahr 2011 rund 6,93 Millionen Personen mit ausschließlich ausländischer Staatsangehörigkeit in Deutschland. Das bedeutet einen Anstieg gegenüber 2010 um 2,6 Prozent – und ist damit die höchste Zuwachsrate seit 15 Jahren. Die meisten der Zuwanderer kommen aus den EU-Mitgliedstaaten. Immer drängender wird daher die Frage: Wie bindet man die Menschen mit unterschiedlichen Herkünften ein? Und wie schafft es ein Land wie Deutschland, sogenannte duale Loyalitäten zu akzeptieren? Wirsching spricht von einem »Gefühl der Entfremdung des Einzelnen in einer komplexen Welt«. Die Menschen würden

»heimatloser«. Aber ob man für diese Menschen eine »globale Heimat« schaffen könne?

Und: Entfremdung geht einher mit Entkopplung. »Der Trend ist eine Abkehr ganzer sozialer Gruppen.« Und darin sieht Wirsching für Deutschland eine Gefahr: Wenn sich ganze Gruppen aus dem öffentlichen Raum zurückzögen. Wenn sie nicht mehr wählen gingen. Wenn sie sich Extremisten anschlössen. Wenn man sie aus den Augen verliere. Das sei ein Dilemma.

»Die Frage ist«, so argumentiert Wirsching weiter, »wie gehen wir mit dem Selbstbild ganzer Gruppen um, die sich vom öffentlichen Raum absondern, wenn an die Stelle von Identitäten dann andere Loyalitäten treten?« Wirsching meint, man kann auch fragen, was wir tun würden, wenn sich junge Menschen islamischen Fundamentalisten anschließen. Oder einer rechtsextremen Gruppierung. Weil es da die einfachen Antworten gibt.

Denn »wir beobachten eine Zunahme der Komplexität«, sagt Wirsching. Der politische Raum sei immer unübersichtlicher geworden, zum Beispiel was die Bürokratisierung angehe. Da werde der Bürger irgendwann die Lust verlieren oder sich gleich ganz zurückziehen. Weil er »schlichtweg die Politik nicht mehr begreift«. Das nutzten nicht nur Rechtspopulisten und Islamisten.

Wie geht es weiter mit Deutschland und Europa?

Auch die Einbindung Deutschlands in Europa beschäftigt Wirsching, sie sei keineswegs lebenslang und unverbrüchlich: »Zwar hat Europa in den letzten 40, 50 Jahren einen gigantischen Freiheitsgewinn mit sich gebracht«, sagt Wirsching, »aber die Frage ist: Wie geht es weiter mit diesem Europa? Und mit Deutschland in Europa?«

Soziologe Albrecht bemüht sich um Positives: »Es gibt in Deutschland eine starke Tendenz, Normen ernst zu nehmen.« Das sei eine Stärke. Man müsse sich aber auf Normen beschränken, die unbedingt notwendig seien. Sonst? »Na ja, je mehr Normen es gibt, desto weniger halten sich die Menschen daran.« Aber das sei nur ein Schlaglicht auf einen kulturell tief verankerten Aspekt des deutschen Nationalcharakters. »Das deutsche Selbstbild bezieht sich auf zwei Diktaturen. Und was die Aufarbeitung angeht, hat Deutschland sein moralisches Erbe angenommen, es ist völlig klar, dass kein deutsches Selbstbild am Erbe des Nationalsozialismus vorbeigehen kann«, sagt Albrecht. »Wir sollten die Vergangenheitsbewältigung als Stärke erkennen!«

»Wir haben keine Schlussstrichmentalität«, wirft Kronenberg ein. »Aber die Jungen können mit den Identitätsdebatten der alten BRD heute nicht mehr viel anfangen.« Diesen Eindruck teilen auch andere Experten.

Honey Deihimi stößt hinzu. Sie war früher Integrationsbeauftragte in Niedersachsen, seit August arbeitet sie im Kanzleramt und leitet im Arbeitsstab der Integrationsbeauftragten das Referat »Gesellschaftliche Integration«. Heute ist sie als Expertin hier. Sie bringt es rasch auf den Punkt: »Die Menschen mit Migrationshintergrund haben eine andere Vorstellung von ihrem Selbstbild in diesem Land.« Die meisten Migranten wünschten sich, das Gefühl zu verspüren, dazuzugehören. Teil dieser Gesellschaft zu sein. Aber viele fühlten sich nicht dazugehörig. Auch wenn sie es objektiv seien.

Woran liegt das? »Es gibt sicherlich viele Gründe, aber ich denke, ein Element ist der Umgang der Einheimischen mit ihrer Geschichte und damit ihrem Selbstbild«, sagt Deihimi. Sie macht eine Pause. »Andere Länder sind stolz auf ihre Geschichte.« Die Deutschen nicht – aus bekannten geschichtlichen Gründen. »Aber die Geschichte dieses Landes besteht aus mehr, das Wissen hierüber fehlt aber oftmals.« Dadurch entstehe der Eindruck, selbst die Einheimischen fühlten sich nicht so richtig als Teil dieses Landes und seiner Geschichte. »Und wie kann man von Zugewanderten verlangen, sich zu etwas zu bekennen beziehungsweise dazuzugehören, wenn selbst Einheimische mit ihrem Selbstbild fremdeln und mit ihrer eigenen Geschichte nicht umgehen können?« Die USA seien ein gutes Gegenbeispiel. Dort sei jeder Teil des »American Dream«.

»Sicher, es ist in Deutschland zu spät diskutiert worden, was die Kriterien sind, um Zuwanderung positiv zu gestalten«, formuliert es Kronenberg. »Wenn man etwas für das Selbstbild tun will, dann müsste vielleicht mehr an Schulen diskutiert werden, zum Beispiel über den 9. November als einen Tag, an dem die historischen Dimensionen offenkundig werden, die dieser Tag miteinander verbindet.«

Deutschland hat schon immer von der Zuwanderung profitiert.

»Vielleicht muss sich wirklich grundsätzlich etwas am Geschichtsunterricht ändern«, meint Deihimi. »Neuerungen im Geschichtsunterricht sind immer schwierig«, warnt Wirsching. »Wir müssen eher aufpassen, dass der Geschichtsunterricht nicht ganz verschwindet.« »Man müsste die positiven Beispiele in der deutschen Geschichte viel stärker nach vorne bringen«, sagt Ucar. Die Bundeszentrale für politische Bildung könnte das. Vielleicht auch eine groß angelegte Kampagne.

Man müsste, so lautet ein kleines Zwischenfazit der Gruppe, klarstellen, dass Deutschland, mitten in Europa, schon immer von Zuwanderung betroffen gewesen sei und natürlich davon auch oft profitiert habe. Das Thema sollte im Geschichtsunterricht behandelt werden.

Nächstes Jahr: Ankara

Bülent Ucar erzählt, wie es bei ihm gewesen sei: Sein Vater ist in den 1960er Jahren nach Deutschland gekommen, zum Arbeiten. Konsequenterweise wurde Ucars Vater Gastarbeiter genannt. »Aber die meisten Migranten haben sich auch selbst als Gast gesehen.« Sie wollten immer zurück. Es hieß: Nächstes Jahr Ankara.

Ucar sagt: Das ist das Mantra der ersten Einwanderergeneration gewesen. Fast alle haben in ihre Herkunftsorte investiert, haben Häuser gebaut, Wohnungen abbezahlt. Viele sind zurückgegangen, haben aber nach so vielen Jahren in Deutschland dort nicht mehr Fuß fassen können. Nächstes Jahr Ankara? Keine Option mehr.

Heim nach Oberhausen

Dann sei die Zeit der Familienzusammenführungen gekommen, erzählt er weiter. Die Frauen seien nachgekommen. Bülent Ucar wurde in Oberhausen geboren. »Wenn wir im Sommer in der Türkei waren, wollte ich irgendwann heim. Heim nach Oberhausen.« Für die Eltern ist dann klar gewesen: Wenn sie zurückgehen, haben ihre Kinder keine Chance in der Türkei. Sie sind geblieben. Seitdem schlagen sie sich mit den beiden Identitäten herum. Das gilt nicht nur für türkischstämmige Zuwanderer. »Fünfzehn Millionen Menschen in Deutschland haben eine Zuwanderungsgeschichte, nur vier Millionen davon haben einen muslimischen Hintergrund. Trotzdem wird es häufig darauf begrenzt«, sagt Ucar.

Er trage beide Identitäten in sich. Wenn aber Debatten wie mit der Buchveröffentlichung von Thilo Sarrazin *(Deutschland schafft sich ab)* hochkochten, die Angst vor Überfremdung zum viel diskutierten Thema werde, »dann denke ich mir schon: Oh, wo bist du denn hier gelandet?«

Vermutlich gehe die nächste Generation, die seiner Kinder, den nächsten Schritt. In Nordrhein-Westfalen seien schon zehn Prozent der Schüler Muslime, ein Drittel der Schüler habe eine Zuwanderungsgeschichte. Es komme darauf an, wie es gelingen könne, diese in die staatlichen Institutionen zu integrieren. Immerhin gebe es nach Untersuchungen ein theoretisches Potenzial von 10 bis 15 Prozent für eine rechtspopulistische Partei in Deutschland.

»Ja, aber wahrscheinlich ist die Feindseligkeit gegen Muslime in Deutschland nicht so weit verbreitet wie in Holland. Wir haben da natürlich auch eine Geschichte mit der Ermordung Theo van

Goghs und den Drohungen gegen Ayaan Hirschi Al. Und wir haben Geert Wilders. Und der heizt die Emotionen an und hat dafür die politische Bühne bekommen«, bemerkt der Holländer Klink.

Ab Klink berichtet von einer unbestimmten Angst der Niederländer seit Anfang des Jahrtausends, die mit der Bevölkerungsentwicklung zusammenhänge. In den großen Städten wie Amsterdam oder Utrecht hatten nach Erhebungen des niederländischen Centraal Bureau voor de Statistiek (CBS) aus dem Jahr 2006 bis zu 40 Prozent der Einwohner einen Migrationshintergrund. Dann seien Populisten mit ihren einfachen Rechnungen gekommen und hätten behauptet, dass die Zuwanderung mehr koste, als sie der Gesellschaft bringt. Und das werde gewählt.

Also doch ein Punktesystem?

»Es geht immer nur um den Islam und Muslime«, ärgert sich Deihimi. »Es geht doch auch um die 70 Prozent nichtmuslimischen, nichttürkischen, nichtsozialschwachen Migranten, die sich auch nicht zugehörig fühlen.«

»Genau, unsere Aufgabe ist es, zu zeigen: Wie kann Deutschland eine Chance sein, und warum kann Deutschland stolz auf seine Zuwanderer sein?«, sagt Wirsching.

Die Arbeitsgruppe diskutiert ein Punktesystem nach kanadischem Vorbild.

Kanada setzt bei der Zuwanderung auf ein Punktesystem, das die Zuwanderung nach Qualifikationsbedürfnissen steuert. Australien ebenso. Potenzielle Zuwanderer werden nach Alter, Qualifikation und Berufserfahrung eingeschätzt und erhalten dann entsprechende Punkte. Eine Einwanderung in die Sozialsysteme wird nicht geduldet. Die Höchstzahl sind 100 Punkte, für Berufserfahrung werden beispielsweise maximal 21 Punkte angerechnet, für Sprachkenntnisse bis zu 24. Das kanadische Arbeitsministerium fungiert dabei als Dienstleister für Arbeitgeber, die ihrerseits gezielt Anträge auf die Zuweisung qualifizierter Einwanderer stellen können.

Aber reicht so ein Punktesystem, um eine Identität zu verankern? Ucar erzählt von einem türkischen Freund. Dieser habe jahrelang in Deutschland gelebt, sich aber nie als Deutscher gefühlt. Dann sei er ausgewandert. Und »in Kanada hat er sich schon nach zwei Jahren als Kanadier gefühlt.«

Die Rede des polnischen Außenministers

Wie Honey Deihimi stößt der Berliner Politikprofessor Thomas Risse etwas später zur Runde hinzu. Sein Thema: die Rolle Deutschlands in Europa und was das ist, eine europäische Identität. Natürlich geht es um die Euro-Krise. Denn: »Deutschland hat zum ersten Mal explizit eine Führungsrolle in Europa übernommen«, sagt Risse. Das Problem: »Wir sind nicht darauf vorbereitet.« Und die Europa-Skepsis sei groß im Volk. Aber Risse ist sicher, dass uns die Euro-Krise verändern werde.

»Ich habe weniger Angst vor deutscher Macht.«

Und schon verändert habe. Im November 2011 kommt es zu einer bedeutenden Rede. Polens Außenminister Radoslaw Sikorski fordert Deutschland auf, bei Reformen in Europa die Führung zu übernehmen. Vor der Deutschen Gesellschaft für Auswärtige Politik sagt Sikorski: »Ich bin wahrscheinlich der erste polnische Außenminister in der Geschichte, der das sagt, aber hier ist es: Ich habe weniger Angst vor deutscher Macht, als ich anfange, mich vor deutscher Inaktivität zu fürchten.«

Das sei neu, ungewöhnlich, vor allem im Hinblick auf die Geschichte der beiden Länder, da sind sich die Experten einig.

Die Rede sei ein Einschnitt. Und trotzdem. Europa sei für viele nicht greifbar.

»Was ist denn Europa für uns?«, fragt der Soziologe Albrecht. Für die Engländer sei es ein Staatenbund, für andere ein Bundesstaat. Und was sei es für Deutschland? »Da fehlt eine Zielvorstellung, was es am Ende werden soll. Die Menschen sehen nicht, worauf es hinausläuft«, sagt Albrecht.

Auch dieses Thema will sich die Arbeitsgruppe vornehmen.

»Man möchte schreiend aus dem Land rennen«

Ilse Wehrmann macht den Platzvergleich: In Sachsen seien es drei Quadratmeter. In Bremen seien es 3,5 Quadratmeter. In Baden-Württemberg 4,5. Und in Nordrhein-Westfalen sogar 6,3 Quadratmeter. In Berlin nur drei, in Niedersachsen auch. So viel Platz soll ein Kind im Gruppenraum einer Kindertagesstätte haben. Jasmin aus Bremen hat also weniger Platz als Hannes in Köln.

»Man möchte schreiend aus dem Land rennen«, sagt Ilse Wehrmann.

Hannes stehen nämlich auch 30 Quadratmeter Außenfläche zu. Jasmin aber nur zehn Quadratmeter. Ginge Jasmin in Hannover in den Kindergarten, hätte sie Anspruch auf zwölf Quadratmeter nur für sich. In Stuttgart müsste sie sich allerdings wieder mit zehn Quadratmetern begnügen. Dafür hätte sie aber drinnen mehr Platz.

»Absurd.«

Leidenschaftlich kämpft Ilse Wehrmann für mehr und bessere Kindergärten und Kindertagesstätten in Deutschland. Wie viel Platz jedes Kind haben soll, regelt jedes Bundesland selbst, in Berlin beispielsweise mit dem Kindertagesförderungsgesetz. Ilse Wehrmann hat die Zahlen extra zusammengetragen. Denn da sei einiges im Argen, an allen Ecken und Enden fehlten Kita-Plätze. Vor allem im Hinblick auf den 1. August 2013.

Von da an hat jedes Kind mit Vollendung des ersten Lebensjahres bis zum Schuleintritt einen Rechtsanspruch auf Förderung in einer Tageseinrichtung oder in einer Kindertagespflege. So ist es im deutschen Sozialgesetzbuch festgeschrieben.

In den alten Ländern haben, nach Angaben des Länderreports »Frühkindliche Bildungssysteme 2011« der Bertelsmann-Stiftung, bisher nur 17 Prozent der Kinder unter drei Jahren einen Platz, in den neuen Ländern sind es immerhin 42 Prozent. Alles kein Vergleich zu Dänemark: Dort haben, so der Report, insgesamt 72 Prozent einen Platz. Außerdem fehlten Erzieherinnen und Erzieher in Deutschland, einige Tausend. Im Herbst 2011 meldete das Deutsche Jugendinstitut, es fehlten 24 700 Erzieherstellen, der Deutsche Städte- und Gemeindebund ging im Januar 2011 sogar von bis zu 60 000 fehlenden Fachkräften aus.

Ilse Wehrmann hat jahrelang für kirchliche Träger den Aufbau von Kindertageseinrichtungen organisiert. Heute agiert sie als freie Sachverständige für Frühpädagogik und ist eigentlich nie in ihrem Büro zu erreichen. Sie sei ständig unterwegs, quer durch Deutschland, und plane Kitas, erzählt sie. Allerdings weder im kirchlichen noch im staatlichen Auftrag – sondern im Auftrag der Wirtschaft. »Ich sehe mehr Kinderfreundlichkeit in der Wirtschaft als in der Kirche.« Gestern in Bonn, morgen bei einem großen Sportartikelhersteller. Den Firmen drohe der Fachkräftemangel, sie wollten Bewerbern etwas bieten – und zwar nicht nur einen attraktiven Job, sondern Möglichkeiten für Familie und Kinderbetreuung. Wenn beispielsweise eine Modefirma eine Chefdesignerin aus San Francisco für sich gewinnen wolle, dann »erkundigt sich diese auch nach einem Betreuungsplatz für ihre Kinder«, sagt Wehrmann. So etwas sei mittlerweile wettbewerbsentscheidend.

Die Firmen seien deshalb rasch bei der Sache, überall würden derzeit Betriebskindergärten, Kinderhäuser und Ähnliches errichtet. Auch in sozialen Brennpunkten, damit die Kinder der Mitarbeiter mit Kindern anderer sozialer Schichten zusammenkommen könnten. »Ich habe meine Vorurteile gegenüber der Wirtschaft abgelegt«, sagt Wehrmann. Denn die Unternehmen legten auch Wert auf qualitativ gut ausgestattete Einrichtungen. Auch das sei neu. Denn was in den Kitas geschehe, werde in Deutschland nicht kontrolliert. Es gebe in Deutschland – erstaunlicherweise – weder ein qualifiziertes Controlling noch eine flächendeckende Evaluation.

Familien – Kernstück für subjektives Lebensglück

Wehrmann setzt sich derzeit, gemeinsam mit anderen Experten, für ein Qualitätsmessinstrument für Kindertageseinrichtungen ein, das bundesweit gelten soll. »Es kann doch nicht sein, dass jeder Bürgermeister in seiner Kommune nach seiner Vorstellung und seinem Familienbild entscheidet, wie eine Kita zu funktionieren hat.«

Mit Wehrmann sind wir mittendrin in der Arbeitsgruppe »Familie«. Die Münchner Professorin Sabine Walper verantwortet diese AG sowie den kompletten Themenstrang »Wie wollen wir zusammenleben?« als wissenschaftliche Koordinatorin.

Die AG Familie will klären: Wie schaffen wir es, dass das Land kinderfreundlicher wird? Wie stärken wir Familien? Und wie stehen wir Familien bei, mit Betreuung, mit Hilfe, mit Unterstützung?

Es gibt ein Problem, ein Zeitproblem

»Die Familie hat für Erwachsene eine hohe Bedeutung – sie ist ein Kernstück für subjektives Lebensglück«, beginnt Sabine Walper. Die Ehe als »Rahmen für das Aufziehen und Aufwachsen von Kindern« verliere dabei an Bedeutung.

Die Vorteile einer Ehe seien nicht mehr so klar wie früher. Und das nächste Problem: »Wir haben eine hohe Kinderlosigkeit, vor allem auch bei Akademikerinnen, und es ist oft eine ungewollte Kinderlosigkeit.« Kinder passten oftmals nicht rechtzeitig in die Phase, in der sich junge Erwachsene in der Berufswelt etablieren müssten. Und wenn Familie riskiert werde, drohe nicht selten die

Scheidung – mit allen herben Konsequenzen, vor allem für die Kinder. Sabine Walper sagt: »Manche Folgen zeigen sich gar nicht sofort, sondern erst, wenn Scheidungskinder eigene Partnerschaften eingehen. Es gibt eine intergenerationale Transmission von Trennungserfahrungen.« Nichts passe mehr zusammen: hohe Erwartungen, ein zu romantisches Bild von Partnerschaft und Ehe, viele Reibungspunkte in der Arbeitsteilung und oft keine guten Strategien, sich auseinanderzusetzen und wieder zu versöhnen.

Karin Jurczyk vom Deutschen Jugendinstitut spricht von »Nicht-Passungs-Verhältnissen«. Ihr gehe es nicht um eine bestimmte Familienform, sondern um das Zusammenleben generell. »Wir haben neue Geschlechterverhältnisse, neue Arbeitsverhältnisse«, aber immer noch die Halbtagsschule, die viele vor schwer lösbare Aufgaben stellt. Eltern hätten heute vor allem eins: ein Zeitproblem. »Und was wirklich verloren geht, ist Qualitätszeit«, sagt Jurczyk. Damit verschwinde eine entscheidende Qualitätsdimension im Zusammenleben. Wenig Zeit für Kinder, kaum Zeit für den Partner. Immer Zeitdruck.

Dabei wollten alle, dass sich vor allem auch Väter mehr einbringen.

Die Arbeitgeber ließen Vätern aber zu wenig Familienzeit. Zu riskant wiederum erscheine Vätern der Ausstieg auf Zeit. Und die zusätzlichen zwei Väter-Monate nimmt die Expertin nicht wirklich ernst.

Eltern haben vor allem ein Zeitproblem.

Der Zeitdruck nehme noch weiter zu, wenn Angehörige gepflegt werden müssten. Dann erodiere der Zusammenhalt. Was wir brauchten: »Maßnahmen aus einem Guss, die Fürsorge füreinander möglich machen, vielleicht so etwas wie eine vorfinanzierte ›Aus‹-Zeit für ›Care‹. Und dass sich für Frauen durch Betreuungsleistungen auch Rentenansprüche ergeben«, sagt Jurczyk. Sie fordert, Familie als »Doing Family« zu verstehen, die immer gezielter hergestellt werden müsse. Und: »Man muss etwas für Familie tun, denn die ist nicht einfach da.«

Der große Wurf

»Es könnte hier langweilig werden«, bilanziert Bernhard Nauck, Soziologe von der TU Chemnitz, »weil wir uns in vielen Punkten sehr einig sind.« Nauck bekümmert, dass Familienpolitik in Deutschland zu sehr Spielball des Parteienstreits sei. Es werde an den politischen Rahmenbedingungen laufend herumgedoktert. Im »familienpolitischen Musterland« Frankreich sei das anders. »Da sind die familienpolitischen Eckwerte seit über 80 Jahren dieselben.« Deshalb könnten Familien dort auch ganz anders planen.

Und dann fällt das Wort, das an diesem Tag noch häufiger zu hören sein wird – und das im gesamten Zukunftsdialog zu den Spitzenreitern gehört: »der große Wurf«.

»Es ist doch immer nur Effekthascherei«, schüttelt Ilse Wehrmann den Kopf. »Wir brauchen einen großen Wurf.« In der Wirtschaft gebe es oft nur Vollzeit, und das kollidiere mit der Zeiteinteilung in Familien. Deshalb der Boom der Betreuungseinrichtungen in den Konzernen.

»Die Konzerne spielen aber eine untergeordnete Rolle, wenn wir deren Anteil an Arbeitsplätzen in Deutschland betrachten«, wirft Klaus Henning ein. Er ist heute als Gast anwesend und achtet auf thematische Querverbindungen zu den Arbeitsgruppen seines Themenstrangs. »In den kleinen und mittelständischen Unternehmen ist der Druck viel größer.« Eine Firma mit 50 Mitarbeitern könne nicht einfach eine Kita finanzieren. »Der große Wurf gelingt nicht durch eine Betrachtung der Konzerne und des öffentlichen Dienstes. Fünfzig Prozent aller Arbeiter sind in Unternehmen mit weniger als 100 Mitarbeitern beschäftigt, da ist vieles nicht geregelt und lässt sich auch nicht regeln, ohne dass die Existenz solcher Betriebe gefährdet wird.« Andere Lösungen müssten also her.

»Ja, aber es ist nicht nur die Frühphase«, sagt Sabine Walper, »es ist ja vor allem auch die Schule, die viel abverlangt. Eltern sind da immer gefragt als Hausaufgabenhilfe.« Das müsse auch noch unter einen Hut gebracht werden.

Mit dem Ergebnis: »Wir beobachten einen deutlichen Anstieg von Erschöpfung und Depression«, sagt Jörg M. Fegert, Kinder- und Jugendpsychiater sowie Psychotherapeut an der Uniklinik Ulm.

Nicht nur, dass viele Mütter ausgepumpt seien, sie fühlten sich oft auch nicht anerkannt. Sie investierten viel Lebenszeit, kümmerten sich um Kinder, betreuten ältere Angehörige, oder – wie die Runde es hier nennt – sie leisteten Care-Zeit. Ohne je eine Gegenleistung dafür zu erhalten.

»Man lernt etwas, wenn man Kinder und Ältere pflegt«, sagt Jurczyk. »Wir müssen sichtbar machen, was bei der Betreuung gelernt wird.«

Sich um andere zu kümmern müsse sich lohnen.

Familie als reine Privatsache?

»Das ist in der Tat ein Problem, Familienarbeit hat leider kaum einen ökonomischen Wert«, sagt auch Gerd Brudermüller, Vorsitzender Richter am Oberlandesgericht Karlsruhe und Vorsitzender des Deutschen Familiengerichtstages. Wenn er sich die Biografien von Frauen anschaue, sei es eine »Katastrophe, wenn vor allem Altersvorsorge dort häufig überhaupt nicht auftaucht«. Eine Scheidung habe für Männer und Frauen häufig völlig unterschiedliche Konsequenzen. »Es gibt meistens eine Schieflage zu Lasten der Frauen.« Frauen vertrauten immer noch darauf, dass sie der rechtliche Rahmen »Ehe‹ schütze. »Das stimmt aber so nicht mehr«, so Brudermüller. Es sei daher für jede Frau riskant, mit der Erwerbsarbeit ganz aufzuhören, zumal sich die Rechtslage verschärft habe. »Die Frau ist doppelt schlecht gestellt, seit der Gesetzgeber die Erwartungen an Eigenverantwortung gesteigert hat. Den meisten Frauen ist das aber gar nicht bekannt und auch nicht bewusst.« Stichwort: Unterhaltsrechtsreform. »Auf der Verliererseite stehen vor allem die Ehefrauen nach längerer Ehe, die sich auf das frühere Recht eingestellt und sich durch das Eherecht abgesichert gewähnt haben – bei der Scheidung kommt dann das böse Erwachen.«

Wie gestaltet man soziale Elternschaft?

»Junge Paare sind darüber so gut wie nicht informiert«, bemerkt Jurczyk.

»Die Ehe ist doch nicht nur ein Auslaufmodell, immerhin lassen sich 60 Prozent der Paare *nicht* scheiden«, sagt Fegert. »Was wir brauchen, ist eher eine Versicherung: Du machst jetzt mehr Care, dafür gibt es später mehr Sicherheit.« Das wäre ein Wurf, ein großer Wurf. Wir müssten den ehelichen Ausgleich besser definieren, findet die Gruppe. Dafür müsse man eine gute Idee für die Kanzlerin entwickeln.

Und der Ausgleich bei nichtverheirateten Paaren? Müssten die auch einen Vertrag schließen? Die Runde ist sich nicht einig. Das wäre ja dann wie eine Ehe. Und was wäre mit der sogenannten sozialen Partnerschaft? Zum Beispiel bei Stiefeltern?

»Ich bin selbst Stiefvater«, sagt der Soziologe Nauck. Er habe so seine Erfahrungen gemacht. »In der Schule dürfen sie nicht mit mir sprechen, weil ich der Stiefvater bin.« Auch Ärzte dürften das nicht, da Stiefeltern in keinem Rechtsverhältnis zu ihren Stiefkindern stünden und somit »unbeteiligte Fremde« seien. Sei das noch zeitgemäß in Zeiten von Patchworkfamilien? »Das sind auch Themen, die wir aufgreifen müssen, wie die soziale Elternschaft gestaltet wird«, sagt Walper.

Noch immer dominiere die blutrechtliche Abstammung unser modernes Familienrecht, stellen die Experten fest. Und »dass Umgangsfragen oder Sorgerechtsfragen vorwiegend am Erzeuger festgemacht werden, halte ich für einen gefährlichen Biologismus, den wir eigentlich überwunden haben sollten«, kritisiert Fegert.

Die Familienberatung in Deutschland sei stark unterentwickelt, es fehle an der entsprechenden Qualifizierung. An den Universitäten liege die Familienforschung brach. Was man wisse, klinge nicht gut: Nach dem vom Robert-Koch-Institut durchgeführten und 2007 veröffentlichten Kinder- und Jugendgesundheitssurvey (KiGGS) sind rund 18 Prozent der Jungen und 11,5 Prozent der Mädchen in Deutschland verhaltensauffällig, was häufig auch auf die Familie zurückzuführen sei. Und dann sei da noch »das Phänomen eines wahnsinnigen Leistungsdrucks« innerhalb der Familie, der auf Kinder ausgeübt werde.

»Wenn es nach vier Wochen Englischunterricht noch kein ›native speaker‹ ist, fragen sich viele Eltern: Kann das Kind überhaupt noch Abitur machen?«, beschreibt Wehrmann eine heutige Grundhaltung. »Eltern leben im Gefühl: ein Fehler und die ganze Karriere ist dahin.« Das wirke sich auf die Familie, auf Kinder aus. »Die Frage ist nur noch, ob das Kind schon mit zwei Jahren oder erst mit vier Jahren anfangen sollte, Mandarin zu lernen – aber lernen muss man es.« Ironisch überzeichnet Fegert den fortschreitenden Leistungsgedanken in einem Teil der Elternhäuser, die ihren Kindern einen perfekten Einstieg in die Zukunft gewährleisten wollten.

Kinder mit Managerkalender aber kämen nicht mehr zum Atmen. Eltern glaubten, eine »Drei« in Sachkunde verbaue schon alle Karrierechancen. Grundschullehrer könnten ein Lied davon singen. Der Druck, der auf Kinder ausgeübt werde, habe aber auch etwas mit der späten Elternschaft zu tun. »Je später ich das erste Kind bekomme, desto geringer ist die Wahrscheinlichkeit, ein zweites zu bekommen«, fasst es der Jugendpsychiater Fegert zusammen. »Und je stärker ich nur eine Chance habe, mich fortzupflanzen, desto höher die Erwartungen an das Kind.«

»Wir haben dazu keine Forschungsergebnisse, aber manchmal sind ältere Eltern auch gelassener«, findet Jurczyk. »Fakt ist: Perfektionismus ist die Mutter allen Unglücks«, sagt Walper. Das gelte auch für die Erziehung von Kindern.

Care ist ein gesellschaftlicher Auftrag

Am zweiten Tag arbeitet die höchst lebendige AG »Familie« schon an ersten Vorschlägen. Auch beim gemeinsamen Abendessen hat die Arbeitsgruppe ihre fachliche Debatte vertieft. Und nun geht es Schlag auf Schlag, am Ende stehen mehr als 20 mögliche Vorschläge auf den Stellwänden von Moderatorin Frohnert.

»Wir müssen Care-Leistungen neu bewerten«, fordert Fegert, »da brauchen wir ein Gesamtkonzept, und wir müssen auch die Männer dazunehmen.«

»Vielleicht so etwas wie ein Care-Zeit-Budget im Lebens- und Erbwerbsverlauf – also dass Care-Zeiten angerechnet werden«, schlägt Jurczyk vor.

Die Handlungsvorschläge jeder Gruppe sollen jeweils auf ein bis zwei Din-A4-Seiten kurz umrissen werden; worin der Vorschlag besteht, warum er sinnvoll ist und wie er umgesetzt werden kann. Diese Texte sollen später in die Vorschlagssammlung eingebracht werden, die der Kanzlerin am Ende des Expertendialogs übergeben wird.

Wir brauchen ein Institut für frühkindliche Bildung.

Ilse Wehrmann ist beim nächsten Thema: »Was wir auch noch brauchen, ist ein Institut für frühkindliche Bildung«, sagt sie. Ein Bundesinstitut für frühkindliche Bildung, Betreuung und Erziehung. »Neuseeland hat vier Millionen Einwohner und vier Lehrstühle für Kleinkindforschung, bei uns sieht es da dünn aus.« Auch ein interdisziplinäres Forschungszentrum mit Fokus Familie wird kurz diskutiert.

»Ich habe auch noch einen Vorschlag«, sagt Jurczyk. In Frankreich gebe es kein Familienministerium, dafür veranstalte die Regierung einen jährlichen Conseil, bei dem alle Minister die familienpolitische Agenda für das kommende Jahr diskutieren. »Und das brauchen wir auch: einen Jahresgipfel zum Family-Mainstreaming, wo ressortübergreifend diskutiert wird, wo man steht, wo es hingehen soll.«

»Eine Superidee, aber sie würde als Demontageversuch der derzeitigen Ministerin verstanden«, bemerkt Fegert. »Doch zu einer Reduktion der Ressort-Egoismen beizutragen und Anreize für bessere Zusammenarbeit zwischen Ministerien zu schaffen – das wäre natürlich gut.«

»Das müssen wir nur anders formulieren, dann kann man die Ministerin und das ganze Ministerium damit stärken«, greift Sabine Walper ein.

»Und am Steuerrecht muss auch was gemacht werden. Stichwort Familiensplitting«, erinnert Brudermüller, der Jurist. »Die Studienordnung muss flexibler gestaltet werden, damit es Studierenden mit Kind besser geht. Wir müssen uns für ein Teilzeitstudium einsetzen«, fällt Sabine Walper ein. Am Tag zuvor hatte einer in der Runde daran erinnert, dass in der DDR angehende Akademiker oft während ihres Studiums die Kinder bekommen hätten.

Moderatorin Kirsten Frohnert hat Mühe, alle Ideen des Brainstormings an die Flipcharts zu packen.

Schließlich ist die Zeit um. Man verabschiedet sich. In den kommenden Wochen werden die Ideen auf Papier gebracht und innerhalb der Gruppe diskutiert, per Telefonkonferenz, per Mail und auf der Intranetplattform des Expertendialogs, die das Kanzleramt extra zu diesem Zweck eingerichtet hat.

Dem Hassprediger auf der Spur

No-go-Areas? Ja, er habe davon gehört. Dass es in Berlin-Neukölln, in einem der »sozialen Brennpunkte« der Hauptstadt, Straßen geben soll, in die kein normaler Mensch reingehe, in die sich nicht einmal die Polizei traue, höchstens in Truppenstärke und vergittertem Mannschaftswagen. Das stehe so in der Zeitung. Aber das stimme nicht. Und überhaupt: »Ich gehe überall rein.« Christian Horn geht überall rein.

Horn ist Dienststellenleiter bei der Berliner Polizei, Arbeitsgebiet Integration und Migration in der Polizeidirektion 5, zuständig für die Bezirke Friedrichshain-Kreuzberg und Neukölln. Die Abteilung gibt es seit 1970. Früher hieß sie Ausländerüberwachung, im Volksmund: Ausländerpolizei. Da seien die Läden runtergegangen, da habe keiner mit den Beamten sprechen wollen. Mit einer »Ausländerpolizei«, so Horn, baue man keine Brücken. Früher seien die Einsätze zu 95 Prozent repressiv gewesen, es sei in fast allen Fällen um Strafverfolgung gegangen. Heute bestehe die Arbeit der Integrationspolizisten zu 60 Prozent aus Kontaktaufnahmen und zu 40 Prozent aus Strafverfolgung. Das »Eingreifen« von Horns Kollegen sei meistens präventiv.

Präventiv eingreifen statt Ausländerpolizei

Ein Beispiel: In einer Schulklasse, 7. Klasse in Neukölln, sagt ein Junge: »Ich fahre jetzt in den Gaza-Streifen und töte Juden.« Das sei das Originalzitat, berichtet Horn. In der Klasse sei der Junge wegen des Ausspruchs als Held gefeiert worden. Die Lehrerin habe das als sehr problematisch angesehen und sich bei Horn gemeldet. Es gebe ja sonst niemanden für Grauzonen dieser Art. Unabhängig von der strafrechtlichen Relevanz sei eine solche Äußerung sehr bedenklich. Zumal Antisemitismus »zu unserem Alltag gehört« – gerade auch unter moslemischen Jugendlichen. Horn sagt: »Wenn Hans und Gisela mit antisemitischen Äußerungen auffallen, kann man ihnen immer mit der deutschen Geschichte kommen, wenn Sahib und Mohamad antisemitische Äußerungen von sich geben, funktioniert das nicht.«

Also habe Horn einen Imam angerufen. Der habe versprochen, an die Schule zu kommen. Dort wollte er dem Jungen und seiner Klasse klarmachen, dass es im ganzen Koran nirgends eine Stelle gebe, die dazu aufrufe, Juden zu töten. Ganz im Gegenteil, da stehe, dass man Menschen achten solle. Horn erzählt: Das habe gewirkt. Einem moslemischen Geistlichen folgten die Schüler eher als einem Berliner Polizisten.

Und genau das macht Horn seit nunmehr zwölf Jahren: Kontakte herstellen und vermitteln. Mit 150 Vereinen stünden sie in Kontakt in seiner Abteilung, mit nahezu allen Moscheen, mit den großen Dachverbänden, mit den türkischen, arabischen, libanesischen Vereinen. Auch mit Exoten wie dem bosnischen Schachverein.

Der Zusammenhalt der Gesellschaft ist wichtiger denn je.

Heute geht es im Kanzleramt um »Sicherheit«. So heißt die Arbeitsgruppe unter Leitung von Britta Bannenberg. Christian Horn ist der Praktiker unter den Experten dieser Arbeitsgruppe.

»Ein diffuses Unsicherheitsgefühl« diagnostiziert Andreas Zick zu Beginn der »Sicherheit«-Runde. Zick ist Gewaltforscher an der Universität Bielefeld und Mitautor der aktuellen Studie »Deutsche Zustände 2011«. Die hat ein recht betrübliches Bild zu Tage gefördert: Rassismus, Fremdenfeindlichkeit, die Abwertung von Obdachlosen, Behinderten und Langzeitarbeitslosen stiegen wieder an. Manche Menschen agierten gewaltbereiter und menschenfeindlicher als früher. Generell sei es um den Zusammenhalt der Gesellschaft nicht gut bestellt: 56 Prozent der Befragten sähen den Zusammenhalt gefährdet, 74 Prozent fänden sogar, dass die deutsche Gesellschaft auseinanderfalle – und fühlten sich stärker von kultureller Vielfalt bedroht. Fünfzig Prozent der Befragten stimmten der Aussage zu, dass Deutschland »überfremdet« sei.

»Das Phänomen der Abwertung ist vor allem auch signifikant bei Besserverdienenden«, ergänzt Zick. Also bei einer Gruppe, die meine, sie habe gar nichts damit zu tun. »Die Frage der Sicherheit ist daher eng verbunden mit der Frage der Integration«, sagt Zick. Damit müsse die Politik umgehen.

Der einzige Ansprechpartner der Kurden

Zurück zu Horn. Seine Polizeiabteilung ist ein Unikat. Selbst in Berlin ist die Abteilung eine Ausnahme, was eine derartig intensive Netzwerkarbeit mit Migrantenorganisationen betrifft. »Wir sind ein handverlesener Haufen.« Siebzehn Beamte inklusive Horn. Zum Teil mit eigenen Zuwanderungsgeschichten, türkisch, kroatisch, arabisch. Alle seien offen, sozial, empathisch. Beamte, die in der Lage sind, Vertrauen aufzubauen. Ein Mitarbeiter, ein Deutschstämmiger, sei beispielsweise der einzige Ansprechpartner PKK-naher Berliner Kurden. Die sprächen freiwillig mit niemandem sonst in der Stadt und den Behörden, nur mit diesem einen Polizisten in Neukölln, berichtet Horn. Er sei oft bei ihnen zu Gast, kenne die Vereine, sei bei jeder Kurden-Demo mit dabei und wisse, wann es gefährlich werde.

Horns Leute sind im Dauereinsatz. Sie pendeln hin und her, von einem Verein zum nächsten, von einer Moschee zur nächsten. Sie gehen mal dahin, mal dorthin, trinken Tee, fragen nach der Familie, diskutieren, so Horn. »Eine Quatscher-Dienststelle«, wie er es nennt. Reden also, aber effektiv. Und in ihren Methoden mitunter unorthodox und unbürokratisch.

Horn wirkt da, wo Integrationsbroschüren nicht hinkommen. Er habe schon Flugblätter für eine neue Moschee geschrieben. Der Trägerverein der Moschee habe Aufklärungsarbeit leisten und die Nachbarn und Anwohner beruhigen wollen, aber sie hätten Schwierigkeiten mit der deutschen Rechtschreibung gehabt. Also hat es Christian Horn gemacht. »Wir sprechen mit allen, mit Imamen, mit moslemischen Vereinen, auch mit den Hasspredigern.«

Das Problem mit dem Einsteigen

Lokale Ebene. Christian Horn versucht, Vertrauen aufzubauen. Dennoch zögen die Radikalen viele Leute an. »Wir erleben Charismatiker wie den Hassprediger Pierre Vogel, das sind für viele Kinder und Jugendliche echte Vorbilder.« Aber sie verbreiteten Hass, Hass gegen Ungläubige, Hass gegen Juden, Hass gegen die Gesellschaft, Hass gegen die deutsche Demokratie, die mit ihrer Auslegung des Korans nicht vereinbar sei. »Wie kriegen wir die da wieder raus aus der radikalen Ecke?«, fragt Horn.

»Wir haben Aussteigerprojekte, die gar nicht so schlecht sind«, wirft Zick ein.

Doch das Problem sei mehr das *Einsteigen.*

Es seien häufig chancenlose männliche Jugendliche, schlecht in der Schule, auf der Suche nach der eigenen Identität und Anerkennung. Beides fänden sie bisweilen unter ihren Glaubensbrüdern. Der Islam gebe ihnen Halt. Es gebe klare Regeln, sie würden herzlich empfangen, und sie blieben. Bedenklich sei, dass sie oft die härteste und intoleranteste Auslegung des Islam wählten. Dies gelte auch für einen großen Teil junger Konvertiten.

Die Richter und das Trauma

Doch es gibt noch andere Probleme. Zum Beispiel mit der Perspektive: immer nur die Täter, die Radikalen. Die Experten der Arbeitsgruppe »Sicherheit« wollen über Opfer sprechen und deren Perspektive. Über den Opferschutz.

»Wir müssen den Opferschutz stärker in die Bevölkerung integrieren«, sagt die Kriminologin Britta Bannenberg. Da sei die Vorbildfunktion von Erwachsenen fundamental. Auch Informationen über stützende oder schädliche Äußerungen und Verhaltensweisen im Umgang mit Betroffenen seien nützlich.

Die Frage sei: Wie bringt man Menschen dazu, sich für Opfer zu engagieren? Der Täter ist immer interessant. Zu oft dreht sich alles um ihn. Gerade nach den Amokläufen in Erfurt oder Winnenden würden die Medien die Täter in den Mittelpunkt schieben, sie würden gleichsam zu Coverboys. Selbst seriöse Nachrichtenmagazine hätten das Porträt der Täter auf dem Titel gebracht. Und damit, so Britta Bannenberg, hätten die jungen Täter genau das erreicht, was sie wollten: maximale Aufmerksamkeit.

Und die Opfer? »Es hat da sehr viele Fortschritte gegeben, beispielsweise das Opferschutzgesetz«, sagt Strafrechtler Meier. Es müsse aber was darüber hinaus geben. »Am Anfang ist die Betroffenheit immer sehr groß, alles, was Rang und Namen hat, meldet sich beispielsweise nach dem Amoklauf in Winnenden zu Wort, das kippt dann aber«, berichtet Bannenberg. Zurück blieben traumatisierte Überlebende. Die viel beschworene »Solidarität« der Gemeinschaft zeige sich im Alltag – oder eben nicht.

Stärker den Opferschutz in der Bevölkerung integrieren

»Ich wäre generell vorsichtig mit dem Wort Trauma«, gibt Meier zu bedenken. Das sei ein Modethema geworden. Manche Richter könnten das Wort Trauma schon gar nicht mehr hören. Man müsse mehr über Sensibilisierung reden. »Aber es ist doch bei den Bürgern gar nicht immer klar, wer ein Opfer ist«, sagt Honey Deihimi, die auch in dieser Arbeitsgruppe mitarbeitet. Wichtiger sei doch: Wie gehe das Umfeld des Opfers damit um? Und dann »spielen natürlich die Medien eine ganz, ganz große Rolle. Denen muss klargemacht werden, was angebracht ist und was nicht.«

»Mit Medien Abmachungen zu treffen, was sie berichten sollen, das funktioniert nicht«, erwidert Meier. »Außerdem ist der Begriff des Opfers alles andere als klar.« Der Begriff Opfer sei nicht eindeutig. »Vielleicht müssten wir uns mehr dem Erlernen gesellschaftlicher Normen widmen.« Mit Normen hätten viele junge Menschen ein Problem. Da müsse in der Schule mehr Wert auf die Vermittlung von Normen wie Respekt oder Rücksichtnahme gelegt werden. Das komme dann auch dem Umgang mit Opfern zugute.

»Aber die Moralentwicklung hört doch nicht nach der Schule auf«, ruft Zick. »Wir müssen ja auch ganz klar sehen: Es sind auch die Eliten, die die Normen brechen.«

Und ein permanenter, kaum zu kontrollierender Bruch mit Normen finde im Netz statt, eine Mobilisierung von Gewalt, von Radikalität, von Grenzüberschreitungen. Schon werde vor dem »Online-Dschihad« gewarnt, selbst die Bedrohung eines Cyberwar nehme konkrete Züge an. Durch Softwareattacken könnten ganze Staaten und deren Versorgung vernichtet werden. Auch im Kleinen wachse die Gefahr. Eltern stünden vor der Frage, wie sie verhindern könnten, dass ihre Kinder rechtlos und rechtbrechend im Internet unterwegs seien.

Die Runde will über eine Kultur der Grenze sprechen, über das, was man alles erlauben will oder soll. Wo der Rechtsbruch beginnt. In dieser Runde ist die Welt des Internets nicht nur positiv.

»Man kann nicht ›noch mehr‹ betrogen werden«

»Das Internet ist rechtlich neutral«, sagt Jurist Meier. Richtig verboten sei vor allem Kinderpornografie. Dennoch ist das Problem viel komplexer, so Meier. Man könne in der virtuellen Welt Sachen klauen und bei Ebay verkaufen. Strafrechtlich sei das sehr schwer zu verfolgen. Auch die bestialischen Seiten, die Gewalt, die Pornografie, die für alle und jeden zugänglich seien, seien kaum zu belangen.

Die Frage, so Meier, sei immer: Wo steht der Server? Welches Gesetz gilt da? Das Internet ist sehr schnelllebig. »In der formalen Rechtsprechung haben wir allerdings viel Handhabe, zum Beispiel die Unterlassungsklage.« Aber: »Der einzige Weg, die Rechtsdurchsetzung zu erreichen, ist die Vorratsdatenspeicherung.« Zudem müsse dringend die Kompetenz in Sachen Netz in den Sicherheitsbehörden und Justizverwaltungen erhöht werden. Meier fordert darüber hinaus eine höhere Anzahl an Schwerpunkt-Staatsanwaltschaften zur Online-Kriminalität. Eine neue Dimension sieht er in der Netzkriminalität nicht: »Sie können beim Einkaufen nicht ›noch mehr‹ betrogen werden als heute schon.«

Soll man die Anonymität im Netz einschränken?

Man könne das Netz doch auch aktiver nutzen, um anzuzeigen und zu appellieren, überlegt Zick. Vieles aber gebe es schon, halten ihm die anderen vor: Online-Beratungen, Silver-Surfer, Polizei-Online-Wache. »Sollte man dann die Anonymität einschränken?«, wirft einer fragend ein. »Technisch ist es kein Problem. Aber es ist ein nicht verhältnismäßiger Eingriff«, sagt Meier.

Die Schrecken des Darknet

»Auf jeden Fall ist das Netz polizeilich zu nutzen«, meint Psychologe Lösel. Einige Polizeidienststellen nutzten bei der Aufklärung von Straftaten bereits Facebook oder Twitter. Vor allem Suchmeldungen nach Vermissten hätten gute Erfolgsquoten in den sozialen Netzwerken. Und doch sei vieles mit Blick auf das Netz entmutigend.

»Im Internet stehen sie immer vor dem Problem, dass der Server nicht in Deutschland steht. Was in Deutschland verboten ist, kann beispielsweise in den USA erlaubt sein«, gibt ein Mitarbeiter der Abteilung Innen- und Rechtspolitik im Kanzleramt zu bedenken. Richtig sei aber auch: Qualitative Sprünge in der Kriminalität sind erst einmal nicht zu erwarten; es gibt bereits alles: ein »Darknet« zum Beispiel. Sozusagen eine Kopie des WWW. Da sei alles vorhanden, was es auch im normalen Netz gibt, nur illegal.

»Der Jugendschutz funktioniert schlichtweg nicht im Netz«, sagt Britta Bannenberg, die Leiterin der Arbeitsgruppe, und reißt damit eine weitere Facette auf. Die Strafverfolgung müsse professionalisiert werden. Insbesondere bei Internetkriminalität stoße die Justiz an ihre Grenzen.

Was könne man da machen? »Mit dem Girls' Day haben wir das ›Gender‹-Problem verändert«, meint Deihimi. Vielleicht müsse es so einen Tag auch für die Netzproblematik geben.

Tatsache sei, so der überwiegende Tenor der Experten: Es gibt eine Radikalisierung in den neuen Medien. Es gibt mehr Seiten von Rechtsextremen als »Anti-Rechts«-Seiten. »Und mit Twitter und Facebook können sich beispielsweise Fußballschläger sekundengenau absprechen, wo die Polizei am Stadion steht«, ergänzt Zick.

Dann öffnet er ein noch größeres Fass. Radikalisierungen seien nicht allein ein Problem von Randgruppen. Man müsse auch »Menschenfeindlichkeit, Gewaltbilligung und Entsolidarisierung« in der Mitte der Gesellschaft beachten.

»Wir haben ein Problem mit Gewaltbilligung.« Vor allem bei den Älteren, bei den über 65-Jährigen, gebe es laut Untersuchungen einen hohen Wert an Gewaltbilligung. Die höchste Gewaltbereitschaft sei jedoch bei den unter 20-Jährigen zu finden.

Sicher und schöner wohnen

Herbert Schuberts Thema ist die städtebauliche Kriminalprävention. »Planer und Architekten haben Probleme mit dem Sicherheitsbegriff, der verträgt sich nicht mit dem künstlerischen Aspekt und der Kreativität«, sagt Schubert in einem kurzen Vortrag. Was fehle, sei eine sozialräumliche Perspektive beim Städtebau. Bisher würden einfach nur Videokameras zur Sicherheit aufs Dach gestellt. »Aber durch technische Systeme wie Video lässt sich die

Situation nicht verbessern«, sagt Schubert. Sinnvoll hingegen seien seiner Meinung nach: Eigenverantwortung, Nachbarschaftshilfe, vielleicht ein Qualitätssiegel: Sicheres Wohnen. »Die Stakeholder müssen Raumverantwortung übernehmen.« Was so viel heiße wie: Bei der Stadtplanung in den Kommunen müsse die Kriminalprävention mit an den Tisch. Bisher sei dies viel zu selten der Fall, wenn überhaupt.

»Ich plädiere für eine Kehrtwende hin zu einem Sozialmanagement.«

»Und was kann die Kanzlerin da machen?« Moderatorin Frohnert stellt die Standardfrage. »Der Bund kann da sehr viel machen, denn er ist der erste Ansprechpartner der Wohnungswirtschaft. Ich plädiere für eine Kehrtwende hin zu einem Sozialmanagement. Kurz gesagt: Der Bund unterstützt das sichere Bauen«, antwortet Schubert.

Schon die ersten Diskussionen zeigen, wie breit das Thema Sicherheit diskutiert werden wird.

Bottom-up statt Top-down

Professor Berthold Tillmann war von 1999 bis 2009 Oberbürgermeister in Münster und weiß: In der Kommunalpolitik sind engagierte Politiker gut, noch besser ist es allerdings, mit einer »mitwirkungsbereiten Bürgerschaft« zusammenzuarbeiten. Was nicht so einfach ist, so Tillmann: Schnell scheiden sich die Geister bei der Bürgerbeteiligung, wenn beispielsweise »rathauskritische Partizipationsanliegen«, kontroverse Planungsprojekte, Sparmaßnahmen oder gar Bürgerbegehren anfallen. Wie funktioniert das also, Bürgerbeteiligung? Tillmann sagt: »Kommunale Politik soll keine Top-down-Veranstaltung des Rathauses für die Bürger sein, sondern vielmehr ein Bottom-up-Projekt engagierter Bürger in der lokalen Öffentlichkeit und in den Rathäusern.« Tillmann ist als Experte ins Kanzleramt gekommen und Teil der Arbeitsgruppe »Chancen und Grenzen der Bürgerbeteiligung«.

Für die AG ist klar: Die Forderung nach einer Öffnung von Politik und Gesellschaft für zivilgesellschaftliches Engagement gehört zu den wichtigen Themen des aktuellen politischen Diskurses. Die Gruppe um den Stuttgarter Politikwissenschaftler Oscar Gabriel diskutiert, wie man Beteiligungsangebote in die Strukturen und Prozesse der repräsentativen Demokratie einbinden kann, wie generell eine »kooperative Beteiligungskultur«, neue partizipative Kultur als Grundlage des Zusammenwirkens von Zivilgesellschaft, Politik und Verwaltung geschaffen werden kann – die möglichst viele gesellschaftliche Bereiche umfasst. Denn ein Makel von Beteiligung ist, dass es ohnehin immer eher die Aktiven sind, die mitmachen. Darüber hinaus droht, so die Meinung in der AG, auch und gerade bei der Partizipation eine Kluft zwischen Bürgern, die über Ressourcen wie Bildung oder Kontakte verfügen, und solchen, die darüber nicht vefügen.

Kooperative Beteiligung in der repräsentativen Demokratie

»Die Zeit der Basta-Politik ist vorbei«

Und was charakterisiert aus Sicht der AG eine Beteiligung? Der Dialog. Die Gruppe fordert die »Dialogorientierung« als Zukunftsmodell. Bürgerbeteiligung ist demzufolge ein »offener und partnerschaftlicher Austausch zwischen Bürgerschaft, Politik, Verwaltung, Interessengruppen und Experten«. Aber welche Probleme könnten mit einem Mehr an Beteiligung gelöst werden? Welche »Beteiligungsarenen« gibt es überhaupt? Und wie gelingt es, dass die Selbstorganisation der Bürger durch die Politik mehr beziehungsweise überhaupt geachtet wird? Diese Fragen stehen im Raum, die Experten haben sie sich selbst gestellt.

Dass es ohne nicht mehr gehe, darüber ist sich die AG einig: »Die Zeit der Basta-Politik ist vorbei.« Klar sei auch: »Es kann nicht jeder Bürger, jede Bürgerin beteiligt werden, vor allem nicht auf Bundesebene«, sagt Hans-Peter Meister, Politikberater und Geschäftsführer des Beratungsunternehmens IFOK, »aber: Jeder, der will, muss sich einbringen können.« Das Netz sei die Chance dafür. Im Internet bleibe nichts verborgen, Inhalte würden allen zugänglich. »Das ist eine Verpflichtung an Politik und Verwaltung«, fordert das AG-Mitglied Susanne Sander vom Deutschen Institut Community Organizing (DIFCO).

Aus Sicht der AG soll Bürgerbeteiligung die Politik nicht ersetzen, sondern die Institutionen der repräsentativ-parteienstaatlichen Demokratie stärken. Die AG will sogar das Gesetzgebungsverfahren im Bundestag modernisieren. Die Forderung: Bevor in den Ministerien ein Referentenentwurf erarbeitet wird, soll »ein neutral moderierter Expertendialog durchgeführt werden, in dessen Verlauf Konsens oder Dissens hinsichtlich zentraler Fragen herausgearbeitet wird«. Die neu installierte Faktenklärung nennt die AG »Joint Fact Finding«. Die Methoden des Joint Fact Finding seien beispielsweise schon beim Regionalen Dialogforum Frankfurt zum Ausbau des Flughafens Frankfurt entwickelt und eingesetzt worden. Mehr Transparenz bei Gesetzgebungsverfahren im Sinne des Open-Government-Gedankens – und in einer frühen Phase. Zudem will die AG, dass unterschiedliche Gesetze zu Beteiligungsmöglichkeiten in Verwaltungsverfahren im Verwaltungsverfahrensgesetz zusammengeführt und einheitlich gestaltet werden.

Wissen, wohin das Geld fließt

Ein weiteres großes Thema der AG sind Volksbegehren und Volksentscheide auf Bundesebene. Wie könnten diese Instrumente erweitert werden und den bürgerschaftlichen Einfluss sinnvoll und angemessen vergrößern? Laut einer Umfrage der Bertelsmann-Stiftung aus dem Jahr 2011 halten 78 Prozent der Befragten Formen der direkten Demokratie für wünschenswert. Vor allem bei Bauprojekten (68 Prozent) und beim Haushalt wollten die Menschen mehr Mitbestimmungsrecht. Der Bürger wolle schlichtweg wissen und mitwirken, wohin das Geld geht.

Die AG ist für mehr Volksbegehren, bemängelt jedoch, dass »die direktdemokratischen Beteiligungsformen oft nicht als Ergänzung und Korrektiv der repräsentativen Demokratie, sondern als höherwertige Alternative zu dieser verstanden werden«.

Die sorgende Gesellschaft

Dann tagt die Arbeitsgruppe »Zusammenhalt der Generationen«. Leiter dieser AG ist Andreas Kruse von der Universität Heidelberg. Er ist vor allem mit einer Botschaft ins Kanzleramt gekommen: »Wir müssen die Stärken und die Kraft des Alters erkennen.« Ton Koper aus Basel, Gründer der powerAge Foundation, die sich für Ältere in der Wirtschaft einsetzt, hofft, »dass das hier keine Folklore-Veranstaltung zum Thema Alter wird«. Und Thomas Klie von der Evangelischen Hochschule Freiburg meint: »Wir sind noch viel zu sektoral eingemauert. Dabei stehen wir vor einer generationenübergreifenden Herausforderung des Caring: Wer sorgt sich um Kinder, um Alte, um Menschen mit Behinderung?« Eine der wesentlichen Aufgaben der nächsten Jahrzehnte liege in der Frage: »Wer kümmert sich darum?«

»Wir haben nicht zu viele Alte, sondern zu wenig Junge.«

Gabriela Stoppe, Psychiaterin an der Uniklinik Basel, wünscht sich, was sich viele Gruppen wünschen: »Einen großen Wurf!« Sie frage sich, ob man alles das, was seit Bismarck bestehe, nicht irgendwann mal ändern solle. Und die ehemalige Ministerin Ursula Lehr sagt: »Ich wende mich gegen das Wort *Überalterung*! Wir haben nicht zu viele Alte, sondern zu wenig Junge! Wir haben eine *Unterjüngung*!«

Kruses Thema kreist um folgende Fragen: Wie stellen wir uns das Leben in der neuen Langlebigkeit vor? Wie stellen wir es uns konkret vor, als Ältere angesprochen zu werden, und setzen wir uns selbst konkret mit dem Älterwerden auseinander?

»Wenn wir fragen, wie wir das Leben der Älteren gestalten, ragt das in die Familien hinein«, sagt Kruse. Der Aspekt der »sorgenden Gesellschaft« müsse viel stärker ins Bewusstsein rücken, es müssten »Caring Communities« geschaffen werden, sich umeinander kümmernde Gemeinschaften. »Caring Communities« heiße aber auch: »Wie können Menschen befähigt werden, ein mitverantwortliches Leben zu führen, und die Kräfte des Alters stärken?« Denn nur so entdeckten wir die Potenziale des Alters. Das gelte auch für Unternehmen. »Wir können mit dem Humanvermögen nicht mehr umgehen wie bisher.«

Loring Sittler, Leiter des Generali Zukunftsfonds in Köln, bringt es als Erster auf den Punkt: »Die Berufswelt wird künftig jeden brauchen, Männer und Frauen, und eben auch Alte.« Im Übrigen müsse man die Arbeitsformen gleichstellen, also die Erwerbs-, die Familien und die Freiwilligenarbeit. »Es reicht nicht, nur von Anerkennungskultur zu sprechen.«

Die reife Gesellschaft

Die demografische Entwicklung ist eindeutig: In wenigen Jahrzehnten werden in Deutschland nach Erhebungen des Statistischen Bundesamtes von 2010 mehr 60-Jährige als 30-Jährige leben. Das Durchschnittsalter zur Jahrhundertmitte wird bei 50 Jahren liegen, bis 2030 wird die Zahl der mindestens 65-Jährigen um 5,5 Millionen ansteigen. Schon heute gibt es mehr Menschen im Alter von über 65 Jahren als unter 20. Und der Anteil der sogenannten Hochaltrigen, also der 85-Jährigen und Älteren, hat sich seit 1960 verfünffacht – und wird sich weiter vervielfachen.

Es ist also unklug, Ältere nicht ins Berufsleben zu integrieren. Doch damit tun sich vor allem kleine und mittlere Unternehmen (KMU) schwer, die 99 Prozent aller Unternehmen in Deutschland ausmachen. Nach einer Studie der Commerzbank aus dem Jahr 2009 fehlt gerade den KMU die Bereitschaft, in Qualifizierungsmaßnahmen für ältere Mitarbeiter zu investieren. Nicht einmal die Hälfte der Mittelständler sieht die Notwendigkeit, auch ältere Mitarbeiter fortzubilden. Und nach Angaben des Deutschen Zentrums für Altersfragen aus dem Jahr 2009 nimmt nur jeder fünfte Arbeitnehmer zwischen 50 und 64 regelmäßig an einer Fortbildung teil. Bei den Jüngeren ist es jeder Dritte.

Viele wollen länger arbeiten. Sie sind gesundheitlich und geistig fit.

Dabei wollten viele länger arbeiten. Umfragen aus den vergangenen Jahren zeigten, dass mehr als die Hälfte der deutschen Rentner gerne länger im Beruf gearbeitet hätte. Auf die Frage, ob sie sich hätten vorstellen können, über die gesetzliche Altersgrenze hinaus zu arbeiten, würde stets ungefähr die Hälfte der Ruheständler mit Ja antworten. Die Experten in Kruses Gruppe bestätigen dieses Stimmungsbild: Das Gefühl, mit Mitte 60 noch zu jung für die Rente zu sein, habe ungefähr die Hälfte der Ruheständler. Denn die jungen Alten seien gesundheitlich und geistig fit. Kein Vergleich zu den Alten aus vergangenen Zeiten.

Nicht mit 60 zurücklehnen

»Es ist aber auch ein negativer Touch drin«, sagt Ursula Lehr. »Wissen Sie, die Ablehnung längerer Lebensarbeitszeit durch viele Ältere ist sehr hart. ›Ihr könnt uns nichts vorschreiben‹, sagen sie. Vielleicht muss man sie eher so ansprechen: ›Es ist gut für euch, dass ihr etwas macht.‹«

AG-Leiter Kruse bringt einen neuen Punkt in die Diskussion: »Ich bin nicht der Meinung, du kannst dich nach Rentenbeginn

30 Jahre ausruhen. Nein, nein, nein, man kann sich nicht mit 60 zurücklehnen. Vielleicht sollten sich Arbeitswelt und Ehrenamt besser ergänzen.«

»Wir haben in Deutschland glücklicherweise eine breite Bewegung des bürgerschaftlichen Engagements«, sagt Loring Sittler. Mehr als 23 Millionen Menschen engagierten sich freiwillig – und dabei sei das sogenannte informelle Engagement von Eltern, Großeltern und Kindern in der Familie noch nicht einmal eingerechnet.

Es entspinnt sich ein rasanter Dialog.

Sittler: »Da geht es verdammt noch mal auch um die Frage von Gerechtigkeit, das hat nicht mehr mit Freiwilligkeit zu tun.«

Stoppe: »Ja, die Generationenfairness finde ich auch wichtig.«

Lehr: »Sagen wir es so: Wir müssen die Geschichte des Alters neu erzählen.«

Kruse: »Wir müssen ein paar grundsätzliche Hindernisse beseitigen, damit ein längeres Erwerbsleben möglich ist.«

Frohnert: »Und welche?«

Kruse: »Vielleicht so etwas wie ein Programm ›Zugabe‹. Wir könnten es auch ›Encore Career‹ oder ›Zweite Karriere‹, nennen.«

Ein nationaler Demenzplan

Vor der Zugabe sieht die Leiterin der Bundeszentrale für gesundheitliche Aufklärung (BzgA), Elisabeth Pott, allerdings auf einem anderen Gebiet Handlungsbedarf: »Was wir auf jeden Fall dringend machen müssen: Wir müssen viel mehr auch an die Gesundheit ran, eine bessere Qualifizierung bei Prävention. Wir brauchen auch mehr Präventionsforschung bei Krankheiten wie Demenz.«

Gabriela Stoppe: »Uns fehlen ja immer noch Zahlen, wie sich Demenz entwickelt. Zu einer sicheren Planung für die nächsten Jahre gehört in erster Linie eine Bestandsaufnahme.«

»Auf dieser Grundlage sollte dann eine Präventionsstrategie entwickelt werden«, ergänzt Pott, »gerade für die altersspezifischen Erkrankungen wie Demenz oder Depression.«

Laut »Demenz-Report« des Berlin-Instituts für Bevölkerung und Entwicklung leiden derzeit rund 1,3 Millionen Menschen in Deutschland an Demenz. Im Jahr 2050 sind es voraussichtlich 2,6 Millionen, was vor allem einen Grund hat: Die Deutschen werden immer älter. Und nach dem 65. Lebensjahr steigt die Wahrscheinlichkeit, an Alzheimer zu erkranken, steil an. Nach wie vor leben die meisten Demenzkranken in privaten Haushalten und werden zumeist von nahen Angehörigen, also Ehepartnern, Töchtern oder Schwiegertöchtern, gepflegt.

Mehr als 70 Prozent aller Pflegeleistungen werden zu Hause in den Familien erbracht, hat der Generali Zukunftsfonds im Jahr 2011 errechnet. Eine volkswirtschaftlich unglaublich große Leistung, die unser Wohlfahrtssystem niemals mit professionellen Arbeitskräften erbringen könne. Es bedeute aber auch enorme psychische und physische Belastungen für die Angehörigen. Die Experten in der Arbeitsgruppe fordern daher Taten. »Wir sollten anregen, einen nationalen Demenzplan aufzustellen«, fordert Sittler. Länder wie Frankreich, Norwegen und Schweden hätten bereits nationale Demenzpläne verabschiedet. Darin spielten Aufklärung der Öffentlichkeit und Schulungen eine große Rolle.

Nicht immer *müssen*

Wie überhaupt Aufklärung über ein neues Bild vom Alter vonnöten sei. Ursula Lehr ist lange dabei. Sie saß im Kabinett von Bundeskanzler Kohl und berichtet, wie konsequent man damals das Thema Alter verdrängt habe. »Im Jahr 1989 im Kabinett den Beschluss für die Erarbeitung des ersten Altenberichtes der Bundesregierung durchzusetzen war gar nicht so einfach. Einige ältere

Kabinettskollegen waren dagegen, fanden es überflüssig, sie wollten nicht über Alte und Altern sprechen – hatten offenbar das Altern verdrängt.«

Lehrs Anliegen ist: »Das Altersbild in der Sprache der Politik überdenken.« Vor allem ein Wort stößt ihr auf: »Müssen – immer ist es ein Müssen.« Ältere *müssten* länger arbeiten, dabei könne es für viele ältere Menschen vielleicht eher ein »Dürfen« sein. Unternehmen *müssten* mehr Alte beschäftigen; dabei habe manches Unternehmen bereits beste Erfahrungen mit älteren Arbeitskräften gemacht. Oder beschäftige sogar vorzugsweise Ältere.

Länger arbeiten *dürfen*

Am Ende der Diskussion stehen 23 Themen mit dem Potenzial für konkrete Vorschläge. Es ist ein großer Reigen an Ideen. Und noch sind sie nicht ausformuliert, nicht abgeklopft auf Umsetzbarkeit. Denn nur umsetzbare Vorschläge sollen am Ende, im Spätsommer 2012, der Kanzlerin vorgeschlagen werden.

Jetzt wird's konkret

Sie treffen sich in der »Kleinen Lage«. Es sind einige Wochen vergangen. Heute geht es um das Thema eins, um die Frage: »Wie wollen wir zusammenleben?« Heute werden erste Zwischenergebnisse mit der Regierungschefin diskutiert. Die Arbeitsgruppen haben getagt, haben debattiert, haben analysiert und eine Vielzahl an Ideen gesammelt, die zu konkreten Vorschlägen entwickelt werden könnten. Und sie haben schließlich die Themen »priorisiert« – also die besten, die zweitbesten, die weniger ausgereiften klassifiziert.

»Jetzt wird's konkret«, sagt Angela Merkel. Die Experten sind konzentriert. Die Kanzlerin berichtet eingangs, wohin sie auch komme, sie werde zurzeit regelmäßig auf den Experten- und Bürgerdialog angesprochen. In ihrer Neujahrsansprache hat die Kanzlerin von ihrem Vorhaben berichtet. Seitdem ist der Zukunftsdialog öffentlich.

Familiengipfel

Das Kanzleramt hat vor Weihnachten die ersten groben Skizzen für Vorschläge erhalten, es sind rund 50 Ideen. Die Arbeitsgruppen sollten die einzelnen Ideen auf Papier bringen, 1,5 Din-A4-Seiten, und kurz und knapp erklären, worin die Idee im Kern besteht. Diese Zwischenergebnisse sind die Basis für die heutige Diskussion. Die Kanzlerin hat die Liste der Vorschlagsskizzen vor sich liegen. Familie ist der erste Punkt.

Care-Zeiten? Gibt es da keinen deutschen Begriff?

Sabine Walper berichtet, wie ihre Runde versuchte, »tragfähige Modelle für Familie« zu entwickeln. Eines der wichtigsten Themen ist der »Familiengipfel« nach französischem Vorbild. Die Arbeitsgruppe hat offenbar ihre Bedenken beiseitegeschoben, dass die Idee für das Ministerium schwierig zu handhaben sein könnte. Einmal im Jahr sollten sich die relevanten Ressorts zusammensetzen und thematisch abstecken, was im kommenden Jahr bezüglich Familie auf der Agenda stehen soll.

Weiter solle zum Thema Work-Life-Balance eine interministerielle Gruppe installiert werden. Außerdem macht sich die Gruppe stark für eine bessere Qualifikation von Fachkräften in der Familienbildung und Familienberatung. Und: Für die Absicherung von erziehenden und pflegenden Frauen arbeiten die Experten an so etwas wie »Care-Zeiten-Budgets«, die von Seiten der Bundesregierung eingeführt werden könnten.

»Care-Zeiten? Gibt es dafür auch einen deutschen Begriff?«, fragt Merkel.

»Na ja, Fürsorge trifft es nicht.« Walper überlegt.

Merkel geht es nicht nur um den Titel: »Und wie stellen Sie sich das in den Grundzügen vor, teilt der Staat ›Care-Zeit‹ zu? Oder ist das eine Zeit, die man sich nehmen kann?«

»Es soll eine Zeit sein, die man sich als Arbeitnehmer für Pflege und Erziehung der Kinder nehmen kann«, sagt Walper.

Und noch ein Aspekt: »Wen soll man Ihrer Meinung nach zu diesem Familiengipfel einladen?«, fragt die Kanzlerin.

»Alle Ministerien, die es betrifft, allen voran das Familienressort natürlich, das Gesundheitsressort, aber auch die Träger von Familienbildung.«

Die Bundeskanzlerin scheint angetan von der Idee. Ein Gipfel, meint sie, sorge für mehr Bewegung in der Sache, als man denke, wie der Integrationsgipfel gezeigt habe. Er lenke die Aufmerksamkeit auf ein Thema. »Und diese Care-Zeit-Budgets, wie soll das in der Praxis aussehen? Sollen die Unternehmen das auf freiwilliger Basis machen?«, fragt die Kanzlerin. Wahrscheinlich müsse man einen Richtwert finden, wie viel Care-Zeit zur Verfügung gestellt werden solle, so das Zwischenfazit der Diskussion.

»Geht es in Ihrer Gruppe nicht auch um die Eindämmung von Armut, gerade bei Kindern?« Die Kanzlerin blickt in die Runde. »Ja, wir sehen da in erster Linie eine steuerrechtliche Komponente. Wir wollen eine Veränderung weg vom Ehegattensplitting hin zu einem Familiensplitting«, erläutert Walper. Das könne das Risiko von Armut begrenzen.

Ein weiterer Schwerpunkt der Gruppe ist die frühkindliche Bildung. Da liege vieles im Argen, vor allem die Forschung. Die Gruppe schlägt vor, ein Bundesinstitut für frühkindliche Bildung aufzubauen.

»Diese Idee ist prinzipiell durchaus zu begrüßen. Die Frage ist jedoch immer: Was kann und darf der Bund bei diesem Thema machen?«, sagt Merkel. Die Frage bleibt noch ungelöst im Raum.

Der Generationenkonflikt fällt aus – bisher

Altersforscher Kruse spricht über die Alten und spricht die Kanzlerin direkt an: »Ihre mediale Unterstützung ist sehr wichtig bei diesem Thema!« Denn es gehe darum, wie im öffentlichen Raum über das Alter gesprochen werde. Es müssten sich einfach andere Altersbilder in den Köpfen verankern. Auch wenn das nicht von heute auf morgen geschehe. »Und dabei spielt die Art und Weise, wie von Führungspersönlichkeiten über das Alter gesprochen wird, eine entscheidende Rolle.«

Es sei essenziell für »fruchtbare Generationenbeziehungen«, anders über Alte zu sprechen. Damit es künftig keinen Streit und Hader zwischen den Generationen gebe. Bisher sehe es noch gut aus: »Es gibt keine Hinweise auf einen Generationenkonflikt«, sagt Kruse. In seiner Gruppe hätten sie darüber ausgiebig diskutiert.

Jung und Alt – Generationen-Tandems in Unternehmen

Es sei vielmehr die Aufgabe, und da seien besonders die Unternehmen gefordert, in den Unternehmen so etwas wie »Generationen-Tandems« zu bilden, also dass ein jüngerer mit einem älteren Mitarbeiter zusammenarbeite, dass sich Vitalität und Erfahrung sinnvoll ergänzten. »So etwas muss auch immer mehr in die Gespräche bei Tarifverhandlungen miteinbezogen werden.« Auch dort heiße es: »Wir brauchen einen Mentalitätswandel.«

Und Kruse meint, wir brauchten noch mehr.

Er sagt: »Wir müssen einen Umgang mit altersbedingten Krankheiten finden, einen besseren Umgang.« Für Krankheiten wie Alzheimer und Demenz werde es in den nächsten zehn bis 15 Jahren wohl noch keine medizinischen Methoden geben, sie erfolgreich zu behandeln. Noch müsse man erst viel mehr über diese Krankheiten erfahren, müsse noch mehr auch deren gesellschaftliche Folgen diskutieren. Nicht nur aus medizinischer Sicht. »Unsere Gruppe wird sich dafür aussprechen, eine nationale Demenzstudie durchzuführen sowie ein neues Institut zu gründen, das die gesellschaftlichen Folgen neurodegenerativer Erkrankungen untersucht, ein Demenzzentrum.«

»Aber da gibt es doch schon eins in Bonn«, sagt die Kanzlerin.

Kruse: »Ja, aber das müsste erweitert werden, es müssen ethische Fragen viel mehr im Mittelpunkt stehen. Und auch der Aspekt der Sorgekultur muss systematisiert und popularisiert werden.« Das Neurodegenerative Zentrum in Bonn sei sehr wissenschaftlich, sehr medizinisch, es müsse, meint Kruse, eine gesellschaftliche Komponente hinzukommen. »Das Thema geht zu viele an, um es nur auf der medizinischen Ebene zu thematisieren.«

Eine neue Sorgekultur braucht das Land

Andreas Kruse hat sich spontan entschieden, anstelle von »Caring Communities«, »Care-Zeiten« oder ähnlich bemühten Anglizismen von Sorgekultur zu sprechen – und sagt, dass wir in Deutschland genau das bewerkstelligen müssten: ein neues Verständnis, eine neue Kultur der Sorge zu etablieren. Als Teil unseres gesellschaftlichen Selbstverständnisses.

Grundsätzlich dürfe das Reden über das Alter weder zu euphorisch sein, noch dürfe es das reine »Betreuungsreden« werden, ergänzt die Kanzlerin. Der richtige Weg sind aus ihrer Sicht Gespräche. »Wir müssen mehr miteinander sprechen, wie sehen die Jungen die Alten, und wie sehen die Alten die Jungen.« Es müsse Verständnis füreinander geschaffen werden.

Sie sagt: »Wenn ich mit jungen Politikern spreche, bin ich immer wieder erstaunt darüber, dass manche auf die Älteren nicht gut zu sprechen sind. Die Jungen rechnen dann oft vor, was sie alles schultern müssten. Ich sage ihnen dann meist: Seht ihr nicht, dass das Land ein reiches Land ist, voller Chancen für Jüngere, mit funktionierender Infrastruktur, die von den Alten aufgebaut wurde?«

»Genau das ist der Punkt«, sagt Kruse.

»Aber dann rechnen sie mir zu Recht vor«, sagt Merkel, »wie es ist, wenn man eine Familie gründet, wie hoch die Mieten sind oder was der Hausbau kostet, welche Nebenkosten für eine Familie anfallen und welche Auswirkungen steigende Lebenshaltungskosten für Familien haben.« Und dass es für eine normal verdienende Familie ein Kraftakt sein könne, einen Urlaub zu planen. An die Rente im Alter noch gar nicht zu denken.

Die Diskussion müsse raus aus den Schubladen und Schablonen, die Gesellschaft mehr in den Dialog treten, meint Merkel. Damit die einen die anderen verstünden, ihre jeweilige Lebenssituation, woher man komme und was der Einzelne alles leiste – oder vielleicht schon alles geleistet habe.

Eine alte Idee, neu gedacht: Bürgerhäuser

»Vielleicht brauchen wir in den Städten so etwas wie Bürgerhäuser«, sagt Merkel. Jede Stadt habe ein Rathaus, aber offenbar fehle es an Bürgerhäusern, wo sich Menschen treffen könnten, wohin man gehen könne, einfach so. Wo man auch die Stärken des Alters einbringen, sich engagieren könne.

»In Bürgerhäusern können Ältere auch etwas für andere tun.« Kochen, Kinder betreuen, Lesungen organisieren. Kruse zeigt sich erfreut. »Das trifft sehr genau den Geist unserer Gruppe.« Bürgerzentren, das seien Orte für bürgerschaftliches Engagement. Es herrscht Zustimmung in der »Kleinen Lage«. In Bürgerhäusern könnten zum Beispiel nicht nur bei Älteren sogenannte Zeitkonten für bürgerschaftliches Engagement gefüllt werden.

»Zeitkonto? Was zahle ich da genau ein, wie funktioniert das praktisch?«, fragt die Kanzlerin.

»Im besten Fall ist das so: Man tut etwas für andere, hilft jemandem, zum Beispiel Hausaufgabenbetreuung, Rasenmähen,

Besorgungen machen – irgendetwas. Und diese Zeit wird als Engagement-Zeit verbucht.« Das könnte man sogar für den gesamten Lebensbogen organisieren, so Kruse. »Und diese Engagement-Zeit kann auch wieder eingelöst oder abgerufen werden. Nämlich wenn man selbst Hilfe braucht.« Man könne es auch als nachbarschaftliches Geschäft auf Gegenseitigkeit verstehen, erläutert er: Ich bringe deinen Garten in Ordnung, und ein anderer hilft mir dafür bei der Steuererklärung. Und das Bürgerhaus, in dem die Zeitguthaben geführt werden, ist eine Art Tauschbörse. »Das könnte schon in der Schule beginnen, schon ganz jung könnte man sich ein Konto aufbauen«, entwickelt Kruse seinen Gedanken weiter.

Wie funktionieren Zeitkonten praktisch?

Aus dem Vorschlag der Bürgerhäuser entwickelt sich im Laufe der nächsten Wochen des Dialogs eine AG-übergreifende Initiative. Die Gruppen »Familie«, »Zusammenhalt der Generationen« und »Chancen und Grenzen der Bürgerbeteiligung« arbeiten seit Frühjahr 2012 gemeinsam an der Idee, in jeder Kommune eine feste Anlaufstelle zu schaffen, in der gemeinnützige und ehrenamtliche Vereine Platz finden. Außerdem skizziert die neue Dreier-Initiative noch den Vorschlag einer sogenannten Zeitbank, wie es sie schon in Italien und der Schweiz gebe. In eine Zeitbank könnten die Menschen, die über freie Zeitressourcen verfügten und diese bereitstellen wollten, Zeit »einzahlen«. Und Menschen, die auf die Bereitstellung von Zeit angewiesen seien, beispielsweise junge Familien, könnten Zeit »abheben«. Der Bund könnte die Bank mittels einer Webseite koordinieren. Die drei AGs versprechen sich davon vor allem ein besseres Miteinander der Generationen.

Prävention, Prävention, Prävention

Dann die Sicherheit. Die Kriminologin Britta Bannenberg kommt sofort auf den Punkt: »Wir stellen uns neben verbesserter Strafverfolgung vor allem bei organisierter Kriminalität ein nationales Zentrum für Kriminalprävention vor.« Prävention ist ein zentrales Thema der Gruppe Sicherheit.

Beim Thema Prävention liege enorm viel Wissen brach, und die Gruppe sei zu dem Schluss gekommen, dass präventiv bei Gewalt und Kriminalität mehr gemacht werden könne. »Wir haben sehr viel Wissen über Prävention, brauchen aber auch mehr Wirkungsforschung.« Möglichst solle schon mit Frühprävention begonnen werden. »Wir wollen eine gezielte Förderung von wirksamen frühpräventiven Maßnahmen«, sagt Bannenberg. Außerdem regen die Sicherheitsexperten eine nationale Konferenz, ähnlich dem »Deutschen Präventionstag« an, auf der evaluierte – also in ihrer Wirkung untersuchte – Maßnahmen diskutiert werden könnten. Zudem brauche das Land, wenn es den Opferschutz ernst nehmen wolle, eine »zentrale Anlaufstelle für Opfer«. Der Kanzlerin ist der Opferschutz wichtig.

Und sie interessiert sich für einen weiteren Aspekt: Heute stelle man fest, wie schnell man Opfer neuer Tricks unseriöser Geschäftemacher werden könne, die neue Technologien nutzten. »Viele fühlen sich im Internet beinahe hilflos oder haben schlechte Erfahrungen gemacht. Diese Klagen höre ich immer wieder. Haben Sie zu diesem Themenkreis auch diskutiert?«

»Nun ja, wir entwickeln gerade einige Vorschläge in diese Richtung, aber da stellt sich zum Beispiel auch die Frage: Wie gehen Banken und Unternehmen mit der Sicherheit im Netz um?«, fragt Bannenberg. »Wir sollen doch alle mit Kreditkarten und EC-Karten bezahlen und Online-Banking betreiben, das fördern die Banken doch«, sagt die Kriminologin. Das aber berge jede Menge Gefahren. Inzwischen könnten Kriminelle »die Kundendaten ganzer Supermärkte professionell abzocken«. Und das sei ja nur ein Beispiel von Online-Kriminalität.

»Vielleicht müssen wir all das zusammenfassen, welche Verbrechen es im Netz gibt, eine Typologie erstellen.« Die Kanzlerin meint, dass das Bundesverbraucherschutzministerium eine Statistik erstellen könne, was alles drohe, wovor man sich hüten müsse und was alles schon vorgekommen sei. »Ein Lagebild« nennt es die Kriminologin. »Ja, ein Lagebild«, stimmt die Kanzlerin zu, »das wäre sicher hilfreich und zumindest ein erster Schritt.«

Neues Wort: Civicness

Professor Gabriel, der Leiter der Arbeitsgruppe »Bürgerbeteiligung«, berichtet der Kanzlerin, wie es gelingen könne, den Bürger mehr und besser in die politischen Entscheidungsprozesse einzubeziehen. »Die politische Partizipation ist eine wichtige Humanressource«, sagt Gabriel, »und sie hilft, die Qualität der repräsentativen Demokratie zu verbessern.« Denn Bürgerbeteiligung und repräsentative Demokratie seien nichts Gegensätzliches, sondern etwas Ergänzendes. Weder sollte das Volk noch eine Regierung alleine entscheiden. Oder der Gesetzgeber vom Volk kaum nachvollziehbare Entscheidungen treffen – beziehungsweise Entscheidungen, die am Willen des Volkes vorbeizielen.

Mediatoren als Streitschlichter

Und die Arbeitsgruppe hat einen neuen Begriff erdacht. Einen Begriff, mit dem ein neues Verständnis für Bürgerbeteiligung geprägt werden soll. Es ist ein englisch anmutender Begriff, den es im Englischen aber gar nicht gibt: »Civicness«.

Civicness – die Kanzlerin lässt das Fremdwort dieses Mal passieren. Sie stellt nicht die Frage, ob es da auch eine deutsche Entsprechung gebe. Doch eine Freude ist es nicht für sie. Dass sie keine

Kunstworte mag und versucht, dem »Denglischen« aus dem Weg zu gehen, wissen die Experten mittlerweile.

Die Begeisterung der Arbeitsgruppe bremst das nicht. *Civicness* soll aus ihrer Sicht zur Haltung werden. Bürgerschaftliches Engagement und Beteiligung sollen als etwas Selbstverständliches wahrgenommen werden.

»Da könnten schon in Kindheit und im Jugendalter Anreize geschaffen werden«, meint Gabriel. Ein Bundesprogramm als Anschub würde helfen. »Wir brauchen ein einheitliches Modell der Bürgerbeteiligung.« Das sei der Kerngedanke. Es müsse klar sein, wo und wie die Bürger einbezogen würden. »Dazu gehört auch, dass man bei einem Bauprojekt bereits vor einem Planfeststellungsverfahren eine Beteiligung organisiert.«

Der Titel des Vorschlages, der noch konkreter ausgearbeitet werden soll, heißt »Joint Fact Finding« – also dass Bürger und Planer gemeinsam die Daten und Fakten (und auch Bedenken) zusammentragen.

Joint Fact Finding. Englisch, wie gehabt. Die Kanzlerin ist »not amused«. Sie weist darauf hin, dass es eigentlich ein Widerspruch in sich sei, Fachworte einer Fremdsprache zu verwenden, wenn man über breite Bürgerbeteiligung in Deutschland nachdenke.

Die Problematik wird vertagt.

Stuttgart 21 habe gezeigt, dass Sachverhalte nicht nur unterschiedlich bewertet, sondern auch unterschiedlich wahrgenommen würden, so Gabriel. Deshalb ist in der Arbeitsgruppe die Idee gereift, über den stärkeren Einsatz von Mediatoren nachzudenken – und zu versuchen, einen konkreten Vorschlag zu formulieren, der in diese Richtung zielt. Mediatoren könnten als Schlichter zumindest die Wogen glätten und eine Kompromisslösung herbeiführen.

Das Ende der Verbände?

Ein gutes Beispiel sei auch Amerika. Denn um ein stärkeres politisches Bewusstsein zu schaffen, sollten häufiger »Elemente von Urwahlen« einbezogen werden. »Vorwahlen wie in den USA können ein Mittel sein, um den Bürger stärker zu integrieren«, meint Gabriel. »Mit einer Vereinheitlichung von Partizipationsverfahren und einer besseren Kommunikation in den Beteiligungsverfahren sollte man einen linearen Prozess schaffen können.« Zumindest theoretisch. Die Praktikerin Merkel erwidert: »Wer mit solchen Dingen betraut ist, ahnt, dass dies nicht einfach wird. Das ist eine große Herausforderung für die Politik, aber auch für die derzeitige Verbandsstruktur.« Aber es wandle sich etwas. Zum Beispiel vermutet Merkel einen Wandel in der Interessenvertretung, und das überrascht die Expertenrunden. »In zehn Jahren wird organisierte Interessenvertretung vermutlich anders aussehen als heute«, meint Merkel. Das liege auch und vor allem am Internet.

Bürgerbeteiligung im Netz, nicht nur in der Lokalpolitik

Das Netz bereite der Bürgerbeteiligung und vermutlich auch der Politik einen neuen Weg – das zeige ja auch der Bürgerdialog des Kanzleramts, meinen die Experten. Es werde immer mehr Bürger geben, die informiert seien und an einem Meinungsbildungsprozess zu konkreten Fragen beteiligt werden wollen. Auf der Ebene der Lokalpolitik habe man schon Erfahrungen dieser Art sammeln können. Selbst bei der Aufstellung kommunaler Haushalte. Allerdings dürfe das Netz auch nicht überschätzt werden: Zur demokratischen Willensbildung, also zur Abstimmung über politische Fragen, eigneten sich Online-Seiten nicht. Auch das kristallisiere sich gerade heraus, trotz aller Netzeuphorie, so die Einschätzung der Experten.

Wohin gehen sie alle? Und warum?

Andreas Wirsching, der Historiker aus München, präsentiert der Kanzlerin noch etwas zum Selbstbild der Republik. »Generell schwebt uns eine Aufwertung der Zeitgeschichte vor«, sagt Wirsching. Gerade die Nachkriegsgeschichte solle mehr Beachtung finden. Denkbar sei eine Kommunikationskampagne, in der Deutschlands Stärken herausgearbeitet und anhand von bestimmten Personen gezeigt werden könnten. Das gelte auch für die Zuwanderung.

Außerdem überlege sich die Arbeitsgruppe gerade, eine jährliche »Europakonferenz« anzuregen, vor allem um den europäischen Gedanken stärker zu verankern. »Wir stellen uns das vor wie die Münchner Sicherheitskonferenz.« Einmal im Jahr die wichtigen Köpfe und Themen zu Europa.

»Ich würde eine solche Konferenz aber nicht zu theoretisch machen«, sagt Merkel. Gerade in Bezug auf Europa stellt sie eher Fragen grundsätzlicher Natur: »Wo sehen wir uns in Europa? Sind wir wirklich innovativ? Wie risikofreudig sind wir eigentlich?« Die Kanzlerin scheint den größten Erkenntnisbedarf darin zu sehen, wie sich die Bürger selbst sehen, wie sie das Land sehen. »Wissen Sie, meine Sorge ist, dass wir zu selbstgenügsam werden.« Statt wach zu bleiben, auf den richtigen Zug aufzuspringen, drohe im ungünstigsten Fall eine Art von Gleichgültigkeit.

Hier knüpft Wirsching mit einem weiteren Punkt an: »Wir haben ein starkes Auswanderungsphänomen.« 670 606 Menschen sind nach Angaben des Statistischen Bundesamts allein im Jahr 2010 aus Deutschland ausgewandert. Viele zieht es raus aus Deutschland.

Warum eigentlich? Wirsching verweist darauf, dass es nicht selten helle Köpfe und innovative Geister seien, die das Land verließen und die man hier dringend brauche. Das müsse man thematisieren, empfiehlt er, vielleicht mit einer Wanderausstellung, die den Titel tragen könnte: »Deutschland in Bewegung«.

Ja, die Auswanderung, über ihre Auswirkungen mache sie sich auch Gedanken, bemerkt die Kanzlerin. Es gebe aber auch genügend Rückkehrer, die im Ausland gelebt hätten und wieder nach Deutschland zurückkämen, voller neuer Erkenntnisse und Inspiration. Mit mehr Weltläufigkeit. Man müsse genauer hinsehen. Eine statistische Zahl alleine sage für sich genommen noch nicht viel aus. »Vielleicht sollten wir auch mehr die Rückkehrer fragen, vielleicht ist das ein Ansatz.« Wer das Land von außen erlebt habe, wer einen anderen Blick auf die ferne Heimat geworfen habe, der habe eventuell ein tieferes Verständnis von Deutschland, erkenne eher das, was unter Deutschsein verstanden werden könne. Und was die anderen von Deutschland erwarteten.

Der Rat der Außenweisen

»Die Erwartungen sind hoch«, bestätigt Christoph Beier. Von Deutschland erwarteten einige einiges. Außerdem sei eine Rollenverschiebung zu beobachten, hin zum Mittler und Macher, sagt Beier, Vorstand der Gesellschaft für Internationale Zusammenarbeit (GIZ). Er berichtet der Kanzlerin von der qualitativen Umfrage der GIZ unter ausländischen Meinungsbildnern, die gerade anlaufe. »Auf jeden Fall gucken viele auf uns, das hat seit neuestem auch mit der Energiewende zu tun«, sagt Beier. Wie Deutschland es schaffen wolle, 17 AKW abzustellen und auf erneuerbare Energieformen umzuschwenken.

»Aber jetzt mal weg von den anderen, wie überzeugen wir die Deutschen, wie nehmen wir die eigenen Leute mit?«, will die Kanzlerin wissen.

»Sie haben recht, wir leben zu 80 Prozent von Außenbeziehungen, aber der Großteil der Deutschen hat kein Interesse an Außenpolitik«, sagt Beier. »Deshalb haben wir uns in der Gruppe überlegt, dass man einen ›Rat der Außenweisen‹ installieren könnte. Und vielleicht durch eine jährliche Rede der Bundeskanzlerin zu europa-, außen- und weltpolitischen Interessen das Interesse der Bevölkerung gewinnen könnte.«

Außerdem plädiere man für einen Ausbau der Zukunftsforschung sowie die Entwicklung von »Foresight Tools«. Also wie man einen strategischen Blick in die Zukunft werfen könne. Das heiße beispielsweise, Thinktanks zu fördern. »Ja, aber wir haben doch die Stiftung für Wissenschaft und Politik«, sagt Merkel. Richtig, die auch gute Arbeit mache. Aber nur zur Außenpolitik.

Den Experten der Gruppe scheint eher so etwas Vergleichbares zu den großen amerikanischen Thinktanks vorzuschweben. Auch in Kanada oder Australien gebe es Organisationen, die sich sehr professionell mit strategischen Zukunftsfragen beschäftigten. Und dabei über ihren nationalen Tellerrand hinausblickten.

Ein Thema, mit dem man sich auch auseinandersetzen müsse, sei das Auftauchen alter Vorurteile in Krisenzeiten. Auch dazu habe die Arbeitsgruppe »Außensicht« viel diskutiert. Der Historiker Wirsching meint: »Europa muss man immer langfristig denken, in Krisensituationen ist es normal, dass nationale Stereotype wieder hochkommen.«

»Wir machen bei unserer Umfrage eine andere Erfahrung«, wirft Beier ein. Die Befragten aus Polen, Marokko oder Brasilien würden heute mehrheitlich sagen: »Wir dachten immer, ihr seid nicht so kreativ.« Oder auch: »Wir dachten immer, ihr seid viel staatshöriger.« Das habe sicherlich auch mit der Fußballweltmeisterschaft 2006 zu tun, so der Konsens in der Gesprächsrunde mit der Kanzlerin. Da sei vielen erst bewusst geworden, dass die Deutschen auch locker und fröhlich sein können. Aber das sei natürlich nicht alles.

»Vor allem ist eine neue Haltung entstanden: Wir wollen mehr von euch wissen«, sagt Beier.

Zwischenruf 1

Sabine Walper: Familien als Kraftzentren der Gesellschaft

Wie schaffen Menschen fürsorglichen Zusammenhalt? Das ist für mich eine der Grundfragen für das Gelingen von Gesellschaft – und damit auch eine der wichtigsten Fragen für die nächsten Jahre. Menschen haben schon immer profitiert, wenn sie verlässliche Formen der Zusammenarbeit gefunden haben, füreinander sorgen, sich gegenseitig schützen und unterstützen, ermutigen, fordern, und füreinander einstehen. Das gilt für Familien, aber auch für Nachbarschaften und Gemeinden bis hin zu internationalen Beziehungen. Vor allem die Bereitschaft, in die nächste Generation zu investieren, ist ein hohes Gut, das wir erhalten und stärken müssen.

In Familien ist der Zusammenhalt seit jeher besonders eng – nicht selten trotz äußerem Druck und konkurrierenden Anforderungen. Bei allen Unterschieden, die es in der äußeren Form und inneren Ausgestaltung von Familien gibt: Dies ist der Ort, wo Zusammenarbeit in der Bewältigung alltäglicher Aufgaben eingeübt wird, wo Unterstützung in Rat und Tat gesucht und gegeben wird, wo Fertigkeiten, Wissen und Verständnis vermittelt werden, wo moralische Standards und soziale Regeln verhandelt werden und wo im Rahmen verlässlicher Beziehungen mitunter auch »unangenehme Wahrheiten« gesagt und ertragen (im Idealfall sogar beherzigt) werden können. Diese Leistungen von Familien sind für die persönliche Entwicklung, Gesundheit und Leistungsfähigkeit ihrer Mitglieder – vor allem der nachwachsenden Generation – entscheidend. Sie sind damit aber auch für unsere Gesellschaft unerlässlich.

Dass diese Leistungen gelingen, ist keine Selbstverständlichkeit. Gerade heute stehen Familien unter Druck: Arbeitsplätze sind oft unsicher und schlecht bezahlt; Väter wie auch Mütter stehen häufig beide im Beruf und sichern den Familienunterhalt, während es immer noch an passenden Betreuungsangeboten für Kinder fehlt; die Erwartungen an schulische Leistungen der Kinder steigen und nehmen auch die Eltern in die Pflicht. Für ein unbeschwertes Miteinander, für die gegenseitige Fürsorge und für das nötige »Auftanken« bleibt immer weniger Zeit. Das sorgt für Stress, für Ausgezehrtheit, für Konfliktpotenzial. Die Folgen sind nicht selten belastete Partnerschaften, steigende Scheidungsraten, verunsicherte und überforderte Eltern – und zahlreiche Menschen, die sich genau aus diesen Gründen (lange) nicht für Ehe und Familie entscheiden. Und das, obwohl Familie hoch im Kurs steht und für die große Mehrheit zum Lebensglück dazugehört.

Eine wichtige Frage ist, warum so viele den Lebensentwurf Familie für sich lange aufschieben und ein beträchtlicher Teil ihn dann letztlich nicht mehr verwirklichen kann oder will. Die Geburtenraten stagnieren, viele Kinderwünsche bleiben unerfüllt. Das kann uns nicht gleichgültig sein. Sind die Erwartungen zu hoch, gerade auch die Erwartungen an Elternschaft? Oder scheitern Paare einfach nur an den wachsenden Anforderungen im Alltag und den Ungewissheiten bei der Zukunftsplanung? Angesichts permanent steigender Kosten können viele vom Verdienst ihrer Arbeit kaum mehr eine Familie ernähren. Andere Paare sehen sich im Dilemma, quer durch die Republik pendeln zu müssen, um eine angemessene Arbeit zu finden. Wieder andere haben nicht nur ihre Kinder zu versorgen, sondern müssen sich bereits um ältere Angehörige kümmern. Es wird eine Menge abgeladen auf den Familien. Sie brauchen daher dringend Entlastung. Und sie brauchen Zeit: Zeit füreinander, um im Alltag Familie zu leben, Zeit für Fürsorge. Davon profitieren wir alle, denn Familien sind nach wie vor das Kraftzentrum unserer Gesellschaft.

Sicher ist: Wir müssen in den nächsten Jahren umsichtiger mit diesen Fundamenten unseres Zusammenlebens umgehen. Wir müssen bessere Bedingungen für einen gelingenden Alltag und tragfähige Beziehungen in Familien schaffen, denn was hier versäumt wird, kommt uns langfristig teuer zu stehen: Dauerkonflikte und gescheiterte Partnerschaften zehren an der Gesundheit und überschatten vielfach auch andere Lebensbereiche. Ungelöste Probleme in der Kindererziehung schlagen in späteren Lebensphasen oft erst richtig zu Buche, wenn die Kinder im Bildungs- und Berufssystem nicht angemessen Fuß fassen können. Familien sind in ihrem Leben immer wieder mit kleinen und großen Herausforderungen konfrontiert, bei deren Bewältigung sie nicht allein gelassen werden dürfen, sondern ein breites Netz an Informationen und Angeboten brauchen, das oft noch unzureichend geknüpft ist, unübersichtlich wirkt und wichtige Zielgruppen nicht angemessen erreicht.

Ich bin sehr froh, dass wir im Zukunftsdialog der Bundeskanzlerin sehr offen und aus Sicht vieler Disziplinen darüber sprechen, welche Perspektiven und Spielräume Partnerschaften und Familien heute brauchen, was ihren Alltag erleichtern kann, wie die Gestaltung positiver Beziehungen unterstützt werden kann und wie wir Kinder besser fördern können. Dabei geht es auch darum, den veränderten Familienformen Rechnung zu tragen und Erschwernisse für Eltern und Kinder in Trennungs- und Patchworkfamilien zu verringern.

Wir haben viele Mittel an der Hand, um Familien zu stärken und ihnen einen guten Platz in unserer Gesellschaft zu sichern. Den Expertendialog sehe ich als wichtigen Schritt, die Themen Familie, Kinder und Zusammenleben der Generationen noch tiefer in der Politik zu verankern. Das ist für unsere Zukunft entscheidend, denn Familien sind die Grundlage von Gesellschaft. Familie ist der Ort, wo man Gemeinschaft »im Kleinen« lebt: wo man Bindungen eingeht und wechselseitiges Geben und Nehmen erfährt, wo man lernt, Konflikte auszutragen und Kompromisse zu finden, wo man über die eigene Perspektive hinausblickt und Verantwortung übernimmt. Im Grunde ist die Frage nach dem Gelingen von Familie und dem Zusammenhalt der Generationen ein Zukunftsthema schlechthin. Was optimistisch stimmt: Familien stehen bei Jung und Alt hoch im Kurs – und das zu Recht, denn der Zusammenhalt zwischen den Generationen ist gemeinhin groß. Darauf können wir auch in den nächsten Jahren tatkräftig aufbauen.

2. Wovon wollen wir leben?

Das brennende Herz

Neulich hat er wieder einen Weltmarktführer entdeckt. In Aachen, seinem Aachen. »Nicht einmal in meiner eigenen Stadt kenne ich alle Weltmarktführer«, sagt Klaus Henning und schüttelt den Kopf. »Ich habe vor kurzem ein Unternehmen kennengelernt, das ist spezialisiert auf galvanische Beschichtungen. Sechzig Leute sind dort beschäftigt, die Produkte sind hoch begehrt im Anlagenbau.« Den Namen kenne praktisch keiner außerhalb der Branche. Aber genau für diese Unternehmen »brennt mein Herz«, erklärt Henning. Für die kleinen und mittelständischen Unternehmen, für die Familienunternehmen, die auf der Schwäbischen Alb säßen, in der Eifel oder sonst wo. Die Ventile herstellten, Schrauben, Anlagen, Maschinen. Die »Hidden Champions« genannt würden, versteckte Helden, die bescheiden, unerschütterlich und mit maximaler Innovationskraft die Weltmärkte stürmten. Genau das sei Deutschland, das mache die deutsche Wirtschaft so einzigartig, sagen Menschen wie Klaus Henning.

Er sitzt im sechsten Stock im Kanzleramt, in einem Büro des Planungsstabs, lehnt sich zurück, hat die Beine übereinandergeschlagen. Henning bewegt sich im Kanzleramt völlig unbefangen, und seine Körpersprache signalisiert: Ich habe schon viele Debatten hinter mir. Und Henning erzählt. Mit 66 Jahren gehört er zu den Erfahrensten im Expertendialog, und er gehört zu den Genauesten. Auch weil er sein Thema aufbaut wie eine präzise Ingenieursarbeit.

Henning, gelernter Elektroingenieur, ehemaliger Lehrstuhlinhaber an der Rheinisch-Westfälischen Technischen Hochschule (RWTH) in Aachen und Mitglied in einer langen Liste von

Gremien, verantwortet beim Zukunftsdialog den zweiten Themenstrang: »Wovon wollen wir leben?«. Das »Wovon« lässt sich bei Henning schnell auf den Punkt bringen: von dem, was uns ausmacht. Und Henning hat sich vorgenommen, die Kanzlerin genau daran zu erinnern.

Zum Beispiel der Galvaniker aus Aachen, der sei in einem Alter, in dem andere Menschen schon längst in Pension seien. Er habe sich mit 45 selbständig gemacht und dann 20 Jahre lang den Betrieb aufgebaut – und suche nun händeringend einen Nachfolger. Wo finde man den, wo gebe es diesen Typus noch, diese besonderen Gründerpersönlichkeiten, die sich nicht vom Kurs abbringen ließen? Das sind die Gedanken, die Henning ins Kanzleramt mitbringt.

Wir könnten das Ruhrgebiet exportieren

Er kann erzählen, welche Großaufträge Deutschland durch die Lappen gingen, »weil wir es nicht in die Fläche bekommen«. Weil es an der Abstimmung, an Visionen fehle. In Indien zum Beispiel könne man große Infrastrukturprojekte gewinnen. Doch oft machten wir, mache Deutschland gar kein Angebot. Dabei müssten wir mehr raus in den Export auch von Dienstleistungen, betont er. Wenn es nach Henning ginge, exportierten wir längst im großen Stil Bildung wie das deutsche Gymnasium, Hochschulen. Viele Länder wollten inzwischen das deutsche Bildungssystem. Vor allem das duale Ausbildungssystem sei gefragt, das sei ein Exportschlager. »Aber bekommen wir das hin?« Wir seien nicht beharrlich genug. Wie lange das gut gehe? Man muss nur Henning ins Gesicht schauen: nicht lange. Man dürfe nie nachlassen, das wisse jeder Familienunternehmer, und man müsse im richtigen Moment den nächsten Schritt gehen. In Deutschland hätten wir schon ein paar gute Momente verstreichen lassen.

Henning will zum Beispiel auch das Ruhrgebiet exportieren. Natürlich nicht komplett, aber die Idee. Denn das Ruhrgebiet sei ein gutes Beispiel für einen gelungenen Strukturwandel. Und das wäre doch ein Exportangebot für die Megacitys dieser Welt, die Millionen-Metropolen, die alle mit den gleichen Problemen zu kämpfen hätten. Es gebe so viele Ziele. Man müsse nur den ersten Schritt tun, auch wenn es nicht immer ein Vergnügen sei. Das sei wie beim Bergwandern. Henning ist Bergwanderer. Er sagt: Nicht der Weg ist das Ziel. Das Ziel ist das Ziel.

Arbeit macht nicht nur Spaß, sondern strengt auch an.

Der Weg sei manchmal beschwerlich. Er koste Schweiß, Mühe, Ausdauer. »Aber dann oben zu stehen, das ist ein gutes Gefühl.« Und so müssten Ideen weiterverfolgt werden. Dass Dinge alleine mit Begeisterung passierten, dass man nur die Euphorie bei Kindern und Jugendlichen wecken müsse und dann spielten sie Klavier, wie es manche Experten im Themenstrang »Wie wollen wir lernen?« sagten, das ist nicht Hennings Überzeugung. Er plädiert für Arbeit und Schweiß, und das sagt er auch.

Nachfolger gesucht

Henning berichtet von Unternehmertypen, die sich nicht einmal fotografieren ließen. Sie seien der Gegentypus zu den Popstars der Wirtschaftsmagazine, zu den Lenkern der großen Konzerne. Die aber hätten nicht dieses »Gründercharisma«, das die »Hidden Champions« auszeichne. Die entscheidende Frage sei: Wie bewahrt sich das Land die Gründermentalität – und wo finden sich die geeigneten Unternehmensnachfolger?

Das scheint ein echtes Problem zu werden in naher Zukunft.

Wegen fehlender Nachfolger auf dem Chefsessel haben laut DIHK-Report 2011 rund 1800 Unternehmen mit insgesamt mehr als 23 000 Arbeitsplätzen im Jahr 2010 aufgegeben. Die »Fachkraft Chef« werde immer mehr zum Engpass. »Der Fortbestand zehntausender Mittelstandsbetriebe ist ungewiss«, warnt auch das Bonner Institut für Mittelstandsforschung (IfM) im Herbst 2011. Vielen kleinen und mittelgroßen Firmen gingen schlichtweg die Chefs aus. Das IfM schätzt, dass bis 2014 jährlich in gut 22 000 Unternehmen ein Nachfolger benötigt wird, weil der Unternehmer aus Altersgründen abtritt.

Woher sollen die Neuen kommen? Den meisten Externen, die gerne wollten, fehle schlichtweg das Geld zur Ablösung des Eigentums. Auch da seien ungewöhnliche Wege gefordert. Henning kennt einen Unternehmer, dessen Kinder den Betrieb nicht übernehmen wollten, also habe er einem fähigen Mitarbeiter ein Drittel des Unternehmens geschenkt, damit dieser genügend Kapital habe, um den Betrieb weiterzuführen. Man werde wohl mehr kompetente Leute von außen holen müssen. »Das wird immer mehr ein Trend.« Was dabei verloren gehe, seien die Gründertypen, die »Typen, die etwas aufbauen wollen, die etwas erreichen wollen«. Die auf einen Berg wollten. Und die andere mitzögen mit ihrem Gründercharisma.

Wir bauen eine neue Form des Austauschs zwischen Politik, Wissenschaft und Praxis.

Der Ingenieur Henning will helfen, eine Art Maschine, einen Zukunftsapparat zu entwerfen – also eine neue Form des Austauschs zwischen Politik, Wissenschaft und Praxis zu ermöglichen; und er packt an, um diesen Apparat nun zum Laufen zu bringen.

Arbeitslose Akademiker sind eine Zeitbombe

Zukunft, das hat für Henning in erster Linie auch damit zu tun, seine Traditionen zu kennen und modern zu interpretieren. Henning steht für das produzierende Gewerbe, für die Fabriken und

Betriebe – und für eine Wertschätzung der nichtakademischen Berufe. Warum so viele Eltern meinen, man müsse unbedingt an die Universität, müsse unbedingt einen akademischen Abschluss machen, das versteht Henning nicht. »Was wir in Zukunft brauchen, sind vielmehr nichtakademische Fachkräfte.« Handwerker, Handarbeiter, Pflegekräfte, die gut ausgebildet seien. »Die vielen Akademiker, die eine Fachrichtung gewählt haben, für die es keine Nachfrage auf dem Arbeitsmarkt gibt, sind für mich eine Zeitbombe.« Wir müssten auch bei Bildungsfragen mehr denken wie in einem Unternehmen.

Neue Welten schaffen

»Die Universität denkt neue Welten und probiert manches vielleicht auch aus. Und sie schafft natürlich neue Akademiker. Neue Welten aber erschaffen und gestalten Unternehmen.« Wer sonst?

Aber befinden wir uns nicht im Übergang zur Wissens- und Dienstleistungsgesellschaft? Wer ihm solche Fragen stellt, bekommt prompt Antwort. »Ja, ja, da wurde eine Modewelle durch die Republik gejagt.« Wissen und Dienstleistung, das sei alles, Produktion lohne sich nicht mehr, heiße es. »Das war und ist ein Radikaltrend in den USA und England. Und? In der aktuellen Krise haben uns unsere industriellen Kerne gerettet. Das war der entscheidende Vorteil, zum Beispiel gegenüber England. Dort beneidet man uns inzwischen um unsere Industriekerne.« Wissensgesellschaft? Ja, aber auf der Basis der industriellen Kerne. »Die Textilindustrie zum Beispiel ist doch hierzulande schon längst totgesagt worden, aber wenn Sie sehen, wie viele Textilien heute in Deutschland produziert werden, muss man das Bild revidieren.«

In der nichtakademischen Facharbeit drohten in Deutschland schmerzhafte Lücken. »Wir brauchen mehr Facharbeiter. Da ist die Situation viel schlimmer als der Mangel an deutschen Ingenieuren. Und der ist schlimm genug.«

Einzigartigkeit und Standortidentität

Hennings Arbeitsgruppe heißt »Einzigartigkeit und Standortidentität«. Sie sitzt in einem kleinen, schmalen Raum im Kanzleramt. Hier soll an zwei Tagen diskutiert werden, was unseren Wirtschaftsstandort ausmacht. Hier sitzen Wissenschaftler, aber auch Praktiker. Leute, die schon mal in einer Maschinenhalle gestanden haben und die wissen, was Arbeit ist.

Christoph Schmidt vom Rheinisch-Westfälischen Institut für Wirtschaftsforschung (RWI) verspricht sich einiges vom Dialog. Denn: »Wirtschaftspolitisches Gestalten ist ein Entdeckungsprozess.« Frank Hees von der RWTH Aachen plädiert dafür, die Innovationsfähigkeit im Land unbedingt zu erhalten, weil sie »nicht so leicht kopierbar und auch nicht reproduzierbar ist«. Um die Steigerung der Leistungsfähigkeit geht es dem Unternehmer und Wissenschaftler Frank-Hendrik Wurm aus Rostock. Frank Wallau, Projektleiter am Bonner Institut für Mittelstandsforschung und Experte für Unternehmensgründung und -nachfolge, bekennt: »Meine Eltern haben ein kleines Unternehmen, aber das werde ich nicht übernehmen.« Auch Unternehmerin Silvia Martin ist dabei. Es wird spannend, was sie diskutieren, was die Regierung tun soll.

»Wir werden halt ein bisschen älter«

Henning sitzt mit dem Rücken zum Fenster, er macht den Anfang:

»Was sind die Stärken des Landes? Welche Energien halten das Land zusammen, und was ist mit dem demografischen Wandel? Bekommen wir den hin?« Und schon unterbricht einer. »Der demografische Wandel ist derzeit gar nicht das Hauptproblem«, sagt Mittelstandsforscher Wallau. »In den nächsten fünf bis zehn Jahren bleibt die Gesamtbevölkerungszahl eigentlich stabil, wir werden halt ein bisschen älter.«

So viel Beruhigung macht unruhig, jedenfalls Klaus Henning. Er will wissen: »Wie bekommen wir es hin, dass wir unsere Stärken als Gesellschaft auch wahrnehmen?« Warum aber immer nur über Stärken reden, »ist das sinnvoll?«, will Christoph Schmidt wissen. »Werden wir besser, wenn wir über unsere Stärken sprechen?«

Schmidt will es anders machen: Seine Empfehlung: über Schwächen reden. »Vielleicht sollten wir da ansetzen, wo wir schwach sind.« Und Frank Hees stört vor allem die Industrie-Fixierung. »Warum müssen wir immer auf die Industrie schauen? Ich glaube, nein, ich bin mir sicher, wir haben auch Stärken auf anderen Gebieten wie dem Tourismus oder den vielen, sehr verschiedenen hochentwickelten Dienstleistungen. Oder auch in der Landwirtschaft zum Beispiel, die macht immerhin fünf Prozent unseres BIP aus.« Und sie sei auch etwas Identitätsstiftendes. Wie in landwirtschaftlich geprägten Regionen Frankreichs, der Champagne, Burgund oder Roquefort, die sich auch über ihre landwirtschaftlichen Spitzenprodukte definierten.

Mehr über unsere Schwächen reden

Henning lenkt zurück zum Thema Industrie. Er möchte über Ideen sprechen, wie wir die Industrie ausbauen können. »Autos montieren kann die halbe Welt, aber das Entwickeln von Komponenten und Systemen für Autos, das können vor allem wir.« In Zuffenhausen, Dingolfing, Untertürkheim oder Wolfsburg beispielsweise. Und das solle so bleiben. »Wir sollten nicht nur auf das schauen, was wir alles schon hinbekommen haben, sondern auch Neues entwickeln können, zum Beispiel durch radikale Technikfusionen.« Alles andere sei »angenehme Trägheit«, wie es eine Expertin einer anderen Arbeitsgruppe formuliert habe – und das sei keine zukunftsfähige Haltung.

»Bei Problemen schicken wir drei Deutsche«

»In Deutschland sind die technische Ausbildung und das Qualitätsbewusstein exzellent, die Management-Ausbildung jedoch verbesserungswürdig«, sagt Frank-Hendrik Wurm. Wurm ist erst seit kurzer Zeit an der Universität in Rostock. Er war jahrelang Manager in einem Konzern, ständig unterwegs, habe »aus dem Koffer gelebt«. Ihm gehe es nicht nur ums Entwickeln, er denke viel praktischer: »Die Frage ist doch: Wie schaffen wir es, mit Innovationen Geld zu verdienen? Erfinden allein nutzt nichts, wie viele bahnbrechende Erfindungen gibt es in Deutschland? Und mit wie vielen ist der Erfinder reich geworden?« Nur mit einem sehr kleinen Prozentsatz. Er nennt Beispiele: MP3-Player, das Faxgerät, die Klassiker also. Alles in Deutschland erfunden, aber als Massenartikel in anderen Ländern produziert. Für Wurm sitzt das Problem auch in den Universitäten. »In deutschen Universitäten wird nicht zum Unternehmertum ausgebildet, da werden keine Führungskräfte gemacht.« Das sei unser Dilemma, deshalb gebe es so wenig Leute, die vorneweg gingen. Das habe er im internationalen Vergleich erlebt, bei internationalen Unternehmen, da gebe es eine einfache Faustregel: »Wenn ich ein Problem habe, schicke ich drei Deutsche hin, wenn ich eine Führungskraft brauche, nehme ich einen Franzosen.«

»Wer wird der neue Siemens?«

»Wir müssen auch die Spitze fördern!« Unternehmen würden von einer Einzelperson geprägt, vor allem die Mittelständler. Wurm will die universitäre Ausbildung von Managern besser regeln, und er will sie loben. Die vorhandenen Defizite in der Management-Ausbildung von Ingenieuren müssten heute von den Unternehmen kompensiert werden – das müsse sich ändern. Deutsche Manager würden ständig kritisiert. »Es wird nicht kommuniziert, wie leistungsfähig Manager sind«, sagt Wurm. Auch das sei vermutlich ein Grund, warum es weniger »Typen« gebe, die »vorne herumturnen« wollten. Wurm sagt, er mache das anders, seit er am Lehrstuhl für Strömungsmaschinen tätig sei. Er gehe in die Vorlesungen und frage die Studenten: »Wer von Ihnen wird sich selbständig machen, wer wird der neue Siemens, der neue Bölkow?« Und weil alle dasäßen und nichts sagten, wisse er: »Das ist eine Frage, die den Studenten noch nie einer gestellt hat. Und das ist sehr, sehr schade.« Er glaube nicht, dass wir uns nur darauf verlassen könnten, was die Ururgroßväter einmal aufgebaut hätten. »Da ist uns der Spirit verloren gegangen.«

Wo findet man genau die innovativen Mitarbeiter?

Silvia Martin betreibt mehrere Möbelhäuser in Rheinland-Pfalz und im Saarland. 1700 Mitarbeiter sind in ihrem Unternehmen beschäftigt. Sie ist seit über 30 Jahren Unternehmerin und froh, dass ihre beiden Kinder das Unternehmen in Zukunft weiterführen wollen. »Wohin diese Zukunft führt, ist unter den heutigen Bedingungen unsicher. Es hängt alles an der Konjunktur, an der wirtschaftlichen Entwicklung der Region.« Zwar seien die Städte abseits der Metropolregionen ohne einen lebendigen Handel nicht denkbar. Dennoch stünde der Einzelhandel oft mit dem Rücken an der Wand. Nachwuchskräfte seien Mangelware. Viele wanderten ab, in attraktivere Regionen oder Großstädte, wo sie besser verdienten, zum Beispiel nach Bayern oder Baden-Württemberg. Außerdem könne man nur schwer bei Vertriebsinnovationen mithalten. »Das können nur die Großen«, so Martin. Zum Beispiel die Warenhäuser und Baumarktketten, »da arbeiten ganze Abteilungen an Vertriebsinnovationen.«

»Aber Deutschland lebt von der Innovationszukunft«, sagt Wurm. »Klar«, entgegnet Martin, »man muss Mitarbeiter haben, die eine gewisse innovative Kompetenz mitbringen, aber diese Bewerber zu finden ist nicht leicht.«

»Warum?«, fragt Moderator Giuseppe Strina, selbst Unternehmensberater aus Aachen, der schon manche mittelständischen Unternehmen kennengelernt hat. »Ganz einfach«, antwortet Martin, »wir im Handel zahlen in der Regel weniger als Industrie oder Banken und haben nicht so günstige Arbeitszeiten.«

Auch die Bürokratie mache Unternehmern wie Silvia Martin das Leben manchmal unnötig schwer. Eine neue Filiale sei im Bau, sechs Jahre habe die Genehmigung gedauert. Und dann kämen immer wieder neue Gesetze, zum Beispiel Steuergesetze. Auch damit sei der Mittelstand oft überfordert in der praktischen Umsetzung.

Ein klassisches Beispiel sei die Einführung des Fahrverbotes für Lkw-Fahrer nach acht Stunden Fahrzeit. »Unsere Lieferanten finden derzeit nirgends mehr Stellplätze, alle Raststätten sind überfüllt.« Martin will, dass Gesetze künftig einem Praxistext unterzogen werden – und dann erst greifen. Nach einer Pilotphase. Weil Gesetze, die in der Praxis nicht funktionierten, nicht nur den Unternehmen ganz schön zusetzen könnten.

Imbissbude ist auch Mittelstand

»Wir können höhere Löhne nicht zahlen – das ist oft ein Totschlagargument des Mittelstands«, sagt Frank Wallau. »Aber was bedeutet das? Ohne Fach- und Führungskräfte wird ein mittelständisches Unternehmen auf Dauer nicht wettbewerbsfähig sein. Die Mittelständler können sicherlich ihre Arbeitgeberattraktivität in die Waagschale werden. Schließlich muss aber auch eine attraktive Entlohnung gezahlt werden. Insbesondere Fachleute bekommen und binden sie über Geld!«

Aber warum nicht einfach simpler denken: Wenn ein Handwerker schließe, mache ein neuer auf. Und dass sich Unternehmen bei der Wahl eines Nachfolgers schwertäten, liege nicht zuletzt auch an den jeweiligen Unternehmern selbst. Die einen verlangten zu viel, hielten ihr Unternehmen für wertvoller, als es sei, andere könnten nicht loslassen, wollten, dass der Name erhalten bleibe, wollten bei der künftigen Ausrichtung mitmischen.

Die Experten der Arbeitsgruppe sind sich noch nicht recht einig.

Wallau zweifelt ohnehin, ob es »*das* deutsche Unternehmertum überhaupt gibt«. Unter den Begriff Mittelstand werde doch ein bunter Strauß an Unternehmen gefasst, »von der Imbissbude über die Handwerker und freien Berufe bis hin zum Maschinenbauer mit mehreren Hundert Beschäftigten«. Immerhin: »Der Mittelstand ist extrem positiv besetzt.«

Warum eigentlich? Und was ist überhaupt Mittelstand? Das werde am Umsatz bemessen. Frank Wallau erklärt den Unternehmensbestand in Deutschland am Beispiel eines Eisberges: »Es gibt rund 10 000 Unternehmen in Deutschland, die einen Umsatz von mehr als 50 Millionen Euro im Jahr haben.« Das seien nicht nur Aktiengesellschaften und GmbHs, sondern auch rund 4400 Familienunternehmen. 300 000 Unternehmen erzielten einen Umsatz zwischen einer und 50 Millionen Euro. »Und dann gibt es noch 3,3 Millionen Unternehmen, die unter einer Million Euro Umsatz im Jahr machen.« Wallau macht deutlich: Die Volkswirtschaft und damit auch das Unternehmertum ist nicht statisch, sondern sehr dynamisch. Jedes Jahr machten sich rund eine halbe Million Menschen selbständig, davon seien rund 30 Prozent Zuwanderer.

Jedes Jahr machen sich rund eine halbe Million Menschen selbständig.

Neue Unternehmensmodelle entstünden vor allem dort, wo es spezielle Märkte gebe: »In Köln kann ich mich beispielsweise als Gagschreiber selbständig machen, der Markt ist da«, so Wallau. Aber sei das Mittelstand? Die größte Hürde der vielen Solo-Selbständigen: die Einstellung des ersten sozialversicherungspflichtigen Angestellten. Diese Hürde wollten oder könnten viele nicht überwinden. Trotzdem entstünden aus einigen der Gründungen im Laufe des Unternehmenslebenszyklus große Unternehmen.

Aber viel interessanter sei noch: »Wie viele von den kleineren und mittleren Unternehmen hängen von den 10 000 größten ganz oben ab?«, fragt Frank-Hendrik Wurm. Sind die großen Unternehmen die Voraussetzung, dass es den Rest gibt? »Ja und nein«, sagt Wallau. Es gebe da keine Zahlen. Auch die Großen hingen von der Innovationskraft der Kleinen ab, so viel sei für ihn sicher. Die spezielle Mischung aus kleinen, mittleren und größeren Familienunternehmen mache Deutschlands Wirtschaft aus.

Betriebspraktikum für Lehrer

Die Arbeitsgruppe diskutiert: Wie aber wird ein Unternehmen innovativ? Und wie gelingt es, Wissenschaftler in die Wertschöpfungskette einzugliedern? Wie kriegt man das unternehmerische Denken in die Köpfe? »Das Thema Wirtschaftswissen muss in Schulen emotional positiver besetzt sein«, fordert Christoph Schmidt. Da gebe es immer noch große Skepsis, auch fehle es am Know-how. Er denke an Kooperationen von Schulen mit Unternehmen, an Praktika in Unternehmen.

Wir haben einen Industriekern

Inwieweit muss Politik Innovation fördern? Christoph Schmidt verweist auf die Elektromobilität. Die E-Mobility habe gezeigt, wie Technologien über politische Entscheidungen gefördert würden. Und Gleiches könne für die Identität eines Landes möglich sein. Zum Beispiel: die nachhaltige Nation, das Land mit dem nachhaltigen Wachstum. Das könne ein Weg sein, eine Identität zu schaffen, mit der Energiewende sei der erste Schritt vollzogen. Zumindest sei der Nachwuchs beim Thema Nachhaltigkeit aufgesprungen. »Ja, junge Bewerber wollen das wissen: Arbeite ich in einem nachhaltigen Unternehmen?«, sagt Wurm. Das sei Realität heute, das empfänden die Bewerber als »einen Wert, als ein Statussymbol«.

Was die Standortidentität angeht, ist sich Henning sicher: »Wir haben einen Industriekern und bilden zum Nulltarif aus. Unser größtes Problem dabei: Wir bieten Bildung nicht als Dienstleistung, als Produkt auf dem Weltmarkt an.«

»Mit welchem Ziel sollten wir es denn tun?«, will Giuseppe Strina wissen.

»Mit dem Ziel, Geld zu verdienen«, sagt Henning. »Die Welt lässt sich Bildung bezahlen, lassen Sie uns doch endlich auch der Bildung einen Preis geben.« »Es gibt ja nichts Ungerechteres als ein Studium ohne Studiengebühren«, ergänzt Christoph Schmidt.

»Und außerdem sind wir immer noch dabei, ganze Kohorten chancenloser Akademiker zu produzieren, vor allem in den sozialwissenschaftlichen Studiengängen, für die es keine entsprechende Nachfrage auf dem Arbeitsmarkt gibt«, sagt Henning. »Ich bin gegen das Motto: Werdet alle Akademiker.«

Die Diskussion der Arbeitsgruppe bleibt lebhaft. Die Experten haben sich viel vorgenommen.

Die Zukunft der Arbeit

Dieter Spath ist ein gelernter Werkzeugmacher aus Bayern. Er ist im Schatten der Maxhütte aufgewachsen, später in Baden-Württemberg hat er dann an Werkzeugmaschinen gestanden. Mit anderen Worten: Er kennt die »alte Arbeitswelt«. Heute ist Dieter Spath Leiter des Fraunhofer-Instituts für Arbeitswirtschaft und Organisation (IAO). Und dort forscht er über die Zukunft der Arbeit, über die Gestaltung von Arbeit generell und wohin sich das Arbeitsleben entwickelt. Spath leitet die Arbeitsgruppe »Zukunft der Arbeit«. Sie folgt direkt auf Hennings Gruppe. Es kommen die Arbeitsexperten.

Draußen wird es langsam Herbst. Die Lage auf dem Arbeitsmarkt ist stabil. Die Arbeitslosenquote im Oktober 2011 liegt bei 6,5 Prozent, im Vorjahr waren es noch 7 Prozent. Es fehlen Fachkräfte in Deutschland. Laut einer DIHK-Umfrage vom Dezember 2011 können 37 Prozent der Firmen ihre offenen Stellen zwei Monate oder länger nicht besetzen. Das entspricht rund 1,3 Millionen Arbeitsplätzen. Wie sieht sie aus, die Zukunft der Arbeit?

Gleich zu Anfang der Diskussion wird deutlich: Wer über die Zukunft der Arbeit spricht, redet über Demografie, über Fachkräftemangel, ältere Belegschaften. Und ob in den Unternehmen der technische Wandel mit einer Mannschaft zu stemmen ist, die immer älter wird. Müssen wir das Bildungssystem umbauen? Müssen wir ohnehin alle länger arbeiten? Müssen wir nicht auch die vielen unausgebildeten Menschen an Arbeit heranführen? Angesichts dieser Fragen und Herausforderungen ist sich die Arbeitsgruppe einig: Das Land ist in der Pflicht, neue Ansätze zu schaffen. »Wir müssen um das besser sein, was wir teurer sind«, sagt Spath. Das sagt auch die Kanzlerin. Das gelte weiter, schon richtig. »Aber es genügt nicht mehr.«

Für unsere Maschinen und unsere Präzision werde überall auf der Welt gezahlt, gut gezahlt. Aber die anderen schliefen nicht.

Spath fragt: Wie gibt man also neuen Ideen Platz, überall in den Unternehmen? Wie schont man Ressourcen, auch die »Ressource Mensch«? Klar sei: »Radikale Innovationen, und zwar in Form von ressourceneffizienten Produkten und ressourceneffizientem Handeln, werden zu Erfolgsfaktoren«, sagt Spath. »Dafür brauchen wir die richtigen Qualifikationen. Immer wieder neu. Deshalb wird die stetige Weiterbildung so wichtig.« Und das wirke sich auch auf den Berufsalltag aus. »Wir brauchen mehr dezentrale Steuerung von Prozessen, weniger Hierarchie, viel mehr Kollaboration und Projektdenken. Und wir müssen interdisziplinär arbeiten können.«

»Was wir heute als ›Outsourcing‹, ›Offshoring‹ oder allgemeiner als ›Globalisierung‹ kennen, sind erst die Anfänge neuer

Formen grenzenloser Arbeitsteilung«, ergänzt Ulrich Klotz, der als Informatiker beim IG-Metall-Vorstand seit den 1970er Jahren der Frage nachgeht, wie der Computer die Arbeitswelt verändert. Durch das Internet entstünden, so Klotz, neue Arbeitsformen, beispielsweise könnten Projekte in kleinste Arbeitspakete zerlegt und via Internet weltweit ausgeschrieben werden. »Bei dieser Art von ›Crowdsourcing‹ verschwindet dann nicht die Arbeit, aber der feste Arbeitsplatz.«

In der Diskussion der Gruppe werden viele Fragen in den Raum geworfen: Können wir den Menschen noch mehr Flexibilität zumuten? Müssen wir mehr bezahlen? Wie kann eine Kultur der Wertschätzung an Mitarbeitern ausgerichtet werden? Gelingt es uns, mehr sinnvolle Produkte und sinnvolle Leistungen zu erzeugen? Wie schaffen wir es, im Arbeitsalltag der radikalen Innovationssprünge gerecht zu werden? Ein Teilnehmer stellt fest: Bei dem hohen Tempo der Produktentwicklungszeiten wird von Mitarbeitern nicht nur eine maximale Flexibilität verlangt – sondern auch ein technologisches Wissen auf dem jeweils neuesten Stand. Wie Wissensvorsprung erzielt und eine Innovationsbereitschaft geweckt werden kann, das ist auch eine Aufgabe bei der Gestaltung der zukünftigen Arbeitswelt. »Da braucht es auch die Bereitschaft, Verhaltensänderung zu befördern, um radikale Innovationen und notwendige Kulturveränderung zu ermöglichen«, sagt Spath.

»Die Fesseln der neuen Freiheit«

Und über noch etwas müsse gesprochen werden, so Klotz. »Die Arbeitswelt wird vielfältiger, die Ausnahmen werden zur Regel, das ›Normalarbeitsverhältnis‹ und die ›Normalbiografie‹ sind auf dem Rückzug. Ein Höchstmaß an Eigenverantwortung und Selbstorganisation kombiniert mit minimalen Absicherungen und Planbarkeiten«, das seien die »Fesseln der neuen Freiheit«. Wie der Mensch mit diesen Ungewissheiten umgehe und wie tief die Arbeit in das Privatleben von Menschen eindringe, dieses Thema könne nicht ausgeklammert werden.

Arbeit ist Leistungsaustausch. Oder?

Auch die Bochumer Sozialwissenschaftlerin Notburga Ott sieht immer mehr eine Verzahnung der Themen Familie und Arbeit. Familien kämen mit planbaren, verlässlichen Arbeitszeiten besser zurecht als mit starren Arbeitszeiten. Aber diese seien sowieso eher Vergangenheit. »So wie wir als Kinder aufgewachsen sind, das gibt es nicht mehr«, sagt Ott.

Umgangssprachlich würde man sagen: Jetzt machen die Experten ein großes Fass auf. Eine Mitarbeiterin des Kanzleramtes meldet sich zu Wort: »Die sozialen Sicherungssysteme sind immer noch auf der traditionellen Erwerbsarbeit aufgebaut, das wird man nicht so weiterführen können.« Das ist ein Punkt, den man im Expertendialog kaum wird lösen können. »Ja, es bröckelt das Fundament, bei den sozialen Sicherungssystemen und in der Tarifpolitik«, ergänzt Klotz. Notburga Ott meint dagegen, das sei »keine neue Erkenntnis«.

»Keine neue Erkenntnis, das ist interessant«, sagt Klotz. Interessant sei auch, welche Konsequenzen das im Hinblick auf die Innovationsfähigkeit und auf Ausbildung und Arbeit habe. »Also, was wir machen müssen, ist, über das Länger-Arbeiten nachzudenken«, versucht Spath das Gespräch zu ordnen. Und über die Weiterbildung. »Tatsache ist, dass jenseits der 50 nicht mehr viel passiert, da denkt man eher: Was tue ich mir noch an.« Statt wie bisher an eine Altersgrenze zu denken, sollte man das Bild der gewonnenen Jahre in den Mittelpunkt rücken. Die Rente wirke wie ein Prellbock. Wir brauchten in Deutschland aber mehr Flexibilität, nicht nur bei den gewonnenen Jahren, sondern beispielsweise auch bei der Frauenerwerbsarbeit. »Welche Rolle der Staat bei diesem Beharrungsvermögen spielt, damit beschäftigt sich niemand«, sagt Ott.

Abwerben oder ausbilden?

Eckhard Kreßel, Leiter der Personal- und Arbeitspolitik bei der Daimler AG, erklärt, wie sein Konzern anstehende Personalfragen zu klären beabsichtige. Soll heißen: woher neue Mitarbeiter kommen sollen. Diesen Kampf um die Fachkräfte, das wisse er aus Erfahrung, werde man nur regional gewinnen. »Es ist extrem schwer, einen US-Amerikaner nach Deutschland zu kriegen, die wenigsten haben überhaupt einen Pass.« Das »International Recruiting« sei die absolute Ausnahme. Im Grunde stünden Unternehmen wie Daimler vor zwei Alternativen: entweder ausbilden oder abwerben. Abwerben sei teuer. Also ausbilden.

Berufsbilder sind ständig im Wandel.

Aber: Ausbildung sei heute nicht mehr nur ein Akt, der sich in jungen Jahren vollziehe. Weiterbildung im gesamten Leben sei das Zauberwort. Und die funktioniere. »Man kann Menschen qualifizieren, wenn die Notwendigkeit da ist, das sieht man am Beispiel E-Mobilität«, sagt Kreßel. Viele seien mittlerweile in Elektronik weitergebildet worden. Zudem hätten sich viele neue Berufsbilder entwickelt, beispielsweise der Mechatroniker. Nach Angaben des Bundesinstituts für Berufsbildung (BIBB) gibt es im Jahr 2011 (Stand 1. August) 344 anerkannte Ausbildungsberufe. Das sind nur noch halb so viele Ausbildungsberufe wie 1971. Da waren es noch 606.

Die Berufsbilder erweiterten sich ständig: »Wer heute Metall bearbeitet, muss vor allem Klebetechnik beherrschen, nicht mehr das Schweißen«, sagt er. Und daran schließe sich das nächste Problem an: wie lange es dauere, sich ein Berufsbild genehmigen zu lassen. Die deutschen Kammerstrukturen könnten einem ganz schön zusetzen. »Das Festhalten am einmal etablierten Berufsbild gehört zu den Pfründen der Kammern. Das ist ein System, das es zu öffnen gilt«, fordert Spath.

Ott hingegen hinterfragt das Berufskammern-System gleich ganz: »Wofür brauchen wir denn überhaupt noch Berufsbilder?«

Eine Welt ohne Berufsbilder sähe dann so aus: »Was wir brauchen, sind Zertifikate, die besagen, welche Kompetenzen ein Mensch besitzt. In einer sich schnell wandelnden Welt braucht man schnell gewandelte Ausbildungsbilder – von mir aus ›Zertifikate‹.« Ott schaut in die Runde. »Wie wäre es mit einem Zwischenschritt?«, schlägt Spath vor. »Vielleicht sollten wir mit ›kleinen Zertifikaten‹ anfangen, insbesondere für technologisch orientierte und ergänzende Weiterbildungen.« Sie wären wie wendige Schnellboote, die man einsetzen könnte.

Doch es gibt auch Widerspruch. »Nehmen Sie die Hochvolttechnik«, sagt Kreßel, »das kann man nicht schnell mal zertifizieren.« An neuen Berufsfeldern, so der Daimler-Manager, komme man nicht vorbei. Was man aber nicht brauche, seien Kammern, die die Genehmigung von Berufen blockierten.

Lernen im Vollzug der Arbeit

Eine Herausforderung sei es auch, beispielsweise einen 20-Jährigen und einen 58-Jährigen genau gleich zu qualifizieren. Das müsse man, weil auch die Anforderungen der Arbeit gleich seien, aber dieses Alt und Jung laufe nicht immer störungsfrei. Zumal die Schüler von heute künftig anders arbeiteten. »Wenn die vor einer Frage stehen, stellen sie die Frage erst mal ins Netz, denn irgendwo auf der Welt gibt es jemanden, der eine Antwort geben kann – und das auch noch kostenlos«, umschreibt Kreßel den Wissenserwerb der Zukunft. Heute schon kommunizierten die Menschen anders. Für die Arbeit heiße das: »Sie wird webbasierter, dialoglastiger, und das betrifft auch Ausbildung und Qualifizierung.«

»Ich nenne das Lernen im Vollzug der Arbeit«, mischt sich Jürgen Howaldt von der Technischen Universität Dortmund ein. Was wir brauchten, seien mehr »lernfördernde Arbeitsbedingungen«. Ein Hauptakteur bei der Qualifizierung müsse in jedem Fall das

Unternehmen sein. »Und natürlich muss man noch früher anfangen.« Die Begeisterung nicht nur für Technik, sondern auch für soziale Zusammenhänge solle in der Schule geweckt werden, oder noch früher.

»Kinder müssen experimentieren dürfen.«

Und damit sind wir wieder bei der Familie. Notburga Ott wendet ein: »Kinder müssen experimentieren dürfen, sie sollten ihre Neugier ausleben können, möglichst in geschützten Räumen.« Es steht die Frage im Raum, was davon zu halten ist, schon Kleinkinder mit Lerninhalten zu befassen, die berufliche Perspektiven eröffnen sollen. Dass gerade bei Kindern und Schülern viel kaputtgemacht werde, bemängelt auch der Fraunhofer-Experte Spath: »Unser Bildungssystem ist viel zu selektiv, viel zu sehr an Noten orientiert und viel zu prüfungsorientiert.« Er empfiehlt einen ganzheitlichen Ansatz mit dem Ziel individueller Förderung. Man müsse mehr die Fähigkeiten der Schüler in den Vordergrund stellen, weniger das Auswendiglernen für eine Prüfung.

Was ist noch zeitgemäß?

Wie sich die Zukunft der Beschäftigung gestaltet, ist auch eine rechtliche Frage. Und deshalb lenkt die Moderatorin die Diskussion sanft in Richtung Handlungsoptionen. »Wie weit ist die jetzige Arbeitswelt mit den jetzigen Gesetzen in Einklang, und wo könnte die Politik agieren?«, fragt sie in die Runde.

Spath: »Ich frage mich vielmehr, ob die heutigen Regelungen noch zeitgemäß sind.«

Kreßel: »Und ich frage mich, ob die Klimmzüge noch zeitgemäß sind, die wir als Unternehmen die ganze Zeit machen.«

Henning: »Vielleicht sollten wir eine Rote Liste anlegen mit veralteten Rahmenbedingungen.«

Spath: »Wir sollten klären, welche rechtlichen Arbeitsbedingungen auch im Hinblick auf internationale Berufskarrieren notwendig sind.«

Ronnie Schöb vom Lehrstuhl Finanzwissenschaften an der FU Berlin will das Leistungsprinzip neu definieren. Die Besteuerung von Geringverdienern solle dem Sozialstaatsprinzip gerecht werden.

Und Ulrich Klotz meint, dass »Arbeit« neu definiert werden müsse. »Wir sollten vielleicht herausarbeiten, was ›Wissensarbeit‹ heißt und welche Organisationsformen Wissensarbeiter brauchen, um optimal arbeiten zu können. Unsere traditionellen Strukturen der Industrieära sind für Wissensarbeiter ungeeignet, zum Beispiel, weil sie Innovationen behindern.« Klotz sieht es ganz grundsätzlich: »Innovation ist das Erdenken und Ausprobieren des heute noch Unbekannten. Was man noch nicht kennt, kann logischerweise auch nicht Gegenstand eines politischen Beschlusses sein. Was die Politik heute Innovationsförderung nennt, ist meist Etikettenschwindel, denn hier wird bereits Bekanntes gefördert, es werden Techniken subventioniert. Solche Politik wirkt eher strukturkonservierend als innovationsfördernd.«

Klotz geht es wie Spath um den Nährboden, auf dem Innovationen wachsen. In den klassischen Arbeitsstrukturen gebe es viele Innovationshindernisse, die könne man schleifen. Neue Ideen entstünden dort, wo sich Menschen in und mit ihrer Arbeit wohlfühlten, nicht dort, wo sie schlecht behandelt und ausgebrannt würden.

Arbeit neu denken: Wissensarbeit

Die anderen stimmen zu. Aber kann Politik in dieser Hinsicht wirklich viel bewirken? Innovationsfreude per gesetzlichem Rahmen?

Die Arbeitsgruppe hat ihren Diskussionsstoff gefunden. Und sie hat ein weiteres Anliegen: Sie will sich dafür einsetzen, dass künftig der Begriff »gute Arbeit« vermieden wird. Zu subjektiv, zu wertend, so die Begründung. Die Experten wollten vielmehr für eine »Qualität der Arbeit« eintreten und für gute Arbeitsbedingungen, damit »für alle der Zugang zu Arbeit gesichert ist«. Das betreffe den Arbeitsschutz, die Arbeitszeiten – und vor allem auch Fragen der Gesundheit.

Arbeiten im demografischen Wandel

Burn-out ist vor allem das Thema in der Gruppe »Arbeiten im demografischen Wandel«. Heike Bruch geht voran, sie steht dem Institut für Führung und Personalmanagement an der Universität St. Gallen vor und ist die Leiterin dieser Arbeitsgruppe. »Durch die psychischen Erkrankungen verstärkt sich der Fachkräftemangel«, sagt Bruch. »Burn-out ist auch für die Gesellschaft relevant. Durch Burn-out wird mehr als nur ein wirtschaftlicher Schaden angerichtet – es wird Public Value zerstört.« Beim Thema Burn-out gehe es im hohen Maße um Früherkennung. »Man kann psychische Krankheiten durch gezielte Früherkennung und Prophylaxe in Unternehmen deutlich reduzieren.«

Es ist Zeit, einige Dinge klarzustellen. Michael Vassiliadis von der IG Bergbau, Chemie und Energie, einer der wenigen hauptamtlichen Interessenvertreter im Expertendialog, sagt: »Manager müssen ihre Verantwortung für Beschäftigte wahrnehmen.« Es seien die Führungskräfte und die Manager, auf die es ankomme. »Manager haben viel Einfluss und Gestaltungsmöglichkeiten«, betont Vassiliadis. Das funktioniere aber nur, wenn es gelinge, Betriebswirtschaftler für diese Problematik zu sensibilisieren, meint Dieter Zapf, Arbeitspsychologe von der Universität Frankfurt am Main: »Psychologen haben immer ein Akzeptanzproblem.«

Ein Schnelltest für Burn-out

Vielleicht sollte man innerhalb des Unternehmens so etwas wie einen Check machen können, ob jemand gefährdet sei. »Wie in der Pflege, da gibt es ja auch einen Risiko-Quick-Check«, sagt ein Mitarbeiter des Kanzleramts, und bei bestimmten Faktoren werde es kritisch. Das wäre doch eine Idee. Früherkennungsinstrumente entwickeln. »Müssen die Unternehmen für die Folgen mitzahlen?«, will Moderator Giuseppe Strina wissen. »Na sicher, auch hier muss die Initiative vom Management ausgehen«, betont Vassiliadis.

Zapf glaubt nicht daran, dass Unternehmen das so einfach akzeptieren. Er stellt fest: Die Arbeitsunfähigkeitsmeldungen ab einem Lebensalter von 50 Jahren verdoppeln sich, und nicht selten sind es psychische Erkrankungen. Es ist wichtig, die Folgen dieser Erkrankungen in den Griff zu bekommen. »Sinnvoll wäre unter anderem eine Statistik zu Burn-out, so wie es Unfallstatistiken gibt. Wir brauchen einen ›Gesundheitsmonitor‹, damit man ablesen kann, wie es um die Gesundheit in Unternehmen, Branchen, Regionen oder in Deutschland im internationalen Vergleich insgesamt steht. Auf dieser Grundlage lassen sich Ursachen erkennen, Verbesserungen planen und Fortschritte sichtbar machen«, schlägt Heike Bruch vor.

Ab 50 zu große Belastung?

Im Prinzip eine gute Idee, wendet jemand ein, das Problem bei Burn-out sei aber die Ursache-Wirkung-Forschung. Bei einem Unfall sei der Zusammenhang klar und einfach. Beim Burn-out sei das nicht so klar. Obwohl ganz offensichtlich ein Großteil der Frühpensionierungen auf psychische Erkrankungen zurückzuführen sei. Aber es sei eben schwierig, dies statistisch zu erfassen. Viele Krankmeldungen in Unternehmen seien nicht so eindeutig zuzuordnen. Es stelle sich die Frage: Wohin gehört die Thematik eigentlich? Ist es ein medizinisches Thema? Oder ist es ein Teil der Verantwortung des Unternehmens, Teil der Unternehmenskultur? Der Gewerkschafter sagt: Ja. »Alle sollten ein Interesse an gesunden und leistungsfähigen Beschäftigten haben«, sagt Vassiliadis, »vielleicht müssen das alle mal verinnerlichen.«

»Vielleicht reicht es schon, jemanden besonders wertzuschätzen, der 25 Jahre weitgehend krankenfrei gearbeitet hat«, fügt Moderator Strina hinzu.

Karriere ist nicht immer nur Führung

Der demografische Wandel ist nicht nur ein deutsches Problem. »In China wird sich der demografische Wandel viel heftiger auswirken, das kommt von den Ein-Kind-Familien«, sagt Behrens von der BA. Wie wir mit immer mehr älteren Arbeitnehmern zurechtkämen, beantworte das Diversity-Management, also der Aufbau vielfältiger Teams: ältere Mitarbeiter, jüngere Mitarbeiter, Frauen, Migranten. Die Fachleute nennen es »Generationenmanagement«. »Die Lage der heute 35- bis 50-Jährigen ist schwierig«, sagt Vassiliadis. »Diese Generation arbeitet mit dem gleichen Druck im gleichen Takt wie die Generation vor ihnen.« Es gebe aber entscheidende Unterschiede: »Es gibt keine geförderte Altersteilzeit mehr, und sie müssen bis 67 arbeiten. Wir müssen deshalb die Lebensarbeitszeitsfrage stellen. Wir werden Wege finden, wie sie gesund alt werden und ihren Ruhestand genießen können.«

Es sei an der Zeit, einen Dialog zu starten, einen Dialog der Sozialpartner, einen »Social Dialogue«, wie Beatrix Behrens vorschlägt. Weil die Flexibilität nicht nur von Arbeitnehmern verlangt werden könne, sondern auch von Führungskräften. Denn es seien die Führungskräfte, die die Einstellung ihrer Mitarbeiter prägten. Zum einen. Zum anderen müsse man sich auf individuell geprägte Belegschaften einrichten. Behrens: »Mein Vorschlag wären individuelle Verträge, die den individuellen Bedürfnissen der Mitarbeiter gerecht werden.« Vielleicht solle man auch so etwas wie einen psychologischen Vertrag prüfen, in dem definiert sei, wie die Erwartungshaltung des Chefs und die der Mitarbeiter sei.

Vielleicht bedürfe das Generationenmanagement grundsätzlich einer größeren Aufmerksamkeit. »Sollten wir nicht so etwas wie eine Lange Nacht der Arbeitnehmer machen?«, fragt Heike Bruch. Mit der Botschaft an die Führungskräfte: Belegschaften im Wandel benötigten mehr Wertschätzung.

»Wir brauchen ein demografiesensibles Management«, fordert Bruch ebenso wie ein »lebensphasenorientiertes Personalmanagement«. Dabei müsse, ergänzt Behrens, klar sein, dass Karriere nicht immer nur Führung bedeute: »Beruflicher Erfolg heißt doch nicht immer gleich beruflicher Aufstieg.« Auch da müsse ein Umdenken stattfinden. »Ja, und wo sind die politischen Hebel?«, fragt Strina. Konkret: Was also kann die Kanzlerin machen?

Debatten anregen: eine Debatte über das Renteneinstiegsalter. Und einen »Social Dialogue«. Den gebe es bereits in England, sagt Behrens, da diskutierten weite Kreise der Gesellschaft über das »Active Aging«.

Skepsis kommt vom Gewerkschafter: »Aber wie erklärt man das einem 61-Jährigen, der 40 Jahre Schichtdienst gemacht hat?« Wie erkläre man dem, dass er länger arbeiten solle? »Die können nicht mehr, die wollen auch kein Teilrenten-Modell.« Der Psychologe Zapf will diesem Einwurf nicht so ganz folgen: »Die jetzige Generation der Rentner ist privilegiert, die Leute um die 60 jammern auf sehr hohem Niveau.« Es sei daher gesellschaftspolitisch wichtig, dass alle länger arbeiteten.

Und Heike Bruch wirft noch eine interessante Frage auf: »Ältere haben ja eine eher kristalline Intelligenz, verfügen also über Erfahrungswissen, haben Ausdrucksvermögen und Problemlösungskompetenz. Im Gegensatz zu der fluiden analytischen Intelligenz der Jüngeren. Wenn jetzt durch den demografischen Wandel die fluide Intelligenz schwindet, weil es weniger Jüngere gibt, und die kristalline steigt, was bedeutet das eigentlich für unsere Volkswirtschaft, welche Wettbewerbsnachteile oder auch Vorteile bringt uns das?« Mache fluide Intelligenz ein Land erfolgreicher? Oder komme es doch eher auf die Kombination an?

Die Antwort steht noch aus.

Inder kommunizieren durch Gestik

Eindrücke: Babette Winkel war in Indien und erzählt: »Die Wesensart der Inder erfordert ein extrem hohes Maß an Geduld, Zuversicht und gutem Willen im alltäglichen Leben. ›Es ist besser, etwas Angenehmes zu sagen, als etwas Wahres‹, sagt ein indisches Sprichwort, das unterstreicht, wie wichtig es ist, das eigene ›Gesicht‹ und das des Gegenübers zu wahren. Inder sind zu Harmonie und nicht zu Klarheit wie wir Deutschen erzogen.«

»Die Deutschen sind zu Klarheit erzogen.«

Tobias Gehring war in Malaysia und bestätigt den Einfluss kultureller Normen, die von der Wirtschaft oft unterschätzt würden: »Ein Gespräch mit einem deutschen Konsul, der seit 35 Jahren Geschäftsführer einer Firma in Malaysia ist, brachte mich in meinen Erkenntnissen über die Europaorientiertheit von Kultur und Wirtschaft und insbesondere des Maschinenbaumarktes, die ich gewinnen möchte, ein ganzes Stück weiter. Leider sind nicht viele Unternehmen so offen gegenüber Besuchern, und von den meisten erhält man keine Antwort auf Besuchs- oder Interviewanfragen. Besonders bei der Reise durchs Land lernte ich viele Leute aus den verschiedensten Nationen kennen.«

Leonhard Rödl berichtet aus dem Nahen Osten: »Seit über zwei Monaten bin ich nun schon im Heiligen Land unterwegs und kann mit Überzeugung sagen, dass die berufliche Walz für mich bisher ein voller Erfolg war. Neben dem touristischen Pflichtprogramm wie Besuchen in Jerusalem und am Toten Meer hatte ich die Chance, eines der historisch wie auch aktuell politisch interessantesten Länder der Erde besser kennenzulernen. Gerade was die oft extremen und gegensätzlichen Meinungen der verschiedenen Einwohner angeht, kann man vieles rund um Israel erst verstehen, wenn man dort Zeit verbracht und mit den Leuten gelebt hat.«

Neue alte Idee: die Walz

Was die drei jungen Menschen verbindet? Sie waren auf der Walz. Heute, im 21. Jahrhundert, in Zeiten von iPad und Internet. Manfred Wittenstein erläutert die Idee, die dahinter steckt: Jahrhundertelang waren die Walz oder auch die Wanderjahre mehr oder weniger Pflicht für Gesellen nach ihrer Lehrzeit. Sie war Voraussetzung, um überhaupt Meister werden zu können. Mal über den Tellerrand zu blicken, das war Auftrag der Gesellenwanderung: Wie leben die Menschen woanders, wie arbeiten sie, welche Arbeitstechniken haben sie, wie lernt man dort? Die Walz war die Chance, das Leben kennenzulernen. Die Welt, die Menschen.

Ein Suchender auf der internationalen Walz

Heute gebe es zwar Tourismus zu billigen Konditionen. Was nicht ausreiche, meint Manfred Wittenstein.

Wittenstein ist einer von zwei Vorständen der Wittenstein AG, einem Maschinen- und Anlagenbauer aus dem Südwesten des Landes. Er ist verantwortlich für Technologie und Innovation. Die Wittenstein AG beschäftigt rund 1400 Mitarbeiter, der Umsatz beziffert sich auf eine dreistellige Millionensumme. Wittenstein-Produkte finden sich an ungewöhnlichen Orten: Für den Airbus A 380 hat das Unternehmen eine Art Motor entwickelt, der Flugzeugtüren öffnet. Stammsitz der Firma ist Igersheim-Harthausen, in der Nähe von Bad Mergentheim. Manfred Wittenstein trägt den Titel »Entrepreneur des Jahres 2011« und ist Experte im Zukunftsdialog der Bundeskanzlerin.

Und: Manfred Wittenstein hat die Walz wieder eingeführt.

Nicht die Hebamme der Azubis

»Sehen Sie, wir sind ein exportorientiertes Unternehmen, unser Exportanteil liegt bei 60 Prozent, da brauchen wir weltoffene Mitarbeiter«, sagt Manfred Wittenstein. Deshalb schicke er seine Studenten und Azubis mit dem Ende ihrer Ausbildung seit einiger Zeit in die Welt hinaus. Sie sollten andere Länder (und andere Märkte) kennenlernen, Netzwerke bilden und an ihren Sprachkenntnissen und ihrer Persönlichkeit arbeiten. Vom Unternehmen gebe es nur Geld – den Rest müssten sie selber machen. Sie sollten sich ein Projekt suchen, sie sollten Ansprechpartner auftun, sich eine Unterkunft besorgen. Alles ohne Hilfe. »Wir sind doch keine Hebammen – die jungen Leute brennen darauf, Selbständigkeit zu zeigen. Freiheit und Verantwortung gehören untrennbar zusammen und bilden gemeinsam die Basis für wertvolle Erfahrungen«, sagt Wittenstein.

Mindestens zwei bis drei Monate seien sie unterwegs. Ein Industriemechaniker aus seinem Unternehmen will zum Beispiel nach Kanada, will sehen, wie das mit dem Abbau der Ölsande ist, wie das funktioniert, welche Maschinen eingesetzt werden – und Menschen treffen. »Die gehen die Sache hochmotiviert an«, sagt Wittenstein. Auch die Auszubildenden, nicht nur die Akademiker. »Man sollte gerade bei Facharbeitern nie zu schnell ein Urteil fällen.«

Wittenstein berichtet weiter: Wenn sie zurückkommen, schreiben sie einen Bericht. Und er erzählt, welche Veränderungen ihm an ihnen auffallen: Sie kommen gestärkt zurück. Sie haben ihr eigenes Projekt realisiert. Das Selbstbewusstsein ist gewachsen. »Sie haben gelernt, eine komplexe Aufgabe allein zu meistern, und sie haben ihren Horizont erweitert«, sagt Wittenstein, »und im besten Fall haben sie ein Netzwerk gebildet, von dem sie später noch zehren können.« Das seien echte Lernprozesse. »Wir haben vor, es für alle Auszubildenden und Studenten verpflichtend zu machen.« Und warum heißt es Walz, warum kein englischer Begriff, in dessen

Mitte Worte wie »Experience« oder »Learning« auftauchen? »Wir wollten ganz bewusst an die Tradition der Walz anknüpfen, deshalb der deutsche Begriff.« Bisher habe es sich bewährt. »Sie kommen alle mit einer anderen Offenheit zurück.« Das sei gut für die Weltenbummler, gut fürs Unternehmen. Und gut für Deutschland.

Innovationskultur

Die Arbeitsgruppe »Innovationskultur« wird geleitet von Marion A. Weissenberger-Eibl, die einen bemerkenswerten Weg hinter sich hat, sozusagen eine persönliche Walz. Angefangen hat sie als Schneiderin, mit einer Lehre als Bekleidungsschneiderin. Sie habe, so erzählt sie, wissen wollen, was in der Produktion alles passiere, wie die Arbeitsabläufe da organisiert seien. »Schon damals hat mich das System als Ganzes gereizt«, sagt Weissenberger-Eibl. Danach hat sie Bekleidungstechnik studiert und später bei einer Modefirma in München gearbeitet. In der Modebranche habe sie etwas Entscheidendes gelernt: Trends aufzuspüren und dabei Menschen, Design und den Wunsch nach Lebensqualität im Blick zu haben, also das ganze »System Mode«.

Nach der Mode studierte sie Betriebswirtschaft in München und legte damit endgültig das Fundament für ein interdisziplinäres Denken, das sowohl die technische, die ökonomische als auch die systemische Seite im Blick hat. Heute leitet Weissenberger-Eibl das Fraunhofer-Institut für System- und Innovationsforschung (ISI) in Karlsruhe – und forscht, wie Innovationen der Weg geebnet werden kann: »Wir betrachten Innovation als einen zielgerichteten Prozess, der das passende Umfeld braucht – denn das kann für den Erfolg ausschlaggebend sein.«

Die Frage, so Weissenberger-Eibl, sei: Wie entfalten sich Innovationen? Reicht Geld, reichen Subventionen, um Innovationen zu fördern? Oder muss sich etwas am Klima ändern? Oder an der

Kultur? Sicher sei: Innovationen beginnen immer mit Neugier und mit der Fähigkeit, sich etwas vorzustellen, das es bisher nicht gegeben hat. Und sind Innovationen auf dem Markt, tragen sie zu Wohlstand und Nachhaltigkeit bei, auch und gerade in Deutschland.

Deutschland auf Rang vier bei der Innovationsleistung

Laut »Innovationsindikator« von 2011, einem vom Fraunhofer ISI mitentwickelten Index für die Innovationsmessung, hat Deutschland seine Innovationsleistung in den vergangenen fünf Jahren deutlich verbessert und liegt nun hinter der Schweiz, Singapur und Schweden auf Rang vier von 26 untersuchten Volkswirtschaften.

Allerdings wird von den Fraunhofer-Experten bemängelt, dass Deutschland bei den staatlichen Rahmenbedingungen für Forschung und Innovation auch wegen des Fehlens einer steuerlichen Förderung von Forschung und Entwicklung zurückliegt. Die Politik habe zwar beispielsweise mit der Hightech-Strategie klare und richtige Akzente gesetzt, aber kleine und mittlere Unternehmen (KMU) profitierten von Innovationsförderung nur wenig. Das Zentrale Innovationsprogramm Mittelstand (ZIM) erreiche nur acht Prozent der 30 000 forschenden KMU in Deutschland. Das sei riskant. Ohne Innovation sei die Wettbewerbsfähigkeit in Gefahr. Denn die anderen würden leider nicht schlafen.

»Zizhu chuangxin«

Ein Experte der Arbeitsgruppe nennt ein Beispiel: China wolle beispielsweise verstärkt auf Innovationen setzen. Unter dem Motto »Zizhu chuangxin« (»Innovation aus eigener Kraft«) bemühe sich die Regierung in Peking um einen Kurswechsel, bis 2020 wolle man auch eine kreative und innovative Supermacht werden. Die Forschungsausgaben sollten bis 2020 auf 402 Milliarden Dollar erhöht werden. Damit würden sogar die USA überflügelt. Und bereits heute entstünden in Orten wie dem Pekinger Stadtviertel Zhongguancun Forschungslabore nach dem Vorbild Silicon Valley. Das gemeinsame Ziel sei: im Hochtechnologiesektor eine eigene Weltmarke aufbauen. Nicht zuletzt sei durch den Boom der vergangenen Jahre auch der Anteil der privaten Geldgeber in China gewachsen.

Tolerant sein gegenüber Fehlern

Doch ob Geld allein hilft? Studien wie der »Erfolgsfaktor Innovationskultur« aus dem Jahr 2011 zeigen, dass Kreativität und Innovationsfähigkeit eines Unternehmens vor allem von der Führungskraft abhängen – und von der Toleranz gegenüber Fehlern. Das indische Unternehmen Tata vergibt zum Beispiel jedes Jahr einen Preis an Teams, die sich eine große Innovation vorgenommen hatten, dann aber daran scheiterten. Und ein Wahlspruch des Internetgiganten Google lautet: »Töte keine Projekte, mach etwas Neues daraus!« Die AG um Weissenberger-Eibl setzt genau da an und ergründet, wie das geht, kreatives Potenzial zu wecken – und innovativ zu sein.

»Jeder hat das Potenzial zum Innovator«

Die Notwendigkeit von Innovationen bestreitet in der Runde niemand. Doch die Entstehung von etwas Neuem lasse sich nur schwer einer Abteilung oder einer Hierarchieebene zuordnen, meint die Gruppe um Weissenberger-Eibl. Sie setzt deshalb klare Botschaften: »Jeder hat das Potenzial zum Innovator!« Und: »Innovationen sind kein Selbstzweck, sondern Mittel, um unser Land lebens- und liebenswert zu erhalten, die Innovationskultur ist Teil unserer Verantwortung für die nächste Generation.« Es geht den Diskutanten auch darum, die Offenheit und Neugier für verschiedene Kulturen als Quelle der Inspiration zu sehen und – wie das bei der Walz geschieht – mit den klassischen deutschen Tugenden wie Gründlichkeit und Tüftlertum zu verknüpfen.

Ein Experte in der Runde ist Wolfgang Müller-Pietralla, der die Zukunftsforschung bei der Volkswagen AG leitet. Müller-Pietralla, ein gelernter Biologe, blickt voraus, wohin es mit dem Automobil in den nächsten 20, 30, 40 Jahren geht, und berichtet in der AG von seiner täglichen Trendarbeit: »Wir haben in der Forschung ein System entwickelt, mit dem wir auf der Grundlage von Patenten, wissenschaftlichen Publikationen, 11 000 Fachzeitschriften und Blogs Trends erkennen, analysieren und bewerten. Es geht darum, fundierte Entscheidungen auf der Grundlage ganzheitlicher Erkenntnisse zu treffen, bevor neue Wege eingeschlagen werden.« Von solchen Forschungsräumen, solchen Zukunftslaboren will sich die AG von Weissenberger-Eibl inspirieren lassen.

Sie nennt es »Innovations-Experimentierräume«, wobei Wert gelegt wird auf ein weites Verständnis von Räumen, zum Beispiel ist es Weissenberger-Eibl wichtig zu sagen: »Freiräume sind kein Urlaub.« Gerade bei Kreativen und Wissensarbeit verschwämmen die Grenzen. Ein Wissensarbeiter stehe am Fenster, schaue raus – und man wisse nicht, träume er gerade, schlafe er schon oder entwickle er genau jetzt den genialen Einfall, mit dem die Firma in ein neues Zeitalter vorstoßen könne.

Ein weiteres zentrales Element zur Stärkung der Innovationskultur in Deutschland sind für die AG »staatlich initiierte Einrichtungen, sogenannte ›Plattformen für gesellschaftliche Erneuerungsfähigkeit‹, die im Sinne von ›Social Innovation Agents‹ in regionalen Kontexten entsprechende Optionen, Potenziale und Initiativen bei den Bürgern aufspüren und helfen, ihre Umsetzung zu ermöglichen.«

Zu einer Stärkung der Innovationskultur gehört nach Meinung der Gruppe auch eine nachhaltige Kultur der Selbständigkeit. »Diese kann aber nur entstehen, wenn auf Bundesebene ein Maßnahmenprogramm entwickelt und propagiert wird, das entlang der gesamten Bildungskette auf eine systemisch-langfristige Entwicklung der dafür nötigen Einstellungen und Kompetenzen im Sinne einer systematischen ›Entrepreneurship Education‹ bei Heranwachsenden abzielt«, ergänzt Weissenberger-Eibl.

Ideen lernen laufen

Es ist ein Januartag in Berlin. Die »Kleine Lage« ist wieder besetzt. Heute diskutiert die Kanzlerin mit den Leitern der sechs Arbeitsgruppen des Themenstrangs »Wovon wollen wir leben?«. Wieder stehen erste Zwischenergebnisse und die sich abzeichnenden Handlungsvorschläge auf dem Programm. Sie sollen gemeinsam mit der Bundeskanzlerin abgeklopft und diskutiert werden.

Es geht los mit dem Thema Innovationskultur. Marion Weissenberger-Eibl und ihre AG-Kollegen wollen Experimentierräume schaffen. Wo sich Menschen ausprobieren und entfalten können. Eine Idee lautet, eine Agentur für gesellschaftliche Erneuerungsfähigkeit zu etablieren. Und einen Wettbewerb für kreative Prozesse, der »Ideen lernen laufen« heißen könnte. Außerdem schlägt die Professorin vor, mit einem »Zukunftsatlas« einen »Visioning«-Prozess zur Zukunft der Innovationskultur anzustoßen. Sie meint damit, dass man in einem breiten Dialog eine gemeinsame Vision debattiert. Sie will die »Gründungsmüdigkeit« bekämpfen und eine Kultur der Selbständigkeit schaffen. Und ein Bewusstsein dafür, dass die Knappheit der materiellen Ressourcen keineswegs innovationsfeindlich wirken muss. Denn: »Knappheit macht erfinderisch.«

Und dann kommt die Walz.

Die Walz ist einer jener Vorschläge und Ideen, von denen man sofort ahnt: Das könnte Schule machen. Wer auf sich selbst gestellt sei, der wage unter Umständen einen neuen Pfad. Der erste Schritt zur Innovation. Die Walz habe etwas mit Neugier zu tun, mit Risikobereitschaft. Und Weissenberger-Eibl hat noch ein paar weitere Ideen zur Innovation mitgebracht.

»Die Walz, angepasst ans 21. Jahrhundert. Das finde ich wirklich interessant«, sagt Merkel. Sie schlägt vor, das Thema der Walz wissenschaftlich auszuwerten: Was berichten Rückkehrer, welches Wissen haben sie gesammelt? Sie sieht in der Walz eine gute Möglichkeit, Neugier zu erhalten, sich nicht nur mit dem abzufinden, was da ist, sondern den Schritt nach außen zu wagen. »Wie gelingt es, eine wohlhabende Gesellschaft, die nicht einen permanenten Leidensdruck hat, dazu zu bewegen, neue Felder zu beschreiten?«, fragt die Kanzlerin.

So etwas wie die neue Walz könnte ein Hebel dafür sein.

Jetzt zur Agentur. Einer »Agentur für gesellschaftliche Erneuerungsfähigkeit«. »Also, wenn ich Agentur höre, bin ich erst einmal ein wenig reserviert, ehrlich gesagt.« Die Expertin hält dagegen: »Der Begriff Agentur ist nicht das Entscheidende. Wichtiger ist mir, dass wir Experimentierräume aufbauen, das kann so etwas sein wie die Walz, wo man sich ausprobieren kann, wo Menschen Erfahrungswissen sammeln können.« Und das sollte institutionalisiert werden.

»Wie stellen Sie sich den Zukunftsatlas praktisch vor?«, fragt Merkel. Der Atlas umschreibe, so Weissenberger-Eibl, mögliche Szenarien oder Orte. Die Expertin spürt, dass diese Idee ihrer AG noch nicht wirklich selbsterklärend und rund ist. »Wir wollen damit sensibilisieren, dass Zukunft gestaltbar ist«, sagt sie. »Und es ist kein Buch, das ist ein Prozess.«

»Ein wesentliches Element ist die Neugierde«, schaltet sich Stephan Breidenbach ein, »und die Fehlerfreundlichkeit. Solange Fehler nicht diskutiert werden, kommt man nicht wirklich voran.«

Zukunftsatlas für gesellschaftliche Erneuerung

»Das ist ein wichtiger Aspekt. Scheitern sollte nicht entmutigen, sondern sollte Ansporn sein, es beim nächsten Mal besser zu machen und aus seinen Fehlern zu lernen. Vielleicht sollten wir einen Preis ausloben für das produktivste Scheitern«, meint die Kanzlerin. Möglicherweise hat sie das Beispiel aus Indien im Hinterkopf. In anderen Ländern gebe es so etwas, ergänzt ein Experte. Klaus Henning schaltet sich ein: »In Amerika ist es so. Erst wenn ich einmal pleitegegangen bin, bin ich in Amerika ein richtiger Unternehmer.« Diese Toleranz fehle uns in Deutschland.

»Wenn meine Kinder alt sind, ist Deutschland zugebaut«

Christian Berg ist Honorarprofessor der TU Clausthal für »Nachhaltigkeit und globalen Wandel«, er ist außerdem bei SAP Deutschland für Nachhaltigkeit zuständig. Und ist nicht nur Ingenieur, sondern auch studierter Theologe. Wenn jemand über Nachhaltigkeit sprechen kann, dann Christian Berg. Er leitet die gleichnamige Arbeitsgruppe. In der Runde sitzt er der Kanzlerin direkt gegenüber.

Wo es hakt mit der Nachhaltigkeit, kann Berg sofort sagen. Zum Beispiel gebe die Bundesregierung alle vier Jahre einen »Fortschrittsbericht« heraus. Aber was passiere, wenn Ziele nicht erreicht würden? Nichts passiere, sagt er. Es sei ja nicht einmal klar, wer dafür verantwortlich sei. »Sie müssen erst mal identifizieren, wer überhaupt verantwortlich ist.« Das bleibe häufig im Ungefähren. »Nehmen Sie die Flächenversiegelung: Wenn meine Kinder alt sind, ist Deutschland fast zugebaut, wenn es weitergeht wie bisher«, sagt Berg. »Aber wer ist zuständig: das Bauministerium? Die Kommunen? Die Länder? Der Bund?« Er meint, alle irgendwie, aber keiner richtig. »Wenn da mal ein Ziel erreicht werden soll, müsste man erst mal eindeutig und transparent die Zuständigkeiten definieren, und wenn die klar sind, muss deutlich sein, was von wem zu tun ist, wenn die Ziele verfehlt werden.«

Green Economy

Seit mehr als 20 Jahren ist die Nachhaltigkeit ein globales Leitbild. Die Weltbevölkerung wächst, bis 2050 werden nach UN-Angaben bis zu 9,8 Milliarden Menschen auf der Erde leben, und die benötigen Essen, Energie, Rohstoffe, was wiederum einen verantwortungsvollen und einen nachhaltigen Umgang mit Ressourcen voraussetzt. Auf einer UN-Konferenz im Sommer 2012 in Rio de Janeiro geht es 20 Jahre nach der ersten Rio-Konferenz um das nachhaltige Wirtschaften, um eine Etablierung einer weltweiten Green Economy, um Ressourcenschonung. Deutschland unterstützt dabei gemeinsam mit anderen EU-Staaten eine »UN Green Economy Roadmap«.

Ist Benzin zu billig?

Für Christian Berg ist Nachhaltigkeit nicht irgendein Begriff, gar ein Wohlfühlthema. Im Gegenteil. Zum Beispiel beim Thema Benzinpreise. Wer mit dem Auto unterwegs ist, ärgert sich über das, was sich an den Anzeigetafeln der Tankstellen abspielt. Viele fordern, dass die Spritpreise endlich gedeckelt werden. Viele – nicht so Christian Berg. Er hält die Spritpreise gar nicht für hoch. Er ist der Meinung, dass der Fortschritt erst in Gang komme, wenn die Preise nach oben gingen. Das zeigten die relativ hohen Energiepreise. »Immerhin hat das dazu geführt, dass wir heute in Deutschland beim Thema Energieeffizienz und in vielen Umwelttechnologien führend sind.« Man müsse langfristig wirtschaften. Und die Preise müssten die ökologische Wahrheit sagen.

Die von Berg geleitete Arbeitsgruppe »Nachhaltiges Wirtschaften und Wachstum« sieht in der Green Economy generell eine Chance, eine »Innovationsoffensive für die Wirtschaft« auszulösen. Die AG fordert auch dazu auf, die Nachhaltigkeit als ein

»Querschnitts- und Leitprinzip« zu etablieren, das sowohl Energie, Materialien, Flächen, Finanzen als auch Humanressourcen mit einschließt. Eines der Anliegen der AG ist die Abschaffung »umweltschädlicher Subventionen«, vor allem die Abschaffung von Steuervorteilen. Nur durch den Abbau »sinnwidriger Subventionen« und »historisch gewachsener Systeme von Einzelregulierungen« könnten sich, so die Experten, umweltorientierte Innovationen entwickeln.

Sinnwidrige Subventionen abbauen

Nachhaltigkeit ins Grundgesetz

Ganz oben steht bei der Arbeitsgruppe die gesetzliche Verankerung von Nachhaltigkeitszielen, für die sich besonders das AG-Mitglied Christian Calliess, Jurist an der FU Berlin, starkmacht. Konkret heißt das: In den Bundesministerien, vor allem Wirtschaft, Finanzen, Umwelt, Arbeit und Soziales, sollten, so Calliess, neue Arbeitseinheiten eingerichtet werden, die jederzeit Gesetzesentwürfe auf Nachhaltigkeitsbelange abklopften.

Zudem diskutiert die Expertengruppe um Berg, ob das Nachhaltigkeitsprinzip in der Verfassung verankert werden sollte, und wenn ja, wie das geschehen könnte. Ein neuer Artikel 20 b, der Nachhaltigkeit als Staatsziel bestimmt und mit einem Umsetzungsauftrag im Sinne einer Nachhaltigkeits-Verträglichkeitsprüfung koppelt, scheint den Experten um Berg möglich. Dies sei ein Mittel, um den »Gesetzgeber zu einer staatlichen Langzeitverantwortung zu verpflichten«. Außerdem schärfe es das »Nachhaltigkeitsgewissen« des Gesetzgebers.

Hauptsächlicher Diskussionspunkt der AG: Stellt die Schaffung einer neuen Institution tatsächlich eine nachhaltigere Politik sicher?

Christa Liedtke vom Wuppertal Institut für Klima, Umwelt,

Energie plädiert für mehr Praxisnähe. Sie macht sich für ein »Meta-Label« Nachhaltigkeit stark. Es gebe, so Liedtke, eine Vielzahl von Produktlabeln unterschiedlicher Güte, und da sei es für die Verbraucher kaum möglich, den Überblick zu behalten. Um eine Orientierung von Konsumentscheidungen an einer nachhaltigen Entwicklung zu ermöglichen, diene die Einführung eines Nachhaltigkeitslabels als »Meta-Label« der »transparenten Information der Verbraucher und Verbraucherinnen«, führt Liedtke aus.

»Ziehen Sie aufs Land, dann haben Sie es weiter in die Stadt«

Im Gespräch mit der Kanzlerin lobt Christian Berg Angela Merkel erst einmal, denn die Energiewende sei ein mutiger Schritt. Die Wende werde Strahlkraft entwickeln und Deutschland als Land des nachhaltigen Wachstums etablieren.

Doch das sei nicht genug.

»Nach Schätzungen des Umweltbundesamts geben wir pro Jahr noch mehr als 40 Milliarden Euro für Subventionen aus, die die Umwelt belasten.« Die müssten endlich abgebaut werden. »Wir müssen nicht nur unsere ökonomischen Schulden, sondern auch unsere ›ökologischen‹ Schulden begrenzen.« Deshalb auch die Idee mit der Verankerung der Nachhaltigkeit im Grundgesetz. Als Staatsziel. Für die Überprüfung, ob Gesetze wirklich nachhaltig seien, so Berg, könnte ein demokratisch legitimierter Nachhaltigkeitsrat mit verfassungsrechtlicher Autorität sorgen. Aber was Berg vorschlägt, dürfte nicht ganz geräuschlos umzusetzen sein. »Eine Verfassungsänderung bei der Nachhaltigkeit«, bestätigt Merkel, »das fordern unsere jüngeren Abgeordneten auch.« Sie selber stehe dieser Idee aber skeptisch gegenüber.

Interessanter findet die Kanzlerin die Idee mit dem »Meta-Label Nachhaltigkeit«. »Es fehlt uns ja nicht an Labeln – im Gegenteil, es gibt über 400 davon, aber es fehlt ein allgemeiner Standard, der ein Label als Nachhaltigkeits-Label qualifiziert«, erläutert Berg. Vielleicht könne man den Rat für Nachhaltige Entwicklung damit beauftragen, ein solches Label zu entwickeln, sagt die Kanzlerin. Mal sehen, wie der Vorschlag zum Schluss konkret aussieht, wenn er der Kanzlerin am 28. August 2012 offiziell übergeben wird. Denn die methodischen Probleme bei der Entwicklung eines Meta-Labels sind nicht gering.

Berg spricht noch über eine Entkoppelung von Wirtschaftswachstum und Flächenverbrauch: »Vielleicht könnte man auch die Einführung von Flächenzertifikaten anregen.« Er zitiert aus einer Auto-Werbung: »Ziehen Sie aufs Land, dann haben Sie es weiter in die Stadt!« Und erwähnt, dass die Politik ja auch zum massiven Flächenverbrauch beitrage: »Zum Beispiel mit der Eigenheimzulage und der Pendlerpauschale.«

Nachhaltigkeit als Chance für das Land sichern

Heike Bruch, die Professorin aus der Schweiz, mischt sich in das Gespräch ein. Sie sieht in der Nachhaltigkeit eine Chance für Deutschland. »Auf dem Feld der digitalen Produkte beispielsweise sind wir nicht Vorreiter, aber bei Nachhaltigkeit sind wir es – und diese Vorreiterrolle müssen wir mehr herausstellen.«

Die Berliner Philharmoniker sind auch einzigartig

Klaus Henning hat das Wort. Das Thema seiner AG: »Einzigartigkeit und Standortidentität«. Er sagt, dass wir unseren industriellen Kern bewahrt hätten, dass das etwas spezifisch Deutsches sei: die vielen Familien- und eigentümerbetriebenen Unternehmen. Eine Imagekampagne für den Mittelstand sei denkbar, außerdem müssten Familienunternehmen besser erfasst werden, da müsse es »ein Reporting und Landkarten« geben, die auch die volkswirtschaftliche Bedeutung dieser Unternehmen stärker in den Vordergrund rückten. Was seiner Meinung nach immer noch fehle, sei eine Wertschätzungskampagne für die nichtakademische Facharbeit.

Merkel findet, dass das Verständnis von Einzigartigkeit etwas stark auf Unternehmen konzentriert sei. Beispielsweise sei Bildung, aber auch die Sozialpartnerschaften ein großer Wert mit Blick auf die Standortidentität in Deutschland. Auch sollten die sogenannten weichen Standortfaktoren wie das Gesundheitssystem nicht vergessen werden. Außerdem sei Standortidentität auch Kultur. »Viele Wissenschaftler gehen dahin, wo es ein kulturelles Angebot gibt, wie in Berlin die Philharmoniker.« Auch so etwas sei ein Faktor.

BIP ist kein Maßstab für Zufriedenheit

Dann sind Stefan Bergheim und die von ihm geleitete Arbeitsgruppe dran. Sie heißt inzwischen anders. Sie ist als »Wohlstand und Fortschritt« gestartet, im Laufe der Sitzungen ist dann aber noch die »Lebensqualität« hinzugekommen. Aus guten Gründen. Stefan Bergheim ist Gründer und Direktor der Denkfabrik »Zentrum für gesellschaftlichen Fortschritt« in Frankfurt am Main. Bis 2008 war er bei verschiedenen Banken als Volkswirt tätig, unter anderem bei der Deutschen Bank. Dann ging er sozusagen direkt ins Glück – er gründete sein Fortschrittszentrum, das sich mit dem Thema Lebenszufriedenheit beschäftigt und mit Fragen wie: Was ist das eigentlich: Lebenszufriedenheit, Lebensqualität – jenseits von ökonomischem Wachstum? Jenseits von »Exportweltmeister« und »Innovationsstandort«? Was gibt es da noch, was unser Glück ausmacht und unsere Gesellschaft insgesamt zufriedener machen könnte: Geld? Gesundheit? Bildung?

Was Bergheim macht, nennen manche auch Glücksforschung oder Well-Being-Forschung. Er erzählt: In angelsächsischen Ländern sind solche Fragestellungen längst eine Selbstverständlichkeit.

Bergheim sieht es als seine Aufgabe an, einen Index zu schaffen, in den eine neue Form der Wohlstandsmessung integriert werden kann.

In Australien zum Beispiel stellten sie längst ihre Wohlstandsdaten ins Netz, sie seien einsehbar. Bergheims Meinung: Wir brauchen das auch. Mit dieser Botschaft ist er ins Kanzleramt gekommen.

Seine Arbeitsgruppe ist vielfältig zusammengesetzt. Georg Cremer, Generalsekretär des Deutschen Caritasverbands, dem es vor allem um die Erhaltung des Sozialstaats geht, ist dabei; oder Jan Delhey, ein Forscher von der Jacobs University, der den Zusammenhalt von Gesellschaften erforscht. Mit dabei auch der Magdeburger Volkswirtschaftler Andreas Knabe sowie Denis Huschka, Direktor der »Society for Quality of Life«.

Über so Grundsätzliches wie Glück oder Lebensqualität zu sprechen ist eine Herausforderung. »Was verstehen wir unter Wohlstand und Lebensqualität? Worüber sprechen wir, woran wollen wir konkret arbeiten?«, fragt Bergheim. Schon die Verständigung darüber war nicht leicht, als die Arbeitsgruppe zum ersten Mal zusammenkam. Man habe sich schließlich geeinigt, unter Wohlstand die »materiellen Aspekte« und unter Lebensqualität zusätzlich die »immateriellen Aspekte« des Lebens zu verstehen, erläutert Bergheim. Konkret gehe es ihm darum, gemeinsam neue Kriterien für Lebensqualität im Land zu formulieren und dadurch das Bruttoinlandsprodukt (BIP) sinnvoll zu ergänzen. Denn: Das BIP könne zwar ein Indikator für die gestiegene Quantität und Qualität von auf dem Markt gehandelten Waren und Dienstleistungen sein. Als Gradmesser für die Lebensqualität der Menschen sei es aber nicht gedacht gewesen.

Die gemeinsame Interpretation von Lebensqualität ist auch einer der wichtigsten Aspekte in Bergheims Bericht zum Stand der Diskussionen in der »Kleinen Lage«. Er will mehre Dialogprozesse über Teilhabe und Lebensqualität und ein Berichtssystem zum Thema »Lebenswertes Deutschland« etablieren. Außerdem schwebt ihm ein netzwerkbasiertes Bundesinstitut für Fortschrittsfragen vor. Das wäre wirklich innovativ.

Ein Bundesinstitut für Fortschrittsfragen

Wobei man sich in diesem Punkt in der Arbeitsgruppe bislang nicht einig geworden sei, wie Stefan Bergheim ausführt. Die einen wollten ein interdisziplinäres Netzwerkinstitut mit einem kleinen Stab an Wissenschaftlern, die anderen ein Expertengremium, das alle vier Jahre Gutachten an die besten Experten vergebe, auf dessen Basis dann ein Lebensqualitätsbericht erstellt werde.

»Und daran reiben wir uns«, sagt Bergheim. Merkel: »Und, haben Sie eine Präferenz?« Bergheim: »Ja, das Netzwerkinstitut.«

Weiterbildung als Thema für Tarifverhandlungen?

Dieter Spath, Arbeitsforscher vom Fraunhofer-Institut, sagt: »Wir brauchen radikale Sprünge! Wenn wir teurer bleiben wollen, müssen wir besser sein.« Es gebe einen Wachstumsschub in den Schwellenländern. Bald seien die Menschen dort noch besser ausgebildet, würden sie noch wettbewerbsfähiger. Und das fordere uns heraus, auf ganzer Linie. »Wir können nicht nur Start-ups fördern, sondern wir müssen neuen Ideen, radikal andere Technologien und ihre Möglichkeiten in die etablierten Unternehmen bringen. Dann entsteht die Arbeit der Zukunft, die unseren Wohlstand bezahlt.«

Dazu müssten wir ständig Kompetenzen entwickeln, ja lernen. Die duale Ausbildung müsse gestärkt und das duale System auf die Weiterbildung ausgedehnt werden, und weitergebildet werde heute auch mit neuen Medien, mit E-Learning. »Dadurch erreichen wir, dass Leistungsträger, die in den Betrieben nicht entbehrlich sind, trotzdem an Weiterbildungen teilnehmen können.«

Merkel fragt nach: »Und wer soll die Verantwortung für das

Lernen und die Weiterbildung tragen – die Tarifpartner, die Unternehmen?«

Spath: »Der Unternehmer, aber auch der Mitarbeiter selbst muss immer mehr denken wie ein Unternehmer, er muss selbst sehen, was er braucht, was er lernen muss, um dabeizubleiben.«

Merkel: »Und wo sehen Sie die Rolle des Staates?«

Nun, der Staat habe lange Zeit hauptsächlich die Umschulung gefördert. Jetzt gelte es vielmehr, »dicht am Beruf weiterzubilden«, sagt Spath. Das sei das A und O, vor allem in technischen Berufen. »Wir haben die Weiterbildung zu sehr auf die Soft Skills konzentriert.« Zu lange hätten »Gesprächsführung« oder »Teamarbeit« im Vordergrund gestanden. Das sei natürlich wichtig. »Aber zusätzlich brauchen wir ein viel besseres Verständnis für Systeme, für den technischen Fortschritt. Darauf kommt es bei der Weiterbildung an, dazu muss man die Menschen bringen. Denn weiterbilden – das hört ja nicht auf«, sagt Spath.

Weiterbildung hört nie auf.

Die Mitglieder seiner Arbeitsgruppe hätten sich für eine Initiative zur Entwicklung einer Art Weiterbildungs-Markenzeichen ausgesprochen: »Duales Aus- *und* Weiterbildungssystem«. Das böte die Möglichkeit, in verschiedenen Lebensphasen einen zertifizierten Bildungsabschluss in einem anerkannten Berufsbild zu erwerben oder nachzuholen und sich zudem nahe an oder in der Arbeit zu qualifizieren: »Die Tarifpartner haben sich vor allem auf die Entgeltfrage konzentriert. Wir wollen sie einladen, an Arbeitsgestaltung und technologischem Wandel mitzuwirken«, so Spath.

Regelungen, die atmen

»I love to work in Germany.« Das ist der Arbeitstitel einer Strategie, die sich die Arbeitsgruppe um Heike Bruch ausgedacht hat, eine »Employer-Branding-Strategie«. »I love to work in Germany, das können wir doch gut vernetzen mit der Arbeitsgruppe ›Deutschlands Außenbild‹«, schlägt die Kanzlerin vor.

Heike Bruch will eine »atmende Lebensarbeitszeitregelung«. Hinter der »Atmung« stecke die Möglichkeit, dass Mitarbeitende ihre Arbeitszeit in Bandbreiten variieren und die gewonnene Zeit für Kinderbetreuung oder Pflege, für Weiterbildung und Sabbaticals oder für den fließenden Übergang in den Ruhestand nutzen könnten. Diese individualisierte Lebensarbeitsregelung solle insbesondere einen flexiblen Übergang in den Ruhestand fördern, so Bruch. Das gelte auch für eine freiwillige Verlängerung der Lebensarbeitszeit über die Altersgrenze hinaus.

Damit Ältere weiter arbeiteten beziehungsweise überhaupt eingestellt würden, müsse man ebenfalls Anreize schaffen. Bruch: »Durch die Bezuschussung der Lohnfortzahlungen bei längerfristigen Erkrankungen können wir betriebliche Anreize für die Neueinstellung Älterer ermöglichen.« Merkel ermuntert die Gruppe, weiter nachzudenken. Mit dieser Bitte im Rücken dürfte die Arbeitsgruppe auch an diesem Vorschlag noch etwas Arbeit vor sich haben.

Und dann ist die Zeit um. Die Kanzlerin steht auf, dankt für die Teilnahme, das Engagement der Experten und ist unterwegs zum nächsten Termin.

Die Experten sitzen noch zusammen, Kooperationen werden ausgelotet. Mit Stephan Breidenbach, der als Koordinator des Lern-Themas dabei ist, diskutieren die Kernexperten mögliche Gemeinschaftsvorschläge. Vor allem die radikalen technologischen Veränderungen in der Arbeitswelt, die nicht selten mit Web-Technologien einhergehen, sind ein guter Anknüpfungspunkt. Gemeinsam mit der AG »Digitale Kompetenzen« soll ein Vorschlag für die Qualifizierung mit webbasierten Technologien erarbeitet werden, Stichwort »Zukunft der Arbeit«. Und um die Frage, wie lebenslanges Lernen in Betrieben besser organisiert und möglichst eine Innovationskultur geschafft werden kann, werden sich in den nächsten Wochen die AGs von Dieter Spath (»Zukunft der Arbeit«) und Marion Weissenberger-Eibl (»Innovationskultur«) mit den AGs von Martina Niemann (»Berufliches und lebenslanges Lernen«) sowie die AG von Stephan Breidenbach (»Lernende Gesellschaft«) zusammensetzen und inhaltlich arbeiten.

Nachdem sie durchgeatmet und neue Kooperationen organisiert haben, packen die Experten ihre Unterlagen zusammen. Ihre nächsten Termine im Kanzleramt sind die Treffen mit ihren jeweiligen Arbeitsgruppen. Weiterfeilen an den Vorschlägen.

Nächste Woche, wieder mit der Kanzlerin, geht es um den Themenstrang »Wie wollen wir lernen?«.

Zwischenruf 2

Klaus Henning: Plädoyer für nichtakademische Facharbeit

»Wie stärken wir unsere Stärken?« Das war der Ausgangspunkt meiner Gespräche mit den Mitarbeitern des Stabes für Politische Planung und Grundsatzfragen, nachdem ich das Angebot bekommen hatte, einer von drei wissenschaftlichen Koordinatoren eines breit angelegten Dialoges für Deutschlands nahe Zukunft zu sein. Für mich war und ist der Zukunftsdialog vor allem eine Chance, sich auf die Stärken unseres Landes zu besinnen und diese auszubauen. Und was unsere Schwächen anbelangt: Um ihnen clever begegnen zu können, sollten wir von jenen Bereichen unserer Gesellschaft lernen, in denen wir stark sind.

Grundlage der starken deutschen Wirtschaft ist unsere historisch gewachsene und einzigartige Kombination von Kaufmanns- und Handwerkskunst sowie der Kunst des »Engineering« – ein Know-how, das weltweit nachgefragt wird. Die »Kaufmannskunst« basiert auf der jahrhundertealten Tradition des »ehrbaren Kaufmanns«. Sie ist Grundlage für die Entwicklung eines sozialpartnerschaftlichen Kapitalismus, der sich deutlich vom angelsächsischen Modell des Wirtschaftens unterscheidet und die Grundlage der sozialen Marktwirtschaft darstellt. Die »Handwerkskunst« bezieht sich auf alle Felder der qualifizierten Facharbeit und hat ihren Ursprung in den Gilden. Die weltweit anerkannte deutsche Facharbeit umfasst dabei heute das gesamte duale berufliche System von Industrie über Handwerk bis zu allen Dienstleistungssparten. Das »Engineering« bezieht sich nicht nur auf Ingenieure und das Konstruieren und Gestalten neuer Wirklichkeiten, sondern es geht um die »Fähigkeit des Machens«, die aus einem theoretischen Konzept eine realisierte Anwendung macht, sei es in der Technik, in den Dienstleistungen, in der Gesundheitswirtschaft.

Im Gegensatz zu manchem anderen hochentwickelten Land haben wir die Weiterentwicklung von Industrie und Technologie nie vernachlässigt. Die Kombination unserer industriellen Kerne in Kombination mit Wissens- und Dienstleistungsprodukten ist die entscheidende Grundlage für die Branchen, in denen wir Weltmarktführer sind. Darum beneiden uns viele – insbesondere nach der Weltwirtschaftskrise 2008.

Das Prädikat »Made in Germany« entwickelt sich zunehmend zur Marke »Enabled by Germany«: Deutschland wird zum Spezialisten für die hochkomplexen industriellen und infrastrukturellen Entwicklungsprozesse auf der ganzen Welt, die nachhaltig gestaltet werden müssen.

Deutschland kombiniert dabei wie kaum ein anderes Land die traditionellen Tugenden der Verlässlichkeit und Genauigkeit mit Schnelligkeit und Flexibilität und liefert hochspezialisiert Teile, Komponenten und nachhaltige Systemlösungen in die ganze Welt.

Musterbeispiel dafür sind die deutschen Familienunternehmen, von denen der größte Teil eine mittelständische Struktur hat: Unsere Familienunternehmen stellen circa zwei Drittel aller Arbeitsplätze und mehr als 80 Prozent aller Ausbildungsplätze in Deutschland. Es sind gerade diese Unternehmen, die »heimlichen« Weltmarktführer, die das Rückgrat der deutschen Wirtschaft bilden – und auf deren Stärke es auch in Zukunft ankommen wird.

Doch wie bewahren wir uns dieses einzigartige Unternehmertum? Woher kommen in Zukunft diese besonderen Unternehmertypen, die unbeirrt ihren Weg gehen, häufig jahrelang an einer Idee feilen und tüfteln, um schließlich mit innovativen Produkten den Weltmarkt zu erobern? Sind es genügend? Werden die »Anfänger« genügend von »alten Hasen« unterstützt? Und wie ist es mit dem Generationswechsel? Viele Familienunternehmen haben Schwierigkeiten, eine Nachfolgerin oder einen Nachfolger zu finden. Die Nachfolger brauchen die gleiche Leidenschaft für die Sache und die Menschen wie die Gründer. Ohne diese Leidenschaft und ohne diesen unternehmerischen Innovationsdrang würde unser Land an einem entscheidenden Punkt geschwächt. Mittelfristig würden wir unsere hervorragende Stellung im Weltmarkt einbüßen. Für die Gestaltung unserer Zukunft brauchen wir deshalb verstärkt Innovations-Experimentierräume, in denen Kreativität, Risikobereitschaft, Fehlerfreundlichkeit und eine Kultur der Selbständigkeit eingeübt werden können – und das in allen Lebens- und Altersphasen – vom Kindergarten bis in die Rentenphase.

Entgegen aller Unkenrufe sind unsere Stärken im weltweiten Vergleich in der anwendungsorientierten Forschung und Entwicklung nach wie vor offensichtlich. Doch unsere Stärken liegen ebenso im dualen Berufsausbildungssystem, das unsere einzigartige Stellung durch qualifizierte Facharbeit in Handwerk, Industrie und Dienstleistungen sicherstellt. Da sehe ich viel größere Probleme auf uns zukommen als bei der Suche nach qualifizierten Ingenieuren oder Ärzten. Wir haben derzeit einen unguten Trend, dass am besten alle Akademiker werden sollen – und genau das geht zu Lasten qualifizierter Facharbeit. Wir sind gerade dabei, vermehrt arbeitslose Akademiker zu produzieren, während wir eigentlich gut ausgebildete Facharbeiter für moderne, technikgetriebene Berufe bräuchten, zum Beispiel Mechatroniker, Installateure oder Schweißer. Von Dienstleistungsberufen, zum Beispiel im Pflegebereich oder in Kindergärten, ganz zu schweigen.

Im Zukunftsdialog setze ich mich deshalb nachdrücklich für eine verbesserte Wertschätzung der nichtakademischen Facharbeit ein. Wir müssen diese Berufsfelder attraktiver gestalten und darüber diskutieren, wie sich das sinnvoll schon in der Schule verankern lässt. In diesem Zusammenhang sehe ich generell Bildung als einen bisher vernachlässigten Exportzweig. Warum exportieren wir nicht Bildung, und zwar von der beruflichen bis zur akademischen Bildung? Warum verkaufen wir Bildung nicht wie Schrauben? Zumal genügend konkrete Anfragen vorliegen. Boom-Staaten wie Indien stehen heute vor der großen Herausforderung, breiten Bevölkerungsschichten eine Schulbildung zu ermöglichen. Das wäre eine Aufgabe für Deutschland. Da fehlt es uns an Schlagkraft im amerikanischen Stil.

Der Zukunftsdialog ist eine ausgezeichnete Möglichkeit für die Politik, gemeinsam mit Experten nach Lösungen zu suchen, wie wir eine Innovationskultur im Land schaffen, wie wir dabei nachhaltig wirtschaften und auch angesichts des demografischen Wandels leistungs- und konkurrenzfähig bleiben. Ich erlebe den Dialog als einen Ort der konstruktiven Zusammenarbeit. Faszinierend ist, wie sich in den unterschiedlichen Gruppen und Themenfeldern immer wieder Querschnittsthemen ergeben. Die Arbeit mit den anderen Experten gleicht der Erstellung einer interaktiven Landkarte, in der man Deutschlands Stärken aus unterschiedlichen Blickwinkeln sehen kann. Es ist schon erstaunlich, wie zum Beispiel der Begriff »Vorbild« sowohl in der Familie als auch im Beruf und beim Lernen eine zentrale Rolle spielt.

Beeindruckt hat mich, wie klar es allen ist, dass wir nicht zu Lasten der nächsten Generationen leben dürfen. Wir haben, relativ gesehen, in Zukunft wenig junge Menschen. Dieser demografische Wandel verändert die gesamte Alters- und Beschäftigungsstruktur unseres Landes. Dies verlangt nicht nur nach entschlossenen Maßnahmen, sondern macht generationengerechte Politik noch dringlicher. Ein erfolgversprechender Ansatz ist dabei eine lebensphasenorientierte Arbeitszeitregelung, die den Erwerbstätigen aller Altersgruppen Flexibilität einräumt, um ein engagiertes Arbeiten in allen Lebensphasen, also auch im Alter, zu ermöglichen.

Ich bin begeistert, wie in den Monaten des Dialogs ein Rad in das andere greift – der Expertendialog, der Bürgerdialog mit seiner Internetplattform und die »Live-Dialoge« der Bundeskanzlerin mit Bürgern – und alle sind auf der Suche nach den besten Lösungen für unser Land. Berührt hat mich, mit welchem Nachdruck sich die Teilnehmer mit einer Zuwanderungsbiografie als Deutsche für ihr Gemeinwesen engagieren und wahrgenommen werden wollen. Ich wünsche mir, dass Deutschland in diesem Sinne noch einwanderungsfreundlicher und integrativer wird – als Teil des Traums eines Europas, das auf Basis seiner christlichen Werte seine Zukunft gestaltet. Dazu möchte ich Mut machen: Es lohnt sich, die Zukunft Deutschlands als Teil Europas mitzugestalten! Ich lebe gerne in diesem Land, und ich weiß: die überwältigende Mehrheit meiner Mitbürger auch.

3. Wie wollen wir lernen?

Essen gegen Arbeit

Paul plant, im Sommer nach Schweden zu gehen, für drei Wochen. Es darf nicht mehr als 150 Euro kosten. 150 Euro für drei Wochen, alles inklusive: Fahrt, Essen und Übernachtung. Das kann eng werden. Clara ist mit zwei Mitschülerinnen und einer Lehrerin nach Rügen gefahren, mit dem Fahrrad und dem Zelt. Sie haben bei Leuten geklingelt und gefragt, ob sie auf dem Grundstück zelten dürfen und ob sie etwas helfen können. Arbeit gegen Essen. Sie durften auch nur die 150 Euro mitnehmen. Es ging. Ohnehin ist es erstaunlich, wie weit man mit 150 Euro kommt. Und wie nett die Menschen sind. »Manche haben uns nicht nur auf ihrer Wiese übernachten lassen, die haben morgens auch Brötchen gebracht«, sagt Clara.

Sie ist in der 10. Klasse, sitzt an diesem Montag im Februar 2012 neben Paul in der ersten Etage im Evangelischen Schulzentrum in Berlin-Mitte und berichtet den Zuhörern von ihren Herausforderungen. Die Schüler des Evangelischen Schulzentrums machen in jedem Schuljahr ein »Projekt Herausforderung«. Es gibt keine Klassenfahrten, keine Studienreisen. Es gibt Herausforderungen. Während Schüler aus anderen Städten und Schulen Reisen nach Rom, Paris oder zum Skifahren unternehmen, sollen diese Kinder sich selbst kennenlernen.

Nicht das Einzige, was das Evangelische Schulzentrum in Berlin-Mitte von anderen Schulen unterscheidet. Was die Schule nicht ist: Sie ist nicht besonders hübsch. Das Gebäude an der Wallstraße in Berlin-Mitte ist einer jener typischen Neubauschulen: Plattenbau vom Erdgeschoss bis unters Dach. Kaum vorstellbar, dass sich dahinter eine Reformschule verbirgt, dass hier ein ungewöhnliches

Reformprojekt seine Kreise zieht. Die Oberfläche ist wohl nicht das Entscheidende.

An diesem Montag ist wieder Lehrerfortbildung. Margret Rasfeld, die Rektorin der Evangelischen Schule, spricht. Die Lehrer sind aus Göttingen, aus Salzburg oder aus Hamburg angereist, heute ist es eine kleine Gruppe, manchmal sind es bis zu 90 Lehrer. Sie wollen sehen, wie das geht oder wie es auch gehen kann: das Lernen. Margret Rasfeld stammt aus dem Ruhrgebiet, das hört man, sie macht keine großen Worte.

Sie bleibt bei der Vorstellung ihrer Schule nüchtern, aber engagiert. Sie sagt: »Wir brauchen in Zukunft keine Pflichterfüller, wir brauchen begeisterte Gestalter.« Das Maschinenzeitalter liege hinter uns. Nur Aufgaben erfüllen, das werde nicht mehr reichen. Gefragt seien kreative, schöpferische Kräfte – und soziale Kompetenzen. Im 21. Jahrhundert komme es auf Menschen an, die nicht nur mit Unsicherheiten umgehen könnten, sondern es brauche Menschen, die eine Idee hätten, die »innovationsfähig« seien. Die also Dinge machten, die bisher keiner gemacht habe.

»Jedes Kind ist hochbegabt«

Reicht es in der heutigen Zeit, vor allem Unmengen an Schulstoff zu vermitteln? Für Margret Rasfeld ist das ausgeschlossen. Die Schülerinnen und Schüler sollten ihre Potenziale entwickeln. Sie sollten nicht nur Stoff wiedergeben können. Lehrer sollten nicht permanent Defizite bekämpfen, sondern erkennen, welche besondere Fähigkeit in Kindern stecke. »Jedes Kind ist hochbegabt, jedes Kind ist exzellent – und zwar jedes auf seine Weise.«

Rasfeld erläutert, wie sie in der Wallstraße Schule machen: Die Kinder haben von der 7. bis 9. Klasse zusammen Unterricht, es sitzen maximal 26 Kinder in der Klasse, sie haben zwei Klassenlehrer, die sich um jeweils 13 Schüler kümmern, es gibt regelmäßig fest eingeplante Gespräche mit jedem Schüler. »Lernen geht über Beziehung«, sagt Rasfeld. Dafür müsse die Klassengröße überschaubar sein. In einer normalen Oberschule sähen die Lehrer bis zu 200 Schüler täglich. Rasfeld: »Wie soll da eine Beziehung aufgebaut werden?« Beziehung sei aber der erste Schritt, um das Lernen zu fördern. Wer sich nicht aufgehoben und verstanden fühle, werde die Schule nicht so gerne von innen sehen wollen. Sie sagt: »Dreißig Prozent der Schüler in Deutschland gehen mit Angst in die Schule.« Und Margret Rasfeld erklärt: Natürlich machen sie im Evangelischen Schulzentrum auch Mathe, Deutsch oder Englisch, sie lernen in sogenannten »Lernbüros« und tragen in »Lerntagebüchern« zusammen, was so alles den Weg in ihren Kopf gefunden hat. Noten gibt es bis zur 9. Klasse nicht. Rasfeld meint, dass im Bildungssystem viel zu viel auf Kontrolle basiere. Es werde mehr kontrolliert als ermöglicht. Es müsse aber um »Wertschätzung« gehen, nicht um Kontrolle. »Wertschätzung heißt für mich: Ich traue meinen Schülern etwas zu.«

Neu an Schulen: Sprachbotschafter und Lerntagebücher

Rasfeld wirft ihre Schüler ständig ins kalte Wasser, und dabei, so erzählt sie, entstünden faszinierende Ideen.

Zum Beispiel: Das ganze Land klage über mangelnde Sprachkenntnisse bei Kindern, vor allem auch bei Kindern mit Migrationshintergrund. In Rasfelds Schule kamen sie deshalb auf die Idee mit den Sprachbotschaftern: Sie schicken Schüler aus der 7. und 8. Klasse in Kindergärten und Kindertagesstätten, sie machen Deutschunterricht, sprechen mit den Kita-Kindern, vertiefen ihr eigenes Wissen – und erleben, wie das ist, wenn man »soziale Kompetenz« tatsächlich lebt.

Ältere lernen von Schülern

Rasfeld ist überzeugt: Diese Art des neuen Lernens funktioniert auch außerhalb der Schule. Zum Beispiel in anderen Bildungseinrichtungen. Oder auf dem Fortbildungsmarkt. Soziale Kompetenzen – kaum ein Unternehmen oder Arbeitgeber, der das heute nicht von seinen Mitarbeitern fordert. Aber wie geht das, sozial kompetent sein? Wie lernt man das? An der Wallstraße hätten sie dafür ihr »Projekt Verantwortung«, sagt Margret Rasfeld. Jeder Schüler engagiere sich verpflichtend für zwei Stunden die Woche bei einem sozialen Projekt. Das könne Kochen im Altenheim sein, Spielen in der Kita oder auch mal ein Computerkurs für Senioren.

Rasfeld erzählt vom nachhaltigen Erfolg des Kurses: Ein paar Schüler hatten die Idee, eine PC-Schulung für Alte anzubieten. Sie verteilten in der Stadt Zettel, und plötzlich standen die Senioren in der Schule. Es waren Alte, die sich nicht trauten, in die Volkshochschule zu gehen, die nicht mal wussten, wie ein Computer angeht, geschweige denn, wie eine Mail geschrieben wird. Aber von Siebtklässlern ließen sie sich gerne das Gerät erklären. Inzwischen läuft der Kurs im sechsten Jahr. Nebeneffekt: Jung und Alt machen etwas gemeinsam.

Schüler, davon ist Rasfeld zutiefst überzeugt, lernen dadurch das Erklären. Sie vertiefen ihre eigenen Kenntnisse – und eignen sich dabei soziale Kompetenz an. Das Problem, so Rasfeld, sei für viele, dass man das alles nicht benoten könne. Aber es seien Erfahrungen, die für junge Menschen von tiefer Bedeutung seien. Sei denn Lernen nur Stoffvermittlung, nur Mathe-Lernen? Zumal in der Schule? Könne Lernen nicht auch froh machen? Rasfeld sagt, es seien zwei Dinge, die Menschen brauchten, um sie glücklich zu machen: eine Aufgabe, an der man wachsen könne – und die Gemeinschaft mit anderen.

3000 Schulleiter und Lehrer haben sich bereits von Margret Rasfeld die Schule zeigen lassen. Rasfeld ist nun mit ihrer Idee auch ins Kanzleramt gekommen. Als Expertin für sozialen Kompetenzerwerb und unorthodoxes Lernen.

Die Lern-Skeptiker

Es gibt da allerdings eine nicht unerhebliche Hürde. Die Bundeskanzlerin kann beim Thema Schule nicht viel machen. Schule ist Ländersache. Die Kanzlerin kann anregen, und sie kann Empfehlungen an die Kultusministerkonferenz weiterleiten. Trotzdem wurde beim Expertendialog ein ganzer Themenstrang aufgesetzt: »Wie wollen wir lernen?«. Denn es gibt noch viele andere »Lernorte«.

Achtzig Millionen Menschen als lernende Organisation

Das übergreifende Thema Lernen wird zusammengehalten von Professor Stephan Breidenbach, von Hause aus eigentlich Jurist. Aber höchst engagiert beim Thema Lernen, bei der Nutzbarmachung neuer technischer Möglichkeiten wie des Internets. Und immer dabei, innovativen Initiativen zum Erfolg zu verhelfen. In seinem Themenstrang geht es unter anderem darum, wie in Unternehmen gelernt wird, wie Skeptiker zum Lernen motiviert werden, wie in digitalen Welten gelernt wird. Und auch darum, wie soziale Kompetenz vermittelt wird.

Er selbst leitet auch eine AG: Mit ihr hat er sich vorgenommen zu klären, wie eine ganze Gesellschaft lernen, hinzulernen kann. Und wie man das fördern kann. Achtzig Millionen Menschen als lernende Organisation. Die Latte liegt hoch.

Gemeinsinn und soziale Kompetenz

Wie es sich für engagierte Pädagogen gehört, hat die Gruppe »Gemeinsinn und soziale Kompetenz« ihren eigenen Lehrplan entwickelt. Während in anderen Gruppen spätestens nach der ersten

Kaffeepause das erste Brainstorming für mögliche Vorschläge läuft, diskutiert Rasfelds Gruppe noch am zweiten Tag mit dem Moderator, was genau eigentlich ein Vorschlag ist.

Stephan Breidenbach sagt: »Wir müssen zunächst einen Kriterienkatalog für gutes Lernen entwickeln.« Wie sollen wir lernen, was sollen wir lernen? In diesem Katalog solle, so Breidenbach, auch stehen, welche außerschulischen Lernorte es gebe. Und wie viele entscheidende Dinge der Mensch außerhalb des Klassenzimmers lerne? In den »Communitys«, bei seinen Freunden, in Vereinen, in der Familie. Inwieweit seien diese Orte überhaupt als Lernorte anerkannt?

Entscheidendes an außerschulischen Lernorten

Wobei in dieser Gruppe Folgendes unterschieden wird: Das formale Lernen, das findet in Schulen statt, und das *informale* Lernen, das findet im Verein statt, im Ehrenamt. Als Erweiterung gibt es noch das *informelle* Lernen, das eher auf der Straße, in den Peergroups, im Alltag stattfindet. Vor allem die formalisierten Lernorte wie Schule, Berufsschulen, Universität oder auch Kindergärten bedürfen einer Renovierung, davon ist die Mehrheit der AG-Mitglieder überzeugt.

Erfahrungen, die unter die Haut gehen

Ein Mitarbeiter vom Planungsstab will auf der Sitzung im Kanzleramt zunächst klären: »Wo endet die Selbstverantwortung? Und wo fängt sie an?« Wo sei der Einzelne für sein Lernen selbst verantwortlich, wo der Lehrer, wo der Betrieb? Die Experten wollen eher das »Wie« klären: Wie lernen wir? Und das gehe nur mit Gefühl. »Wenn wir ohne Emotionen lernen, lernen wir nichts«, sagt Daniela Kobelt-Neuhaus von der Karl-Kübel-Stiftung für Kind und Familie. »Wir brauchen Erfahrungen, die unter die Haut gehen«, ergänzt Rasfeld. Damit meine sie nicht eine Fünf in Physik. Sondern das Sich-selbst-Erleben als verantwortlich handelndes menschliches Wesen. Ob die Schüler nun über Brandenburgs Flüsse mit einem Floß schipperten, mit dem Fahrrad zur Ostsee tourten oder wie andere Schüler mit Senioren aus einem Altenheim lernten, wie es sei, mit einem Rollstuhl durch Berlin zu fahren.

Auch diese AG landet rasch beim »Großen Wurf«: »Wir brauchen eine allgemeine Neustrukturierung des Lernens mit Kriterien des Lernens und eine Neuausrichtung der beruflichen Bildung«, sagt Christine Henry-Huthmacher von der Konrad-Adenauer-Stiftung: »Angesichts der hohen Zahl der Jugendlichen ohne Schul- und Berufsabschluss müssen wir über die Neuausrichtung der Übergangszone nachdenken.« Die Lernmotivation der Jugendlichen mit schulischen Lernschwierigkeiten, so Henry-Huthmacher, könne vor allem durch produktives, also praktisches Lernen gesteigert werden.

Der eine oder andere nickt zustimmend. Doch die Gruppe will nicht nur das formale Lernen stärken. Das Lernen im Ehrenamt, im Dienst am Menschen, dieses Lernen müsse weit mehr gefördert werden, meinen die Teilnehmer. Jemand berichtet von der Gruppe »Bürgerbeteiligung«, die innerhalb des Zukunftsdialogs für die Verankerung des bürgerschaftlichen Engagements den modern klingenden Begriff »Civicness« erschaffen hat. »Civicness« als Haltung, als Leitidee für den mündigen, aufgeklärten und engagierten Bürger. Es wird eine Querverbindung zur Arbeitsgruppe »Bürgerbeteiligung« von Oscar Gabriel angeregt. Die Experten beider Gruppen werden im weiteren Verlauf des Dialogs darüber diskutieren, wie sich Ehrenamt, wie sich eine neue Haltung in der Gesellschaft durchsetzen könnte. Rasfelds Schüler, die in ihren Projekten Verantwortung übernehmen, sind das Vorbild. Denn ihr frühes soziales Engagement kann das Fundament auch für späteres Handeln dieser Art legen.

Die Bildungsrede

Eine Idee scheint alle in der Arbeitsgruppe zu faszinieren. Es ist die Idee einer jährlichen Bildungsrede der Kanzlerin. Nach Meinung der Experten solle es eine Art Back-to-School-Rede sein wie die des amerikanischen Präsidenten, die in den USA zur Tradition geworden sei. »Die Kanzlerin könnte die Rede auch zusammen mit einem Schüler halten, gemeinsam auf der Bühne«, sagt Margret Rasfeld. Die Experten einigen sich auf eine Rede an die Nation mit einer anschließenden Diskussion mit Jugendlichen – auch als Zeichen: Die Jugend wird miteinbezogen. Auf jeden Fall ist es eine konkrete Idee, was die Kanzlerin tun könnte. Die Arbeit geht weiter.

Potenzialentwicklung und selbstverantwortliche Lebensgestaltung

Er wählt den Vergleich mit dem Eseltreiber: Damit sich der Esel bewege, müsse ihm der Treiber immer schmackhaftere Möhren hinhalten. Und wenn das nicht mehr klappe, greife er zur Peitsche. Und dann denke der Esel: Gut ist es, wenn er nicht schlägt. Also mache ich, was der Treiber will. »Bei diesem Verfahren wird der Esel immer besser beim Ergattern der Belohnungen und beim Vermeiden der Bestrafungen, und im Hirn wachsen ihm zunehmend effizientere Verschaltungen für beides.« Gerald Hüther, Hirnforscher und Neurobiologe an der Universität Göttingen, lässt keinen Zweifel daran, dass er das System aus Belohnung und Bestrafung für überholt hält. »Das mag im Maschinenzeitalter noch funktioniert haben.« Der Mensch – genauso zuverlässig, genauso pünktlich, genauso akkurat und am besten genauso fehlerfrei wie die Maschinen. Das ist für Hüther kein Modell für die Zukunft.

»Über-sich-Hinauswachsen«

Gerald Hüther hat in Leipzig Biologie studiert. Ende der 1970er Jahre floh der gebürtige Thüringer aus der DDR über Jugoslawien in die Bundesrepublik nach Göttingen und wurde dort an der Universität 1988 als Mediziner habilitiert – mit dem Schwerpunkt Hirnforschung. Inzwischen schreibt er auch populäre Sachbücher und gilt als ein wichtiger Ratgeber, gerade auch, was die Entwicklung von Kindern und das Glück der Menschen betrifft.

Erfüllt seien, so sagt Hüther, Menschen heute, wenn sie in der Gemeinschaft mit anderen über sich hinauswachsen könnten. »Wer das erleben darf, ist glücklich«, meint Hüther. Doch dieses Über-sich-Hinauswachsen, diese Begeisterung über ein Tun, das verdorre mit den Jahren. Für kleine Kinder sei alles noch groß, neu und »bedeutsam«. Wer älter werde, wisse, »wie der Hase läuft«. Man mache seinen Job, aber vieles habe seinen Reiz verloren. Deshalb wolle er »die Fackel der Begeisterung wieder zum Lodern bringen«. Weil es im Wissenszeitalter »Entdecker und Gestalter« brauche. Deshalb engagiere er sich unter anderem in der »Sinn-Stiftung«. Sie unterstütze Projekte und Initiativen, »die deutlich machen, wie es gelingen kann, dass Menschen gemeinsam über sich hinauswachsen«. Mit dieser Botschaft hat er sich auch auf den Weg ins Kanzleramt gemacht.

»Die Fackel der Begeisterung wieder zum Lodern bringen«

Das Hirn, das zu unserem Leben passt

Die Gruppe, die sich an diesem Oktobertag 2011 im Kanzleramt versammelt, hat etwas Visionäres. Von Anfang an ist ihr klar: Wir müssen es anders machen. »Anders machen« ist Programm bei Hirnforscher Gerald Hüther. »Potenzialentfaltung und Selbstwirksamkeit« heißt die Gruppe.

»Menschen besitzen ein weitaus größeres Potenzial, als es tatsächlich in ihrem Lebensumfeld gebraucht wird«, sagt Hüther. Wir könnten einiges mehr. Aber, und das betreffe alle, wir bekämen das Gehirn, dass zu uns passe. Das Gehirn entwickele sich so, wie wir aufwüchsen, welche Schule wir besuchten, was Eltern und Lehrer uns einbläuten. »Und am Ende haben wir ein Gehirn, das zu der Welt passt, in der wir leben.« Man neige dann dazu, in dieser Welt bleiben zu wollen, in der man sich einigermaßen zurechtzufinden gelernt habe.

Und wegen der »hierarchischen Ordnungsstrukturen«, die wir in vielen Bereichen des Lernens, Arbeitens und der Politik geschaffen hätten, bleibe wenig Platz für »Potenzialentfaltung«. Um dieses Wort kreist Gerald Hüther. Darauf kommt er immer wieder zurück.

Da wäre mehr drin. Wie gesagt: »Das Gehirn kann immer noch und jederzeit komplexere Verschaltungsmuster ausbilden.« Und das gelte für jedes Lebensalter. »Ganz ohne Brain-Jogging, Auswendiglernen oder Rätselspiele.« Es gehe aber nur über Gefühle. Es gehe nur, wenn man einen emotionalen Zustand anspreche, wenn man sich für etwas begeistere. Das ist Hüthers Mantra. »Die Begeisterung führt zur Freisetzung neuroplastischer Botenstoffe im Gehirn, und die bringen Nervenzellen dazu, neue Verschaltungen aufzubauen.« Der schönste Beweis dafür, wie sich das Gehirn an das anpasse, was man mit Freude mache, sei das Handy. Durch das SMS-Schreiben habe sich bei 16-Jährigen die Regulation der Daumenbewegung im Gehirn nachweislich verbessert. Sie wollten immer wieder eine SMS schreiben, sie seien begeistert davon, es wecke eine Emotion. Und das Gehirn ziehe nach, passe sich den Tätigkeiten an, selbst wenn es nur das Handytippen sei.

Deshalb ist Hüther auch nicht gut auf die Schule zu sprechen: »Junge Menschen haben wenige Monate nach dem Abitur nur noch zehn Prozent von dem im Kopf, was sie 13 Jahre lang gelernt haben.« Im Grunde sei dies die reine Geldverschwendung. Das menschliche Gehirn werde nun mal nicht durch Sachwissen geformt.

Angeborene Entdeckerlust wecken

Hüthers Hoffnung: Hier im Bundeskanzleramt wird vielleicht der Motor angeworfen für seine Vision vom Lernen in der Zukunft. Das Kanzleramt sei ein Resonanzboden. Wir sollten alle Lust darauf bekommen, Gestalter unseres eigenen Lebens zu sein. Hüther will Potenziale heben. »Man muss den entgeisterten Menschen helfen, zu ihrer angeborenen Entdeckerlust und Gestaltungsfreude zurückzufinden.«

Gleichzeitig frei und verbunden sein

Wie man in fünf bis zehn Jahren lernen will, ist die Frage, um die es im Zukunftsdialog geht. Wenn es nach Hüther geht, dann geht es nicht mit Notendruck, nicht mit Zwang, sondern nur über günstige Erfahrungen, über Begeisterung. Ein Mitarbeiter des Kanzleramtes will wissen, was er mit einer »günstigen Erfahrung« bei Kindern meine. »Günstig ist«, antwortet ihm Gerald Hüther, »wenn ein Kind zwei Erfahrungen macht: Erstens Verbundenheit, also sich angenommen und zugehörig fühlen zu können, sowie zweitens Wachstum, Autonomie und Freiheit, also Herausforderungen zu erleben, die ein Kind meistern lernt.« Das seien zwei günstige Erfahrungen. »Ein Kind müsste sich gleichzeitig frei und verbunden erleben. Wenn diese beiden Grundbedürfnisse gestillt werden, kann das Kind sein Potenzial entwickeln.«

Ungünstig sei es allerdings, wenn Kinder als Objekt einer Erwartungshaltung groß würden, so Hüther mit einem Seitenhieb auf manche Eltern. Wer sein Kind zum »Projekt« mache, es mit Erwartungen überhäufe, jeden Schritt, jede Hausaufgabe, jeden Freund, jedes Erlebnis kontrolliere, raube ihm wichtige »günstige« Erfahrungen.

Er kommt zurück auf die Schule: »Wenn Schüler wissen, wofür

sie lernen, dann sind sie auch bereit zu lernen«, sagt Hüther. Für ihn sei das kein schöngeistiges Luxusdenken. »Vielleicht müssen wir mal mit harten ökonomischen Messdaten da rein, denn was bedeutet es für eine Volkwirtschaft, wenn nur ein einziger Mathelehrer jedes Schuljahr mindestens 20 oder 30 Schülern den Unterricht vermiest und ihnen die Lust an Mathematik raubt?« Ihnen vielleicht sogar vorenthalte, wie man das Lernen lerne? Weil er es ihnen nach allen Regeln der Kunst vermiese?

Die Frage sei also auch: Kann sich eine Volkswirtschaft begeisterungsloses, falsches Lernen auf Dauer wirklich leisten?

Klavierspielen ohne Leiden?

»Okay, Lernen muss Spaß machen, aber Lernen ist doch auch Mühe«, versucht der Augsburger Soziologe Fritz Böhle die Begeisterung im Raum etwas zu dämpfen. Wie sei das denn mit dem Erlernen eines Musikinstruments? Reiche es da, von der Geige begeistert zu sein, um sie zu beherrschen? »Für mich gehört neben der Grundbegeisterung fürs Klavier auch ein Leidensprozess dazu«, sagt Böhle. Und Kay Senius, Regionaldirektor der Bundesagentur für Arbeit in Sachsen-Anhalt, ist zwar angetan vom Gedanken, sich weniger an den Defiziten von Menschen zu orientieren als an ihren Talenten. »Aber funktioniert dann unsere Gesellschaft noch?«

Künstler als Vorbilder

Fritz Böhle vom Institut für sozialwissenschaftliche Forschung in München hat zwei Begriffe ins Kanzleramt mitgebracht. Der eine ist »Umgang mit Ungewissheit«, der andere das »Gespür«. Ein Gespür für etwas haben. Auch wenn der Begriff »Gespür« etwas aus der Zeit gefallen zu sein scheine, habe er für Böhle eine enorme Bedeutung, und nicht nur für kreative Menschen. »Ich kenne das von chemischen Anlagen und Maschinen, da brauchen Sie ein Gespür für die Trägheit einer Maschine: welche Geräusche sie macht, wann es zu lange dauert, wann etwas nicht stimmt.« Diese Art Intuition, dieses Gespür solle nicht belächelt werden, es sei »ein Körperwissen«. Und: »Gespür kann man lernen.« Auch das gehe nur über das Erfahren, es sei ein erfahrungsgeleitetes Lernen.

Der Umgang mit Ungewissheit dagegen entwickele sich zu einer Kernkompetenz im 21. Jahrhundert. »Statt immer mehr Gewissheiten treten lauter neue Ungewissheiten auf.« Das sei ein Kennzeichen unserer Zeit. Auch eine Folge des Abschieds vom Maschinenzeitalter hin zur Dienstleistungsarbeit. Und vieles übernehme ohnehin der Kollege Computer. »Was beherrschbar und berechenbar ist, können Sie heute per Computer machen.« Aber der Mensch werde wichtig, »wo die Beherrschtheit an Grenzen stößt« – wenn es ungewiss werde, wenn »Gespür« ins Spiel komme, vielleicht sogar lebenswichtig werde.

Kreativ im Umgang mit Ungewissheiten

Böhle stellt Fragen in den Raum: Wo genau lernt man das, den Umgang mit Ungewissheiten? Wie bleibt man handlungsfähig, wenn alles ungewiss ist? Der Arbeitsplatz – nicht immer sicher. Die Währung – ständig in Gefahr. Die Energieversorgung – teuer. Stabilitäten scheine es nicht zu geben. Nichts sei mehr so richtig sicher, früher scheine alles stabiler gewesen zu sein. Die Menschen heute seien chronisch verunsichert.

Für den Soziologen Böhle ist das kein Grund zum Trübsalblasen. »Vielleicht ist Ungewissheit genau jene Voraussetzung, die man braucht, damit sich neue Potenziale entwickeln.« Künstler seien dafür die besten Beispiele, sagt er. Ein Künstler, Maler, Schriftsteller oder Musiker stehe ständig vor Ungewissheiten. Kunst basiere auf Ungewissheit, auf einem leeren Papier, auf einer leeren Leinwand. Immer. Diese Ungewissheit befeuere die schöpferische Kraft und nicht zuletzt auch die Fähigkeit zur Improvisation.

Das sei wie bei der Trompete, sagt Böhle, und zitiert einen ganz Großen. Der Jazztrompeter Miles Davis sei einmal gefragt worden: »Gibt es beim Improvisieren einen falschen Ton?« Und Miles Davis habe geantwortet: »Das kommt auf den nächsten Ton an.«

»Okay«, sagt Stephan Breidenbach, »wir brauchen also diese Improvisationskompetenz. Wie bringen wir sie auf den Weg?«

Gerald Hüther ist für eine Ergänzung des Bildungssystems. Mehr und intensiver solle Erfahrungswissen vermittelt werden. Und weil er nicht an den Veränderungswillen der Schulen glaubt, hofft Hüther auf die Wirtschaft, auf die einzelnen Unternehmen. Wenn diese von ihren Bewerbern mehr Erfahrungswissen verlangten, wenn diese generell ihre Auswahlkriterien änderten, dann könne sich »im schwer ächzenden System der Schule« etwas ändern. Die Wirtschaft brauche doch Menschen, die mit Ungewissheiten umgehen könnten, und deshalb müsse von den Unternehmen das Signal ausgehen: »Versorgt Kinder und Jugendliche mit Erfahrungswissen!« Dann komme eine Änderung ganz automatisch in Gang.

Bewerber nicht nur nach Noten auswählen

»Erfahrungsbezogenes Wissen heißt doch, dass Sie einen Praxisbezug installieren müssen«, sagt Günter Walden vom Bundesinstitut für Berufsbildung (BIBB). »Nein, wir müssen vor allem die Praxis bei den Bewerbungen ändern, wenn beispielsweise ein Unternehmen nicht ein Zeugnis verlangt, sondern eben ein Lernportfolio«, widerspricht Breidenbach.

Das ist der andere Begriff, den man als AG-Mitglied bei Hüther lernen muss: »Lernportfolio«. Schüler und Studenten sollten nicht mehr mit Zeugnissen und Noten bewertet werden, sondern mit einem selbst gestalteten Lernportfolio. Es könne auch Logbuch oder Lerntagebuch heißen.

Er erklärt: Darin steht dann, was der Bewerber alles gemacht hat, wie er sich mit Themen auseinandergesetzt hat, was er dabei gelernt hat – alles geschildert aus seiner Sicht.

In einem Portfolio dokumentiere der Schüler seinen eigenen Lernprozess in kurzen Texten, sagt Breidenbach. Und fährt fort: »Unsere Studierenden an der Humboldt-Viadrina School of Governance führen bereits ein Portfolio.«

Fritz Böhle will vom BIBB-Mann Walden wissen: »Gibt es mit so etwas Erfahrungen beim BIBB?« Antwort: Da gebe es noch keinen Durchbruch. Man brauche vielleicht eine Standardisierung. Denn ohne ein Mindestmaß an Vergleichbarkeit gehe es nicht.

»Ich fände das spannend.« Arbeitsagentur-Mann Kay Senius mischt sich ein. »Das ist doch hochinteressant: eine Eignungsauswahl nicht mehr nach Noten, sondern nach Kompetenzen.«

Wie gerecht sind Schulnoten?

Ob man diese Neuerungen aber gleich wieder der Wirtschaft abverlangen solle, darüber herrscht Uneinigkeit im Raum. »Vielleicht sollte der öffentliche Dienst, die öffentliche Verwaltung anfangen, nach anderen Kriterien einzustellen«, meint Senius.

Der anwesende öffentliche Dienst sieht das allerdings ganz anders. »Ich verstehe ja, was Sie bezwecken wollen, aber wenn Sie gegen die Validierung, also gegen Noten sind«, sagt ein Bildungsexperte aus dem Kanzleramt, »frage ich mich: Was ist dann für Sie Gerechtigkeit? Noten sorgen schließlich für Gerechtigkeit.«

»Noten sorgen doch nicht für Gerechtigkeit, sie führen nur zu einem Wettbewerb um gute Noten. Und diejenigen, die Bestnoten erreichen, sind nicht zwangsläufig diejenigen mit den besten Ideen«, erwidert Hüther.

»Wenn in der Wirtschaft einer befördert wird, dann nach Kompetenzen, nicht nach Noten«, legt Breidenbach nach.

»Wir haben nicht über Beförderung gesprochen, denn da kennt man die Leute ja schon«, erwidert der Kanzleramtsmitarbeiter.

»Aber genau das ist es doch, wenn die Noten bei der Einstellung so wichtig sind, warum setzt man dann später andere Kriterien zur Bewertung an?« Breidenbach will genau an diesem Punkt nicht nachgeben.

Jetzt ist Feuer drin. Und es gibt ein sicheres Indiz dafür, dass es beim Expertendialog zur Sache geht. Wenn es lebhaft und hitzig wird, sagt einer: »Ich finde, die Gruppe ist wirklich gut zusammengesetzt.« Immer wenn sie sich richtig streiten in einer AG, fällt irgendwann dieser Satz. Und Hüthers Ansatz sorgt für Streit. Da prallen Gegensätze aufeinander. Zum einen die Noten-Fürsprecher. Diejenigen, die der Überzeugung sind, dass Noten klare und transparente Kriterien sind, die eine wirkliche Orientierung über das Leistungsvermögen geben. Während die anderen, die Noten-Gegner, die Aussagekraft von Noten mehr als in Frage stellen.

Aber heute sind sie hier, um der Kanzlerin gemeinsam Handlungsoptionen aufzuzeigen. Die Noten- und Schuldiskussion wird schließlich vertagt. Aufs gemeinsame Abendessen.

Eine Option für einen möglichen Handlungsvorschlag, auf die sich die Gruppe schließlich einigt, ist die: »Wie schafft man Anreize zu einem portfolioorientierten Lernen?« Das bedeutet: weniger reines Fakten- und mehr persönliches Erfahrungswissen. Auch an dieser Idee soll gefeilt werden.

Dinge tun, die sinnvoll sind

Wir sitzen im Raum 4.41 im Bundeskanzleramt, vierter Stock. In 4.41 hängen an der hinteren Wand Fotos aller Kanzleramtschefs der Bundesrepublik. Schwarz-Weiß-Bilder. Klassisch. Frank-Walter Steinmeier ist dabei, Wolfgang Schäuble, Karl Carstens, Horst Ehmke. Und während man gerade die Porträts abzählt, ist Gerald Hüther bereits wieder bei einer fundamentalen Frage der Gegenwart: »Was macht Sinn?«

Menschen wollten Dinge tun, die sinnvoll seien, sagt Hüther. Diese Art Sinnstiftung – Hüther verwendet dafür auch den Begriff Intentionalität – solle übergreifen. Auch auf die berufliche Bildung und die Weiterbildung in den Unternehmen. Auch dort gelte es, Potenziale zu heben. Wobei Professor Böhle schon diesen Begriff problematisch findet: »Nennen wir es doch nicht Weiter-Bildung, sondern eher Weiter-Lernen.« Schließlich sei Lernen viel breiter angelegt.

Ist Bildung Urlaub?

Die Weiterbildung in Unternehmen, was genau ist das eigentlich?, fragt die Gruppe. »Es gibt eine staatliche Förderung der beruflichen Bildung, man kann fünf Tage Bildungsurlaub nehmen«, sagt ein Mitarbeiter des Kanzleramtes. »Diese Tage werden allerdings nur von wenigen genommen, woran liegt das?«

Das liege am Trend zur »knappen Personalbesetzung«, erwidert Böhle. Die Leute seien wegrationalisiert, die Prozesse optimiert worden. Wer könne da schon einfach zur Weiterbildung oder zum Weiterlernen gehen?

Ab in den Weiterbildungsurlaub

Praktische Lösungen sind gesucht. Nina Wielage vom Beratungsunternehmen Ramboll Management Consulting sagt: »Vielleicht würde den Unternehmen ein Zertifikat helfen, so was wie: ›Wir bilden weiter‹.« Schon bei der Familienfreundlichkeit habe das eine große Wirkung gehabt, so ein Gütesiegel. Vielleicht müsste man vergleichbar wie bei den familienfreundlichen Unternehmen auch einen öffentlichkeitswirksamen Wettbewerb ausschreiben.

»Na, da ist aber Widerstand in den Unternehmen zu erwarten.« Günter Walden sieht bei Unternehmen gerade bei der Weiterbildung keine Begeisterung aufkommen. Kay Senius von der Arbeitsagentur findet es seltsam, »dass wir eine politische Diskussion um den Mindestlohn haben, aber keine Diskussion über die gesetzliche Weiterbildung«.

»Das klingt schon komisch, Weiterbildungs-*Urlaub*«, sagt Moderatorin Kirsten Frohnert. Es klinge nach Ferien, nach Füße hoch, nicht nach Notwendigkeit und Aktivität.

Was also soll Weiterbildung genau sein? Ein Urlaub? Eine tariflich verankerte Lernzeit? Die Gruppe ist sich einig: Heute läuft ziemlich viel unter Weiterbildung, zu viel. Und eine Menge Bildungsträger verdient ganz ordentlich mit der geförderten Weiterbildung. »Deshalb«, sagt Breidenbach, »müssen wir dort ansetzen, wo der Wirkungsgrad am höchsten ist.« Man brauche viel mehr Einfluss auf das Design von Förderprogrammen. Bei jedem Förderprogramm sollte die Intentionalität eine Rolle spielen. Nur wenn die Intentionalität im Programm verortet sei, solle Geld fließen. Breidenbach: »Wir müssen sicherstellen, dass Förderprogramme nicht die Fortbildungsträger unterstützen, sondern diejenigen, die davon profitieren sollen, die ›Fortzubildenden‹.«

Hartz-IV-Generationen sorgen für Sprengstoff

Wie Potenziale entfaltet werden bei Menschen, die den Anschluss verpasst haben, ist eine der nächsten Fragestellungen der Gruppe. Wie lassen sich die sogenannten Systemverlierer begeistern? Im Schnitt suchen derzeit, im Oktober 2011, knapp drei Millionen Menschen nach Arbeit. Es gibt zwar auch einen Boom in manchen Branchen, und der demografische Wandel kommt etlichen Arbeitsuchenden bereits zugute. »Doch an den Langzeitarbeitslosen geht der Boom weitgehend vorbei«, berichtet Arbeitsmarktberaterin Nina Wielage. »Wir haben einen gespaltenen Arbeitsmarkt«, bestätigt auch Senius. »Knapp die Hälfte der Erwerbsuchenden ist seit Beginn der Hartz-IV-Maßnahmen immer noch ohne Arbeit.« Außerdem funktioniere der Übergang von der Schule in die

Ausbildung und dann in den Beruf nicht gut genug. Die Zahl der stabilen Erwerbsbiografien sei ohnehin rückläufig, sich aber auf einen kommenden Mangel an Arbeitskräften zu verlassen und zu glauben, das regle sich schon irgendwie, sei gefährlich. »Gerade die Hartz-IV-Generationen bergen gesellschaftlichen Zündstoff«, ergänzt Wielage. Wenn sich Vater, Mutter, Kind komplett aus dem Arbeitssystem verabschiedet hätten und dauerhaft von Transferleistungen lebten, dann werde sich von alleine nichts verbessern.

Zumal sich längst eine »Prekariatskultur« entwickelt habe. Das zeige auch die bundesweite Zunahme von Einrichtungen wie den sogenannten Tafeln, wo Lebensmittel günstig an Bedürftige abgegeben werden.

Deshalb steht die Gruppe vor der Aufgabe: Wie lassen sich bei diesen Menschen Potenziale entfalten? Reicht das Abschaffen von Noten? Und ein Appell an das Gefühl?

»Es entspricht nicht der gängigen Rechtslage, sich bei Arbeitslosen an ihren individuellen Fähigkeiten und Potenzialen zu orientieren«, bemerkt Senius. Was kann man machen?, fragt sich die Runde. Wie lassen sich Arbeitsuchende wieder in Lohn und Brot bringen? Eine Möglichkeit: »Wir müssen die Beratungsqualität erhöhen.« Zum Beispiel durch ein Coaching für die Mitarbeiter in den Jobcentern oder auch ein Seminar zur motivierenden Gesprächsführung. »Die Mitarbeiter der Jobcenter sind die erste und lange auch die einzige Anlaufstelle für Arbeitsuchende, daher muss es auch für die Jobcenter Weiterbildungsvorgaben geben«, meint Wielage. Außerdem müssten die Fähigkeiten der Arbeitsuchenden und vor allem deren Persönlichkeit viel mehr in den Vordergrund gerückt werden. Nicht nur die beruflichen Erfahrungen. Kay Senius geht es um noch mehr: »Wir haben keine durchgehende Kultur der Aufstiegsmobilität.«

Bildung ist vor allem auch Persönlichkeitsbildung.

Vielleicht stimme von Grund auf etwas nicht, zum Beispiel, dass man Bewerber zwinge, jedes Angebot anzunehmen. »Wenn wir jeden verpflichten, ein Angebot anzunehmen, warum verpflichten wir ihn nicht dazu, seine Chancen zu steigern?« Senius kommt in Fahrt. »Wir zahlen einen hohen Preis für das Handling der Arbeitslosigkeit. Die Frage ist: Was wird evaluiert, und welche Schlüsse ziehen wir daraus?« Der Beitrag von Senius endet mit dem Vorschlag: »Wir könnten der Kanzlerin vorschlagen, Arbeitsmarktpolitik in Zukunft mit Maßnahmen von Persönlichkeitsbildung zu verbinden.«

»Das geht aber nicht durch eine Werbekampagne«, sagt Wielage. »Man sollte das gesetzlich festschreiben. Die Weiterentwicklung der Persönlichkeit muss ein gesetzlicher Bestandteil werden.«

Bei der Jobsuche persönlich werden

Vielleicht sei auch die schnelle Integration nicht alles. Bisher gelte der Grundsatz, jeden Arbeitsuchenden möglichst schnell wieder ins System zu integrieren, möglichst schnell einen Arbeitsplatz zu vermitteln. Vielleicht sei auch das ein verkehrter Ansatz? Gerald Hüther neigt zu dieser Sichtweise. »Ob wir das mit dem Gesetz hinkriegen oder nicht, sicher ist: Wir müssen die Jobsuche stärker auf die Persönlichkeitsentwicklung fokussieren, nicht auf die schnelle Integration in den Arbeitsmarkt.«

Für den Soziologen Böhle ist das allerdings »vermintes Gebiet«. Vielleicht müsse man einfach akzeptieren, »dass es Personengruppen gibt, die Mängel haben, die nicht mithalten können – und wollen«. Böhle sagt, man müsse sich wohl einfach mit einem dritten Arbeitsmarkt abfinden. Es sei die einzige Möglichkeit, dass Langzeitarbeitslose ohne jede Aussicht auf eine Beschäftigung eine neue Perspektive erhielten. Denn der Versuch, auf einem zweiten Arbeitsmarkt die Leute beispielsweise mit Ein-Euro-Jobs wieder fit zu machen, sei bei vielen nicht gelungen. Sie würden als »nicht vermittelbar« gelten.

»Ob man sich hier auf ein vermintes Gebiet begibt, da bin ich mir gar nicht so sicher«, wirft Senius ein. »Aber klar, wir haben für die Gruppe ›Nicht marktfähig, aber noch nicht erwerbsunfähig‹ bisher keine Lösung.« Die Beraterin Wielage schlägt ein »Profiling« der Bewerber vor, bei dem die ganze Person erfasst werde, also auch Erfahrungen in der Hausarbeit, bei der Kindererziehung oder in einem Verein.

Und was folgt für die Kanzlerin daraus? In welche Richtung wollen die Experten bei der Ausarbeitung konkreter Handlungsvorschläge gehen? Hier scheint noch Arbeit zu tun.

If wrong – play strong

»Ich lerne gerade Trompete spielen«, berichtet der Hildesheimer Psychologe Werner Greve. Es gelinge nicht jeder Ton, aber statt sich zurückzuhalten, habe ihm sein Trompetenlehrer gesagt: »If wrong – play strong!« Also wenn man schon Fehler mache, dann aber richtig. Woraus solle man sonst etwas lernen?

»Fehler des Monats«: eine lebendige Fehlerkultur

Greve will über Fehler sprechen. Und zwar positiv. Eine lebendige Fehlerkultur mache mutiger. Wenn es danebengehen dürfe, werde mehr ausprobiert. »Wir können nicht immer warten, bis wir die beste Lösung haben.« Das mache zögerlich, zaghaft und unsicher. Ein Unternehmen habe mal den »Fehler des Monats« ausgelobt. Wenn ein Mitarbeiter einen Bock geschossen habe, würde das nicht hochnotpeinlich unter den Teppich gekehrt, sondern öffentlich gemacht: Seht her, der Fehler des Monats – und aus dem wollen wir alle lernen. »Wir müssen das Fehlermachen positiver besetzen.« Nur so entstehe auch Vielfalt. Durch ständige Kontrolle werde gerade in Bildungsinstituten die Lernatmosphäre verschlechtert.

Controlling, richtig betrieben, sei nichts Schlechtes, meint Kay

Senius. Denn wer könne schon Auskunft darüber geben, wie effektiv unsere Schulen und Bildungseinrichtungen überhaupt seien? »Ich bin mit meiner Familie von Bayern nach Sachsen-Anhalt gezogen, ich bin Vater einer 13-jährigen Tochter, und wir haben eine Schule gesucht, haben aber nirgends eine Auskunft über die Leistungsfähigkeit einer Schule gefunden.«

Keiner sage einem, welche Schule gut sei, welche sich eigne oder welche man besser meide. »Das mag sein, und sosehr Wettbewerb auch gut ist, so sehr müssen wir daran arbeiten, dass wir nicht eine Monokultur züchten«, erwidert Greve. »Wir wollen nicht nur Sieger.« Durch Wettbewerb habe es das Neue schwer. Und man spezialisiere sich nur noch. »Das ist aber keine Evolution.«

Und wieder dieses alte Denken

»Ich glaube an eine ›Bildungsinitiative Erfahrungslernen‹.« Fritz Böhle läutet den Vormittag ein. Am Abend zuvor saßen sie in einem Restaurant zusammen und diskutierten weiter. Da Musik eines der großen versteckten Themen des Expertendialogs ist, geht es auch an diesem Abend um Musik, um Jazz, um Trompete – und damit auch um Potenzialentfaltung.

Der zweite Tag soll die gewünschten ersten Ergebnisse bringen. Und Böhle sieht im Singen, im Theaterspielen oder Malen elementare Bestandteile einer Bildungsbiografie. »Diese Tätigkeiten bewegen sich immer am Rand, die könnten ruhig ins Zentrum rücken.« Denn im Spiel lerne der Mensch, und im Spiel zeige sich der Mensch. Böhle plädiert für die »Wiederentdeckung des Spiels als Lernort«.

Die anderen sind bei der Potenzialentfaltung. »Wie kann denn nun der öffentliche Dienst bei der Potenzialentfaltung eine Vorreiterrolle spielen?«, fragt einer. »Wir müssen auf jeden Fall

Lernorte für das erfahrungsorientierte Lernen schaffen«, schlägt Hüther vor. »Ja, das könnte ein Vorschlag an die Kultusministerkonferenz sein«, sagt ein AG-Mitglied. Kay Senius ergänzt: »Die Frage ist immer auch, wie kann man in diesem Land aufsteigen?« Er schlägt vor, das Sozialrecht zu durchforsten, an welcher Stelle es dort Barrieren gebe, die die »Aufstiegsmobilität« behinderten – und wie dort überhaupt Aufstieg verankert sei. »Ich weiß nicht, ob Aufstieg heute noch der richtige Begriff ist«, mischt sich Böhle ein. Heute gebe es viel mehr horizontale Karrieren, also Menschen, die es nicht an die Spitze treibe, die aber ihre Arbeit mit dem größtmöglichen Engagement machten, zum Beispiel Selbständige.

Vom Chancenatlas zum Lebenszyklusatlas

Und dann kommt eine Idee nach der anderen. Stephan Breidenbach will einen »Chancenatlas«, einen »Lebenszyklusatlas« erarbeiten. Mit dem könne wie bei Produkten der Lebenszyklus analysiert werden. Ein Produkt würde von der Markteinführung beziehungsweise Fertigstellung eines marktfähigen Gutes bis zu seiner Herausnahme aus dem Markt betriebswirtschaftlich analysiert werden. Breidenbach will etwas Vergleichbares für Lebenskurven: Welche Zyklen hat ein Leben? Welche Bruchstellen treten typischerweise auf? Das müsste mal analysiert werden.

Nina Wielage spricht sich für einen Forschungsauftrag für die »Folgewirkung der Arbeitsmarktpolitik« aus. Und für Hüther ist es wichtig, wie man »verwaltungstechnisch sicherstellen kann, dass es keine Fördergelder für Weiterbildungsmaßnahmen gibt, die nicht Intentionalität an erster Stelle verankert haben«. Senius plädiert indessen für ein neues Beratungsverständnis – in seinem Haus, der Arbeitsagentur. Die Arbeitsuchenden müssten mehr an die Hand genommen werden. »Wir müssen ran an die Beratungsstandards.« Dass ein irgendwann einmal erworbenes Zeugnis nicht belegen könne, wo jemand welche Fähigkeiten gesammelt habe, müsse endlich bei der Jobvermittlung berücksichtigt werden.

Und dann wird auch über den Potenzialentfaltungscoach gesprochen. Also über jemanden, der Menschen hilft, ihr Potenzial zu heben. Kein Lehrer, der Unterricht macht, keine institutionalisierte Nachhilfe, die rein defizitorientiert arbeitet, sondern ein Coach, der Potenziale entfalten hilft. Potenzialentfaltungscoach, das sei schon ein langes Wort. Nicht gerade griffig. Hüther sucht immer noch nach einem guten Namen.

Die Frage ist überdies: Wie entwickelt man so etwas? Wird es in einem Studiengang verankert? Soll es Bestandteil der Lehrerausbildung werden? Wie sieht das praktisch aus? Ist dieser Coach jeden Tag beim Kunden? Kommt er nur montags und mittwochs? »Ich sehe es eher so als Masterstudiengang, als Zusatz, vielleicht aufgesetzt auf ein Psychologiestudium«, sagt Hüther.

»Lernen? Die schreckt ja schon der Begriff«

In der elften Etage im Bahn-Tower am Potsdamer Platz sitzt Martina Niemann. Sie arbeitet noch bei der Deutschen Bahn, im Laufe des Expertendialogs wird sie als Mitglied des Vorstandes zur Fluglinie Air Berlin wechseln. Martina Niemann gehört zu den Menschen, die im Hintergrund wirken, sehr nachdrücklich wirken. Und dabei sehr konstruktiv und freundlich sind. Aus dem Fenster blickt man auf mächtige Stahlrohre, tief unten die Potsdamer Straße. Der Schreibtisch ist akkurat aufgeräumt. Martina Niemann hat in den letzten Jahren 60 000 Mitarbeiter der Bahn in neue Jobs gebracht. Im »bahninternen Arbeitsamt«. Im Zuge der Umstrukturierung des Bahnkonzerns, so erzählt sie, seien Tausende weitergebildet, neu qualifiziert und vermittelt worden. In den Service, in die Instandhaltung, bevorzugt innerhalb des Unternehmens. Und das halte an. »Wir prüfen bei jeder Stelle, auch bei der Stelle als Controller, ob es nicht irgendwo im Unternehmen jemanden gibt, der es auch machen kann, bevor wir es extern vergeben.«

Die Abteilung von Martina Niemann heißt »Vergütungspolitik und Sozialpolitik« oder vermeintlich schicker: »Compensation and Benefit«. Es sei »ein Thinktank innerhalb des Konzern«, sagt Niemann. Hier würden Leitlinien für Beschäftigung erarbeitet, und hier werde vor allem über eins nachgedacht: Wie bringen wir Mitarbeiter zum Lernen? Wie vermitteln wir: »Lebenslanges Lernen ist gut für euch«? »Die meisten schreckt ja schon der Begriff«, meint Niemann. »Lebenslanges Lernen – das klingt so nach lebenslänglich.« Das klinge nach einer Zwangsveranstaltung. Aber ohne Lernen gehe es eben nicht. Es sei nicht nur die IT und dass jedes halbe Jahr eine neue Software installiert oder upgedatet werde. »Die gesamte Betriebssteuerung ist im Wandel, neue Techniken finden Sie überall bei der Bahn.« Das heißt: immer wieder umstellen, immer wieder umorientieren. »Und vergessen Sie nicht, viele Leute bei der Bahn haben ihre Ausbildung gemacht, da waren sie 16 oder 18 Jahre alt.«

Immer wieder umorientieren – ein Leben lang

Deutschland wird älter, die Zahl der jungen Menschen sinkt bis zum Jahr 2025 um 15 Prozent auf 14 Millionen, so der »Nationale Bildungsbericht 2010«. Bald ist nur noch jeder Fünfte jünger als 30. Das heißt auch: Die Zahl der Arbeitskräfte schwindet. Die Zahl der Menschen im Erwerbsalter geht laut »Demografiebericht der Bundesregierung« (2011) bis 2030 um rund 8 Millionen auf 42 Millionen zurück. Der demografische Wandel wird den Arbeitsmarkt der Zukunft bestimmen. Die Suche nach qualifiziertem Nachwuchs wird daher gleichermaßen zur Herausforderung wie die Qualifizierung der eigenen Mitarbeiter. Der Anteil der 60- bis 64-Jährigen unter den Arbeitnehmern hat sich nach Angaben der Bundesregierung seit dem Jahr 2000 verdoppelt. Je älter die Belegschaft, umso mehr gewinnt das lebenslange Lernen an Bedeutung, umso mehr muss sich das Lernen verändern, vor allem das Lernen für Menschen ab 50. Deutschland wird seine Zukunft nicht ohne die älteren Beschäftigten gestalten können. Auch um international mithalten zu können.

Wenn es nach Martina Niemann ginge, müsste das Lernen, die Bildung längst in die Tarifverträge integriert werden. Aber sie wisse auch, was dann bei den Gewerkschaften los sei. »Die sagen uns doch, ihr verteilt die Lasten auf die Schwächeren, wenn ihr die Menschen zum Lernen verpflichtet.« Und mit dem Stichwort Eigenverantwortung könnten die Arbeitgeber auch nicht kommen, solange sie verantwortlich für ihre Mitarbeiter seien. Nachdem »Lernen« und »Eigenverantwortung« aus besagten Gründen in der AG ausfallen, stößt Niemann auf den Begriff »Selbstwirksamkeit«. Der sei besser als Eigenverantwortung. Und mit der »Selbstwirksamkeit« hofft sie auch, das Lernen positiver zu besetzen. »Lernen ist doch nicht nur ein Ding für ehemalige höhere Töchter, die in der Volkhochschule einen Kurs belegen.«

Bildung müsste in die Tarifverträge integriert werden.

Was also ist Lernen dann? Und: Wie lernen eigentlich Menschen im Management?

Lerneffekt beim geplanten Börsengang

Wann sie das letzte Mal etwas gelernt habe, da muss Niemann überlegen. Ihr fallen einige Beispiele ein. Als vor vier Jahren die Bahn von einer Datenschutz-Affäre geschüttelt wurde, da habe sie sich in Datenschutzrecht und ins Bundesdatengesetz eingearbeitet – »und das als Volkswirtin!« Auch das Dauerthema Börsengang bringe einen zum Büffeln. Denn der Gang zum Parkett vollziehe sich in englischer Sprache, und klar, sie habe ihr Schulenglisch und das, was sie im Job brauche. Aber so ein finanzieller Kraftakt wie ein Börsengang, das gehe doch viel tiefer. Also habe sie sich ein dickes Englisch-Lexikon gekauft und die Sprachkenntnisse vertieft.

Sie nennt ein anderes Beispiel: Was macht man mit dem 52-jährigen Bahnmitarbeiter, der schon ein paarmal bei der Beförderung übergangen wurde, der genau zu wissen glaube, dass man nicht jede Software lernen müsse, weil das nächste Update ohnehin in wenigen Monaten komme, und der auch dazu neige, schon mal die Tage bis zum Ruhestand zu zählen; wie bringt man diesen Mitarbeiter zum Lernen?

Auch das ist ein Thema im Kanzleramt.

Berufliches und lebenslanges Lernen

Martina Niemann ist Leiterin der Arbeitsgruppe »Berufliches und lebenslanges Lernen«. Der Moderator ist Matthias Beck, er legt die Latte absichtlich nicht zu hoch: »Schön wäre es, wenn wir drei, vier neue Ideen formulieren könnten.«

Hedwig Schomacher hat 1972 ihr Abitur gemacht. »Wir haben uns damals nicht groß gesorgt«, sagt Schomacher. Sie ergänzt: Man war froh, auf dem Gymnasium gewesen zu sein, und ist gelassen ins Leben gegangen. Es gab viel Spielzeit, viel Freizeit, wenig Erwartungshaltung. Nach dem Abitur entschied man sich dann für ein Studium, eine Ausbildung, einen Berufsweg. Der Druck blieb überschaubar, die Auswahl an Berufswegen war groß.

Hedwig Schomacher wählte damals Pädagogik. Heute ist Schomacher Rektorin eines Berufskollegs in Krefeld und in dieser Rolle auch mit dabei beim Expertendialog im Kanzleramt. Eigentlich kann sie den Berufsschülern von heute nur einen Rat geben: »Das wird nicht der einzige Berufsabschluss sein, den ihr erwerbt, seid wach, haltet die Augen offen und seid lernbereit.« Schomacher sagt: »Ein Schüler muss heute viel mehr zum Subjekt seines eigenen Bildungsprozesses werden.« Das Lernen höre nicht auf. Aber: »Mit unserem Standardbildungsprogramm verlieren wir immer noch viel zu viele Jugendliche.« Viele 15- oder 16-Jährige seien schlichtweg nicht mehr zugänglich für das, was an Schulen und Berufsschulen geboten werde. Sie fielen aus dem System.

Zirka 67000 Schüler eines Jahrgangs hätten in Deutschland

keinen Abschluss. »Das ist ein Totalverlust«, bedauert Expertin Niemann. Von den 20- bis 30-Jährigen hätten 17 Prozent nicht einmal einen Berufsabschluss. Was ziemlich endgültig sei. »Denn wie wahrscheinlich ist es, dass einige mit Ende 20 noch eine Berufsbildung hinkriegen?«, fragt Niemann. In der Schule schaue es kaum besser aus: Die Zahl der Schulabbrecher liegt laut »EU-Bildungsbericht 2011« in Deutschland mit elf Prozent über dem EU-weit anvisierten Ziel von höchstens zehn Prozent. Und wer abbreche, kriege kaum mehr die Kurve, bestätigt auch Rektorin Schomacher: »Die sind dann alle draußen aus dem System.« Ihr Leben lang.

Die Zahl der Schulabbrecher ist hierzulande zu hoch.

Reich, produktiv – und glücklich

»Bildung beschränkt sich meiner Meinung nach aber nicht auf die Schule.« Für Ulrich Schoof von der Bertelsmann-Stiftung ist Bildung, die Bereitschaft zu lernen, Teil der »modernen Beschäftigungsfähigkeit«, oder in den Worten der Lernexperten: der »Employability«. Das »lebenslange Lernen« sei ein »Buzzword«, meint Schoof, eine Art Worthülse ohne Inhalt.

Schoof sitzt normalerweise in Gütersloh in seinem Büro in der Bertelsmann-Stiftung. Er und seine Projektkollegen verstehen sich als Thinktank, als Team, das die Idee des Lernens positiv besetzen will, das zeigen will, wie und warum Lernen glücklich macht. Sie widmen sich außerdem der Glücksforschung, also untersuchen sie, was einen Menschen glücklich macht. Und sie kommen immer mehr zum Schluss, dass es gerade auch und vor allem das Lernen ist, was Menschen glücklich macht.

Schoof ist der Meinung: Lernen ist die Basis für individuelles Glück – und Fundament für den Wohlstand eines Landes. Zwischen einem guten Lernklima in einem Staat und dem Wohlstand oder dem Wohlergehen gibt es laut Schoof zahlreiche Zusammenhänge. Wo Lernen Freude mache, gehe es den Menschen besser, sagt er. Das habe unter anderem eine europäische Bildungsstudie der Bertelsmann-Stiftung aus dem Jahr 2010 ergeben. So gebe es in Staaten mit guter Bildung weniger Korruption sowie mehr Vertrauen in politische Institutionen. Auch das Armutsrisiko sei geringer. Schoof bringt es auf den Punkt: »Lernen macht reich, produktiv und wettbewerbsfähig.« Außerdem würde der »gesellschaftliche Zusammenhalt« und das »gesellschaftliche Grundvertrauen« gefördert.

Es gibt also gute Gründe, Lernen zu fördern. Doch einfach ist es nicht.

Die Drucker wollten nicht lernen

Ulrich Schoof erzählt, wie er auf dem Bertelsmann-Campus einmal über die Straße gegangen sei. Dort arbeiteten nämlich nicht nur Lern-Experten und Stiftungsmitarbeiter, sondern auch Verlagsmitarbeiter und Handwerker. »Wir sind also rüber zur Sono-Press, der Druckerei von Bertelsmann.« Mal direkt zu den Druckmaschinen, zu den Menschen dort, um ihnen vom Lernen und vom Glück zu berichten. Es sei eine ernüchternde Erfahrung gewesen. »Die Drucker sind zufrieden mit ihrer Arbeit und ihrem Können, die Motivation, etwas Neues zu lernen, beispielsweise durch Jobrotation für eine Zeit eine Arbeit an einer anderen Maschine oder an einem anderen Ort zu machen, ist sehr begrenzt.« Der Arbeitsplatz müsse sicher sein, aber sonst? Schoof sagt, er habe die Grenzen der Theorie erlebt und wie schwierig es werden könne, Menschen zum »Weiter«-Lernen zu bewegen.

Von wem haben Sie zuletzt etwas gelernt?

Vielleicht muss deshalb erst einmal etwas geklärt werden: »Worüber reden wir hier überhaupt?« Die Frage stellt ein Mitarbeiter des Kanzleramtes. »Reden wir über den Englisch-Kurs, den der Mitarbeiter machen soll? Ist das die Weiterbildung, die gewollt ist, oder geht es beim Lernen um eine hochqualifizierte Angelegenheit, also zum Beispiel, ob ein Mitarbeiter Zusammenhänge mitdenken kann?« Mit anderen Worten: Sollen die Mitarbeiter durch das Lernen zum Mit-Denken motiviert werden, sollen sie Mit-Gestalter werden?

»Ich denke, wir reden über beides«, sagt Matthias Beck, der Moderator der Runde.

»Also ich rede weniger über den Englisch-Kurs«, sagt Joachim Hoffmann, Leiter der Personalentwicklung bei BMW in München. »Ich sehe das viel pragmatischer.« Hoffmann stellt zum Beispiel Mitarbeitern immer wieder die Frage: Wer ist in den letzten vier Wochen dein Lehrer gewesen? Von wem hat man etwas gelernt, wer hat einem einen Denkanstoß gegeben?

Das ist wieder eine dieser Fragen, bei denen auch die Gruppe innehält. Wer hat einem in den letzten vier Wochen etwas beigebracht? Man kann es förmlich spüren, wie jeder im Raum im Kopf kramt, welche Person ihr oder ihm einfällt. Was Hoffmann vermitteln will, ist klar: Lernen geschieht ständig. Und mit gezielt eingesetzten Fragen lasse sich bei Mitarbeitern durchaus der Gedanke an die Beschäftigungsfähigkeit verankern, erklärt er. Und: »Man muss immer ein positives Ziel formulieren.« Wer lernen solle, müsse ein positives Ziel vor Augen haben. Es müsse ein klar definiertes Ziel geben, gerade beim Lernen. Wohin solle es gehen? Was solle am Ende stehen? Da seien Unternehmen, Lehrer, Erzieher in der Pflicht. Sie müssten eine Botschaft aussenden, wohin und wofür.

Projekte auf die Straße bringen

Hoffmann entwickelt die Idee einer Zukunftswerkstatt, an der sich möglichst viele Gruppen und Institutionen beteiligen, um gemeinsam attraktive Zielbilder zu entwerfen. Zum Beispiel, so führt er aus, gebe es in Deutschland rund 4500 Stiftungen, die sich das Thema Bildung und Erziehung als Schwerpunkt gesetzt hätten. Hinzu kämen etliche Konzerne und Mittelständler, die sich engagierten, und Vereine, die sich um benachteiligte Arbeitsmarktteilnehmer kümmerten – die sollten sich, so Hoffmann, gemeinsam auf Bildungs- und Lernziele einigen. Und auch eine Antwort finden auf die Frage, wohin es gehen solle mit dem Lernen.

Stephan Breidenbach, der als Koordinator des Themenstrangs »Wie wollen wir lernen?« bei dieser AG-Sitzung dabei ist, erinnert daran, dass man beim Lernen weggehen sollte vom reinen Wissenserwerb hin zur Potenzialentwicklung. »Wissen lernt man nicht ohne Begeisterung«, sagt er. Und er formuliert ein Problem, das im Grunde alle Arbeitsgruppen aufwerfen. Es gebe gerade in der Bildung zahlreiche Pilotprojekte. Deutschland sei das Land der »Piloten«. »Doch es gelingt uns viel zu selten, ein erfolgreiches Pilotprojekt dann in die Breite zu kriegen«, sagt Breidenbach.

Woran liegt das?

Leistungspunktesystem in der beruflichen Bildung

Zum Beispiel habe das Bundesbildungsministerium (BMBF) im Jahr 2007 die Initiative »DECVET – Entwicklung eines Leistungspunktesystems in der beruflichen Bildung« gestartet, erläutert Breidenbach. Hauptziel sei die Entwicklung eines Leistungspunktesystems gewesen, um Lernleistungen und Kompetenzen besser erfassen und anrechnen zu können. Mit DECVET habe vor allem die Transparenz von Qualifikationen und den zugehörigen Kompetenzbeschreibungen erhöht werden sollen. Es habe zehn Pilotprojekte in Unternehmen gegeben, unter anderem bei der Deutschen Bahn, die Ergebnisse lägen vor. Doch das Projekt sei erlahmt, die Ziele versandet, die Idee habe nie in die Fläche gebracht werden können.

Die Niemann-AG ist sich einig, DECVET wiederzubeleben.

Die Kultur des Lernens

Und sie wollen die Älteren zum Lernen bringen. Der demografische Wandel sei nicht nur Prophezeiung, er sei längst spürbar. »Die Schatten der Zukunft machen uns bereits heute zu schaffen«, sagt Niemann. Die Belegschaften alterten. »In einem Unternehmen wie der Bahn werden bald vier Generationen arbeiten.« Das heißt: »Es wird darauf ankommen, wie wir das Potenzial des Alters herausstreichen und wie sehr wir uns um ein Miteinander der Generationen bemühen.« Bei der Bahn mache man Workshops, eine Altersqualifizierung. Ein Konzern wie BMW begegne auf seine Art dem Alter seiner Mitarbeiter. Um die Arbeitsplätze an die Anforderungen der Älteren anzupassen, habe BMW in Dingolfing ein Pilotprojekt gestartet. Dort gebe es eine Produktionsstraße, in der heute schon nach den angenommenen Bedingungen des Jahres 2018 Achsen montiert würden. Es gebe Lupen mit zusätzlicher Beleuchtung, die Schrift der Computermonitore sei vergrößert. Und statt auf nacktem, hartem Beton stünden die Monteure auf weichem, federndem Parkett. Unternehmen wie BMW erfänden heute das altersgerechte Arbeiten von morgen. Und es tue nicht nur älteren Arbeitnehmern gut.

Lernen im Alter muss Thema werden.

Wie etabliert man also eine Kultur des Lernens in einem Land, das Schulen und Unternehmen gleichermaßen erfasst? »Arbeitnehmer wollen wertgeschätzt werden«, sagt Niemann, »und es müssen ihnen immer klare, attraktive Zielbilder entworfen werden, um einen Effekt zu erzielen.« Einen Lerneffekt. Ein Zielbild könne beispielsweise eine Beförderung sein. Außerdem müsse mehr und intensiver über

Bildung gesprochen werden. Und nicht immer nur über die Rente. Über die Rente werde immer gerne diskutiert. »Die über 60-Jährigen fangen an zu dominieren«, sagt Niemann. Die Rente an sich löse aber kein Problem. Das Lernen im Alter, das müsse Thema werden.

Gut lernen in deutschen Landkreisen

Niemann berichtet von der Bahn, wo sie Trainings für Menschen über 50 eingeführt hätten. »Die 30- bis 49-Jährigen stellen bei uns 40 Prozent, die 50- bis 65-Jährigen stellen aber ebenfalls 40 Prozent.« Die zweite Gruppe wachse rasant. Und unter ihnen seien nicht wenige »Lernskeptiker«. Mit dem Altersforscher Andreas Kruse aus Heidelberg, auch ein Experte im Kanzlerdialog, habe man ein Projekt angestoßen: Altersqualifizierung. Mit medizinischer Aufklärung, Sport und Gehirnjogging. Ein Projekt von vielen in Deutschland. »Es gibt eben so viele voneinander isolierte Projekte«, sagt Niemann, »dass man endlich mal ein übergreifendes Management schaffen muss.« Ein Management des Lernens von der Kindheit bis zum Alter. Niemann: »Wir müssen das lebenslange Lernen institutionalisieren.«

»Vielleicht müssen wir so etwas wie einen Bürgerlehrplan schaffen«, schlägt Schoof vor. »Nein, wir sollten ein attraktives Zielbild vom lebenslangen Lernen haben«, ergänzt Hoffmann. Es gehe um Selbstverantwortung, das ziehe sich durch. Wenn wir sie wirklich alle lebten, hätten wir viele Probleme nicht.

Die Gruppe stimmt zu: Wer selbstverantwortlich handelt, wird sich weiterbilden. Wer sein Leben in die Hand nimmt, wird sich auch Fähigkeiten aneignen, die ihn weiterbringen. Aber was ist mit den anderen? Ulrich Schoof und seine Kollegen in der Bertelsmann-Stiftung haben einen im Internet einsehbaren Lernatlas entwickelt, den »Deutschen Lernatlas«. Ein ehrgeiziges Projekt, das die Bedingungen für lebenslanges Lernen in Deutschland zeigt, genauer gesagt die Lernbedingungen in 412 untersuchten deutschen Kreisen und kreisfreien Städten.

Auch im Lernatlas gibt es einen klaren Trend: Wo lebenslang gelernt wird, sind die Menschen glücklicher, das Zusammenleben sozial gerechter und die Gesellschaft wohlhabender. Vor allem die Kreise und kreisfreien Städte in Bayern und Baden-Württemberg böten beste Lernbedingungen. Dahinter folgten Regionen in Sachsen, Rheinland-Pfalz und Hessen. Bei den Stadtstaaten liege Hamburg vor Berlin und Bremen. Der Atlas zeige, dass man auf dem Land meist besser lernen könne als in den Städten und dass gute Lernumfelder nicht zwangsläufig von der ökonomischen Lage einer Region abhängen müssten. In Städten wie Dresden, Jena, Kaufbeuren und Rosenheim oder Landkreisen wie Trier-Saarburg oder Amberg-Sulzbach lasse sich bestens lernen. Gute Lernorte ließen sich also einkreisen.

Doch wie kommt man an die Lernunwilligen?

Alt und trotzdem gut: das Vorbild

Das Problem ist: »Wir sprechen doch nur die Leute an, die ohnehin etwas machen wollen«, mischt sich der Bildungsexperte des Bundeskanzleramtes ein. »Aber vergrößern wir damit nicht die Lücke zu denjenigen, die nichts machen, müssen wir nicht mehr an die heran?« Kein Zweifel, das müsse man. Und Hedwig Schomacher berichtet von einem »Erfolgshebel, auf den wir lange nicht gekommen sind«, und der laute: Vorbilder. Schlicht und ergreifend: das Vorbild.

»Wir haben eine hohe Zahl an Migranten, aber wir haben viel zu wenig Lehrer mit Migrationshintergrund.« Es gebe da ein Projekt in Nordrhein-Westfalen, bei dem bewusst Lehrer mit Zuwanderungsgeschichte eingestellt würden. Das sei erfolgreich, weswegen sie, Schomacher, den Aufbau von internationalen Lehrerkollegien empfehle. Zum einen sähen und erlebten Schüler, wie jemand mit einer ähnlichen Biografie etwas werden könne, wie diese Person ihr Leben in den Griff bekommen habe. Und zudem fühlten sie sich in einer Klasse, die von einem Lehrer mit einer Zuwanderungsbiografie unterrichtet werde, eher zugehörig – und verstanden. »Im Hinblick auf so etwas wie Selbstverantwortung ist es daher ein sehr gutes Mittel«, schließt Schomacher.

Wer Selbstverantwortung will, muss Menschen mehr verantwortlich handeln lassen.

Schüler, die malen und renovieren

»Wenn wir Bürger wollen, die selbst etwas in die Hand nehmen, muss da Bildung nicht neue Wege gehen?«, fragt Moderator Beck. Er berichtet von einem Projekt in einer Hamburger Schule, gefördert von Ashoka, einer Institution, die soziales Entrepreneurship mit Geld und Beratung unterstützt: Das Projekt heißt »Das macht Schule« und soll Schüler zur Selbsthilfe motivieren. In der Praxis sieht das so aus: Die Schüler bekommen eine Projektbox in die Hand, mit dem Ziel: »Wir renovieren unsere Klassenzimmer.« Dann müssen sie einen Plan erstellen, Farbe kaufen, Arbeiten verteilen und so weiter. Alle machen sich ans Werk, und wenn das Zimmer wieder wie neu glänzt, »dann sind auch Schmierereien und Graffiti kein Thema mehr«, ergänzt Beck. Die Botschaft ist: Wenn wir mehr Selbstverantwortung wollen, dann müssen wir Kinder und Schüler verantwortlich handeln lassen. Oder, wie es Ulrich Schoof von der Bertelsmann-Stiftung formuliert: »Learning what people do, not what educators want.«

Die Lerner der Generation Praktikum

Christian Rauch von der Bundesagentur für Arbeit gibt indes zu bedenken, Schule hin, Ausbildung her: »Wenn kein richtiger Einstieg ins Berufsleben stattfindet, dann kommt auch der Lernprozess nicht in Gang.« »Das sehe ich anders«, sagt BMW-Mann Hoffmann: »Zunächst mal müssten wir klären, was wir alle unter einem ›richtigen‹ Berufseinstieg verstehen. Was früher einmal ›normal‹ war, sieht heute ganz anders aus. Die sogenannte Generation Praktikum lernt von vornherein, mit Unsicherheit umzugehen, auch wenn das kein Selbstzweck sein darf.« Diese Leute schafften es auch eher, am Leben zu wachsen. Man solle den Umstand, dass es nicht gleich reibungslos in den Beruf gehe, nicht nur negativ sehen. »Das ist eine Herausforderung und kann für viele eine gute Schule für den weiteren Berufsweg sein.« Weil dabei immer gelernt werde, eben weil man viele Facetten mitbekomme, ganz automatisch. »Das ist eigentlich kein Widerspruch«, meint Rauch. »Mir ist das schon klar, die Unsicherheit führt zum Zwangslernen. Was aber ist, wenn dieser äußere Zwang weg ist?« Dann breche die Lernbereitschaft ein. Nein, ein Praktikum nach dem anderen, das sei kein Lernen auf ein Ziel.

Wie lässt es sich dann gesellschaftlich verankern, dass das lebenslange Lernen mehr gelebt wird? »Bei Unternehmen besteht immer ein Spannungsfeld zwischen wirtschaftlichen Zielen und Ausbildungszielen«, sagt Rauch. Vor der Krise in den Jahren 2008 und 2009 hätten die Unternehmen keine Zeit für Aus- und Weiterbildung gehabt, weil es so gut gelaufen sei, weil sie jeden Mann, jede Frau gebraucht hätten, die Nachfrage sei ja riesig gewesen. Dann, in der globalen Finanz- und Wirtschaftskrise, hätten die Unternehmen schlichtweg kein Geld mehr für Weiterbildung gehabt. Es sei eisern gespart worden, Seminare gekürzt, Fortbildungen gestrichen. Weiterbildung? Nein, das können wir uns nicht leisten, habe die Parole gelautet. Und als es dann flott wieder aufwärtsgegangen sei und die Wirtschaft geboomt habe, nun ja, da sei wieder keine Zeit gewesen. Rauch zeigt sich wenig hoffnungsfroh: »Selbst wenn wir es schaffen, dass es für alle positiv ist, korreliert es häufig nicht mit dem jeweiligen wirtschaftlichen Ziel.«

»Ein platter Anreiz, aber ein Anreiz«

Iris Pfeiffer, Forscherin beim Prognos-Institut, macht einen Vorstoß: »Wir müssen klären: Wozu ist Weiterbildung da? Ist sie dazu da, die Beschäftigungsfähigkeit zu sichern? Und ist sie nicht auch dazu da, die Innovationsfähigkeit eines Unternehmens zu sichern? Ist Weiterbildung nicht für all das unbedingt eine Voraussetzung?« Keiner widerspricht.

»Wenn wir fragen, wie kriegen wir das skaliert, also wie kriegen wir gute Projekte flächendeckend im Land umgesetzt, vielleicht wäre der erste Schritt ein *Labeling*?« Also ein Gütesiegel für Weiterbildung. Ein Gütesiegel reicht Ulrich Schoof nicht. »Vielleicht muss es Steuererleichterungen geben, wenn Unternehmen Kurse anbieten.« Das könnte doch gerade für kleine und mittelständische Unternehmen ein Anreiz sein. »Okay, das ist ein platter Anreiz, aber es ist ein Anreiz«, sagt Schoof.

Eine große Wirkung hätten immer auch die besonderen Tage.

»Wir haben gesehen, wie erfolgreich eine Einrichtung wie der ›Girls' Day‹ funktioniert, vielleicht brauchen wir auch einen Tag für das Lernen«, schlägt Niemann vor. Regelmäßig an einem festgelegten Tag im Jahr sollten Unternehmen, Betriebe mit Ausbildungsbereichen, Schulen, Berufsakademien, Hochschulen, Forschungszentren, Stiftungen, auch Lernorte wie Volkshochschulen und kulturelle Einrichtungen in ganz Deutschland Veranstaltungen für Jugendliche sowie Frauen und Männer aller Alters- und Qualifikationsgruppen anbieten, um für ihr Angebot zur

Steuererleichterungen für Weiterbildung?

beruflichen Aus- und Weiterbildung zu werben – und Chancen aufzeigen.

Außerdem würden Tage oder Wochen helfen, Dinge nicht zu vergessen, sagt Niemann. Die Frage sei: Wie könnte eine Veranstaltung zum Lernen heißen? Ein paar Ideen werden formuliert:

»Lange Nacht des Lernens.«

»Tag der Bewerbung.«

»Lernzeit für Kompetenzen.«

»Deutschland sucht den Superlerner.«

»Castrop Rauxel goes Talent.«

Als fast jeder denkbare Vorschlag abgefeuert ist, äußert ein Mitarbeiter der Fachabteilung des Kanzleramtes leise Zweifel: »Wie wird so ein Tag aussehen? Stehen dann die Bildungsträger an Ständen und stellen ein paar Bücher hin? Das wird noch nicht genug Faszination auslösen.«

»Vielleicht braucht man etwas anderes, vielleicht braucht man ein Gremium. Wir sollten den Bildungsrat wiederbeleben«, sagt BMW-Mann Hoffmann. »Den Bildungsrat des Bundes?« Der Mitarbeiter des Kanzleramtes schüttelt den Kopf. »Das machen die Länder nicht mit.«

»Ich sehe vielmehr, dass wir Kompetenz transparenter machen müssen, da ist doch Nebel überall«, sagt Niemann. »Wenn man etwas zusätzlich macht, wo wird das vermerkt? Wir müssen Klarheit schaffen, auch wo man Zugang zu Kompetenz erhält.« »Ja, ein Lerntagebuch ist da sicher eine gute Lösung«, ergänzt Pfeiffer. »Oder ein Kompetenzpass, wo genau vermerkt ist, was einer kann, was er bisher getan hat«, sagt Niemann.

Ein Kompetenzpass könnte einer der Handlungsvorschläge der Gruppe werden. Ebenso eine Reform der Leistungsbewertung, also die Wiederbelebung von DECVET.

Integration bildungs- und arbeitsmarktferner Jugendlicher

An der Basis brodelt es, sagt Jürgen Ludwig. Die Basis, das seien die deutschen Unternehmen. Ludwig ist ein Mann in den Fünfzigern. Er macht Musik, erzählt er. Eine Band mit drei Freunden. Tagsüber arbeitet er in der beruflichen Ausbildung bei der Wirtgen Group im Westerwald. »Ich bin jemand, der Menschen liebt.« Und die Azubis dürften ihn wohl auch lieben. Ludwig ist das Bild eines Vertrauenslehrers. Er hat den Blick auf die Stärken eines Menschen und nicht nur auf die Defizite. Doch das ist nicht immer leicht.

An der Basis der deutschen Unternehmen brodelt es.

Wer es nicht mal schafft anzurufen

Man liest es immer wieder: Unternehmen stöhnen. Denn der Nachwuchs lässt nach. Es mangelt den Schulabgängern an Sprachkenntnissen, am Textverständnis, auch an Mathematik. Aber auch an etwas, das Ludwig »Selbstwirksamkeit« nennt. Den Begriff kennen wir bereits. »Sie haben oft kein Zutrauen, die ihnen übertragenen Aufgaben auch auszuführen.« Sie fühlten sich schlichtweg überfordert. Sagt Ludwig. Aber: Ist das schon bildungsfern? Ludwig ist sich nicht sicher.

Die Bildungsunternehmerin Madeleine Krispin, die in Hamburg Schüler coacht, sagt: Klar, in Sprache und Mathe gebe es Defizite. Aber vielen mangle es auch an Grundsätzlichem: »Die schaffen es morgens nicht mal anzurufen, wenn sie den Bus verpasst haben.« Sie kennt die Betriebe, die Chefs, die sich deswegen die Haare raufen. Wer sich im Handy-Zeitalter nicht mal melden könne, wie solle der als Arbeitskraft integriert werden?

Woher kommen sie also, die neuen Azubis? Und vor allem: Wie lassen sich die sogenannten bildungs- und arbeitsmarktfernen Jugendlichen integrieren? Jugendliche, die weder an sich noch daran glauben, dass »das System« ihnen eine Chance bietet. Da scheinen sich einige endgültig abzukoppeln.

Oder werden abgekoppelt.

Es ist ein regnerischer Oktobertag. Beim Expertendialog im Kanzleramt geht es heute um die Frage: Wie integriert man diese jungen Menschen? Arbeitsmarktforscher Hilmar Schneider vom Institut für Zukunft und Arbeit (IZA) ist der Leiter der Arbeitsgruppe. Im Grunde sehe es gut aus, sagt Schneider. »Junge Menschen haben heute eine sehr viel bessere Perspektive als noch vor zehn Jahren. Und sie wird sich in Zukunft weiter verbessern.« Der demografische Wandel habe auch Vorteile. Das Arbeitskräfteangebot gehe drastisch zurück, sagt Schneider, die Anzahl der 15- bis 24-Jährigen werde sich von 9,1 Millionen im Jahr 2010 auf 7,8 Millionen im Jahr 2020 verringern. Gute Zeiten für junge Menschen. Aber nur für jene mit einem Abschluss, mit einer Ausbildung.

Für die anderen werde es eng. Dramatisch besonders die Situation für die 20- bis 30-Jährigen mit Migrationshintergrund. Laut Bildungsbericht von Bund und Ländern 2010 ist fast ein Drittel von ihnen ohne Berufsabschluss, bei jungen Frauen türkischer Herkunft ist es sogar fast die Hälfte. Von der gesamten Altersgruppe gelten laut Bildungsbericht 17 Prozent als ungelernt. Das sei Rekord.

Zwei Jahre braucht Asien zum Kopieren

Hilmar Schneider sagt: Wer keine Ausbildung haben werde, werde in Zukunft noch schwerer einen Arbeitsplatz finden. Zwar steige der Bedarf an Fachkräften, aber unqualifizierte junge Menschen wolle keiner haben. Die Folgen seien Abkoppelung, Armutsrisiko – und eine weitere Belastung der Haushalte von Bund, Ländern und Kommunen. Die Frage sei nun: Wie gelinge es, Kinder und

Jugendliche individuell zu fördern – und zwar hier. Und schnell. Das fordert Jürgen Ludwig, der Bildungsmann der Wirtgen Group. Eines jener Familienunternehmen, die das Rückgrat des deutschen Wohlstands bilden. Wenn irgendwo auf der Welt eine Straße gebaut wird, ist oft eine Baumaschine von Wirtgen dabei. Unter der Flagge Wirtgen fahren Fräsen, Recycler, Walzen, der Umsatz liegt bei 1,5 Milliarden Euro. Ein Weltmarktführer aus der Provinz. Ein Unternehmen, das ständig unter Druck steht. »Die Chinesen brauchen zwei Jahre, um unsere Maschinen zu kopieren und für den halben Preis auf den Markt zu bringen«, sagt Ludwig. Deshalb werde ständig an der Innovationsschraube gedreht, und die Zyklen würden rasanter. »Wir müssen immer schneller sein.«

Dazu brauche es ein hohes Ausbildungsniveau, einen motivierten Nachwuchs und qualifizierte Facharbeiter. Und genau das sei das Problem: Die Wirtgen Group sitze in Windhagen, mitten im Westerwald, und dahin Fachkräfte zu locken werde schwieriger.

»Bildung ist längst ein strategisches Unternehmensziel.«

Das sei das eine Problem.

Das andere seien die neuen Azubis. In Mathe hapere es, in der Sprache auch. Und viele schafften es nicht mal, »fünf Minuten konzentriert an einer Aufgabe zu arbeiten«, sagt Ludwig. Das könne an allem Möglichen liegen – für Unternehmen wie Wirtgen werde das zu einem echten Problem. Man mühe sich ab mit den Defiziten des Nachwuchses, und China werfe derweil günstige Wirtgen-Duplikate auf den Markt. Die zentrale Frage auch und vor allem für hiesige Familienunternehmen laute daher: Wie fördert man junge Menschen? Welche Maßnahmen gibt es, kann es geben, nein, muss es geben?

Ludwig bringt es auf den Punkt: »Bildung ist längst ein strategisches Unternehmensziel.«

Nicht einmal die Lampen funktionieren

Doch wie gesagt: An der Basis brodele es, erzählt Ludwig. Die duale Ausbildung komme vor die Hunde, die Berufsschulen seien katastrophal ausgestattet, mit veralteten Messinstrumenten, Lehrkräften ohne Weiterbildungsmöglichkeit. Überall fehle Geld, Geld, Geld. »Neulich habe ich einer Schule ein Beamer-Lämpchen geschenkt«, sagt Ludwig. Sie hätten sonst das Gerät nicht mehr einsetzen können.

Schulmisere mitten in Deutschland

Dazu kann auch Hilmar Schneider etwas erzählen: Seine Frau arbeitet an einer Berufsschule und hat neulich eine Kiste kaputter Mikroskope mitgebracht. »Bei allen ist das Lämpchen kaputt«, sagt Schneider. Er repariere sie nun in seiner Freizeit. Sozusagen als Praxiserfahrung für den Arbeitsmarktforscher. Schön und gut, aber, so fragt er: Wie solle es einem Staat gelingen, bildungsferne Jugendliche zu integrieren, wenn schon das Geld für neue Lämpchen fehle?

Vielleicht wenn man so unerschrocken ans Werk geht wie Hermann Genz. Er leitet den Fachbereich Soziale Sicherung bei der Stadt Mannheim und hat zuvor zwei Jobcenter in Köln und Mannheim aufgebaut. Stolz ist er auf sein »Mannheimer Modell«. Halb Deutschland sei schon zu Gast gewesen, alle hätten sich ein Bild gemacht, wie Genz und seine Kollegen die Verwaltung modernisiert hätten. Er verweist auf eine Jugendarbeitslosigkeit von »konstant unter einem Prozent«. Weil er keinen fallen lasse.

»Okay, du gehst jetzt arbeiten!«

Mannheim ist eine Stadt mit 330 000 Einwohnern, von denen seien »höchstens 130 junge Menschen wirklich nicht integrierbar«. Der Rest könne und solle arbeiten. »Zwanzig Prozent der jungen Hartz-IV-Empfänger haben einen Führerschein, obwohl sie über keinen

Schulabschluss verfügen und enorme Probleme mit dem Schreiben und Lesen haben«, sagt Genz. Wie sie es schafften, wisse er nicht, aber sie schafften es. »Vermutlich sind die doch ausgebuffter, als wir denken – auch ohne Hauptschulabschluss.« Sein Satz heißt: »Okay, du hast Pech gehabt, aber jetzt gehst du wieder arbeiten!« Und da setzt Genz vor allem auf Kooperation mit kleinen Unternehmen und Handwerksbetrieben. »Es muss immer betriebsnah sein«, sagt Genz, »es macht keinen Sinn, schulmüde Jugendliche auf der Schule zu lassen, die sollen mit 14, 15 Jahren runter von der Schule.«

Genz sagt, wie es funktioniere. »Wir gehen beispielsweise zu einem Schreiner, der hat vielleicht selbst mit 15 Jahren angefangen zu arbeiten, und sagen: ›Hier, das ist Kevin, er hat Handicaps. Ich kann Ihnen nicht versprechen, dass er sich macht und gut entwickelt, aber wenn Sie ihm keine Chance geben, sitzt er wieder auf der Straße und wird vielleicht irgendwann auch vor Ihrer Haustür randalieren.« Es seien diese deutlichen Methoden, die griffen.

»Wir müssen aufhören, Geld fürs Nichtstun zu geben«, sagt Genz. Denn die Jugendlichen verhielten sich durchaus »ökonomisch kompetent«, wenn sie Transferleistungen einer Ausbildung vorzögen. Und für die richtige Ansprache der Antragsteller sei auch gesorgt: Etliche Mitarbeiter im Jobcenter Mannheim seien selbst ehemalige Arbeitslose: »Die verstehen die Sprache unserer Klientel – und die lassen sich nicht so leicht erweichen.«

Die haben eine andere Perspektive

Hilmar Schneider sagt: »Wir haben uns angewöhnt, die Probleme der Jugendlichen damit zu erklären, dass sie schlecht ausgebildet sind.« Möglicherweise greife diese vermeintliche Kausalität aber zu kurz. »Vielleicht ist es in Wirklichkeit die Perspektivlosigkeit, die dafür sorgt, dass sich manche Jugendliche einfach nicht mehr anstrengen.«

»Da muss ich Ihnen aber ganz klar widersprechen«, sagt Genz. »Diese Jugendlichen sind nicht perspektivlos, sie haben nur eine andere Perspektive.« Und die werde nicht selten von ihrem Umfeld bestimmt, von ihrer Peergroup, also Freunden, Bekannten, Gleichaltrigen.

Die Bedeutung von Peergroups

Hermann Genz, gestählt im Dialog mit ausgebufften Antragstellern, will es keinesfalls den Peergroups überlassen. »Bevor ich irgendeine neue Richtlinie überhaupt unterschreibe, wissen die schon, wo die Lücke ist, die sie für sich nutzen können.« Da sei eine hohe Intelligenz, aber »die geht leider oft in eine falsche Richtung«, sagt Genz. Und an religiöse fundamentale Gruppen komme man ohnehin nicht mehr ran. Die seien verhärteter als ihre Eltern.

Professor Günter Opp, Pädagogik-Professor an der Universität Halle und Verfechter des Peergroup-Gedankens, will nicht davon lassen: »Es gehört zu meinen eindrucksvollsten pädagogischen Erfahrungen in positiven Peergruppen zu sehen, wie sensibel und solidarisch Jugendliche ihre Sorgen und Konflikte miteinander besprechen, wenn wir ihnen den Raum dazu geben und die notwendigen Aushandlungsrituale gemeinsam mit ihnen entwickeln.«

Eine gemeinsame Sprache finden

Gerade Kinder und Jugendliche brauchten Lebensräume, in denen sie sich sicher und gebraucht fühlten, um neue Fähigkeiten und Kompetenzen zu entwickeln, zu erproben und anzuwenden.

Opps Ansatz ist einigen zu idealistisch. Die problematischen Gruppen, das seien doch jene, die sich verabschiedeten, die ihren eigenen Kosmos bildeten, die abgekoppelt seien. »Das bedarf einer besonderen Betreuung. Das müssen wir früh erkennen, sonst wird das nie was«, sagt Schmidt, »und das fängt bei der Sprache an.«

Denn Sprache, also Deutschkenntnisse – das sei die Voraussetzung für Bildung. Aber genau das beginne doch im Zusammenwachsen der Gruppen, argumentiert Opp: »Dadurch lernen sie, eine Sprache zu entwickeln, um sich auszutauschen.«

Schneider insistiert: »Was sollen wir da empfehlen für die Politik? Eine Stunde Probleme besprechen in der Grundschule als Pflicht? Das kann leicht als Quatschbude abgetan werden.« Außerdem gebe es das in Hamburg schon, sagt Madeleine Krispin: »Da kommt mein Sohn immer nach Hause und sagt: ›Wir haben heute wieder sagen müssen, was uns nervt.‹«

»Und wie kann aus dem, was wir hier diskutieren, ein politisch umsetzbarer Vorschlag entstehen?«, fragt Stephan Breidenbach. Er führt die Diskussion ein wenig weg von den Peergroups. »Für mich ist eines der erfolgreichsten Systeme immer das Mentorensystem.« Ein Älterer zeige es einem Jüngeren, ein Erfahrener einem Neuling, einer, der es geschafft habe, einem, der dabei sei aufzugeben. Es gebe im Ruhrgebiet Projekte, bei denen Migranten ein gelingendes Leben anderen Migranten vermittelten. »Die jetzige Schule kann das nur bedingt fördern, in diese Lücke springen engagierte soziale Unternehmen.«

Mehr mit Vorbildern arbeiten

Was kann der Bund machen, wenn die Schulen nicht wollen? Vor allem, wenn Schule ohnehin nicht Bundesangelegenheit ist? »Der Bund kann nur zivilgesellschaftliches Engagement im Umfeld von Schulen fördern oder auch Programme zur Verbesserung der Berufsorientierung auflegen«, sagt ein Mitarbeiter des Kanzleramtes, und Mentorenprogramme könnten unter der Überschrift »Berufsorientierung« subsumiert werden. »Also müssen wir an ein Mentorenprogramm im Zusammenhang mit Berufsorientierung denken sowie an Peergroups im Zusammenhang mit Milieus und Problemkiezen«, greift Breidenbach den Hinweis auf. Einig ist sich die Gruppe schließlich, künftig mehr Wirtschaft, mehr Stiftungen, mehr Initiativen in die Schulen zu bringen. Die Unternehmen sollten rein in die Bildung.

Man müsse mehr mit Vorbildern arbeiten – mit den Klitschkos, mit Susi Kentikian, Vural Öger, Mesut Özil und vielen mehr. Mehr als je zuvor. Davon profitierten beide Seiten. Das ist eine Botschaft, auf die sich die Gruppe verständigt, die sie der Bundeskanzlerin auf den Weg geben wird. Sie einigen sich auf einen Wirtschaftspakt für die Schule.

Digital Natives? Residents? Visitors?

Jetzt tagt die neue Zeit. Die Arbeitsgruppe »Internet und neue Medien« trifft sich im Erdgeschoss des Kanzleramts. Auf den Tischen stehen viele Geräte der Arbeitsgruppe.

Einer erzählt: Eine typische Geschichte, wie sie in Kreisen der Internetunternehmer kolportiert werde, laute so: »Meine älteste Tochter, Mitte 20, *benutzt* das Internet, meine mittlere, Anfang 20, lebt *mit* ihm. Aber meine jüngste Tochter, noch im Teenageralter, lebt *im* Internet.«

Und wie nennt man nun die einzelnen Lebensabschnitte?

Sind das *Digital Natives*?

Und wer sind *Digital Visitors*?

Und was macht einen zum *Digital Resident*?

»Ach, es geht nicht um *Residents* oder *Natives* – die einzige Unterscheidung ist heute: *offline* oder *online*«, sagt Jörg Rheinboldt.

Es ist seine Arbeitsgruppe. Er ist der Kernexperte, er leitet die AG. Er war Geschäftsführer bei Ebay Deutschland. Er ist sozusagen von Anfang an mit dabei. »Ich habe angefangen, mich mit dem Internet zu beschäftigen, als es noch kein WWW gab.«

Inzwischen engagiert sich Rheinboldt für betterplace.org, eine Internetplattform, die soziale Vorhaben unterstützt. Rheinboldt gehört zu der Generation, die in den frühen 1990ern belächelt wurde, zur Jahrtausendwende gefeiert und mit Risikokapital überschüttet wurde, dann die große Ernüchterung erlebt hat, um schließlich einen gesellschaftlichen Wandel zu bahnen, der inzwischen nahezu alle Bereiche erfasst hat.

»Ich hoffe, dass es uns gelingt, unsere Ideen in Handlungsvorschläge zu gießen«, sagt Rheinboldt. In gewisser Weise ist diese Gruppe eine zentrale, denn das Internet ist überall. Rheinboldt ist überzeugt: Heute nutzen wir noch Computer, in Zukunft wird es aber immer mehr »Mobile Devices«, mobile Geräte, geben, wir werden das Netz in Smartphones und Tablet-PCs immer mit uns herumtragen. Wir werden kaum mehr aus dem Internet kommen. Schon heute stehen immer mehr Menschen in der S-Bahn und starren auf ihre internetfähigen Handys.

Das Zeitalter mobiler Geräte hat gerade erst begonnen.

Was macht das Netz aus uns? »Wir sind mit viel mehr Menschen verbunden«, sagt Rheinboldt. Und nicht nur Menschen kommunizierten, auch die Dinge seien miteinander verbunden.

Und er erklärt: Jeder Container, jeder Joghurtbecher ist miteinander verbunden und Teil des weltweiten Datennetzes. Alle Daten sind stets auch mobil abrufbar. Pakete und Container melden sich selbständig an Knotenpunkten an und werden automatisch auf den richtigen Weg und in das jeweils schnellste und günstigste Verkehrsmittel geladen.

Der Zugang zum Internet werde immer einfacher, so Rheinboldt, auch viele Fernseher funktionierten künftig online, man sehe fern, nehme die Fernbedienung in die Hand und sei dann online mit seinem »privaten«, individualisierten Fernsehprogramm. Man bleibe in Kontakt mit Freunden und Bekannten. Und das Wichtigste: Die Geschwindigkeit nehme zu, alles gehe sehr schnell, es passiere sehr viel. »Als ich bei Ebay raus bin, habe ich drei Monate gebraucht, um zu verstehen, was der Rest des Internets in der Zeit gemacht hat, als ich bei Ebay E-Commerce gemacht habe«, so Rheinboldt.

Was muss man können, um in Deutschland zu leben?

Nicht nur das Netz wandle sich. Auch die Art und Weise, wie man arbeite, werde sich weiter verändern. »Als ich angefangen habe zu arbeiten, war das Telefon sehr wichtig, ich habe tagelang telefoniert, dann kamen die Videokonferenzen, die nahmen immer mehr zu, man verabredete sich virtuell mit Geschäftspartnern in anderen Städten und Ländern, statt sich in echt zu treffen.« Inzwischen sei es völlig normal, dass das Leben in verschiedenen Realitäten stattfinde, die digitale Kompetenz sei etwas Fundamentales. »Digitale Kompetenz muss man einfach haben«, sagt Rheinboldt. »Man kann sich nicht entscheiden, dass man am digitalen Leben nicht teilhaben will, das ist wie: Ich möchte nicht lesen lernen.« In spätestens fünf Jahren seien alle online. Dafür müsse die Infrastruktur ausgebaut werden, Stichwort Breitband.

Und die Fragen, die sich deshalb stellen: Welche neuen Lernorte ergeben sich daraus? Was kann die Politik machen? Oder, um es mit Jörg Rheinboldt im Hinblick auf die digitale Kompetenz zu sagen: »Was muss man können, um gut in diesem Deutschland zu leben?«

In der Evolution seien wir jetzt beim »Homo zappiens« angekommen. Sagt Professor Henning. Er lässt es sich nicht nehmen, am Treffen dieser Arbeitsgruppe teilzunehmen. Es gibt jede Menge thematische Zusammenhänge und Überschneidungen.

»Wir klicken und surfen uns im Netz durch die ganze Welt. Wohin führt das? Nun, ein Sechsjähriger kann heute fünf Dinge parallel tun, aber nichts für 30 Sekunden am Stück.« Henning befürchtet, dass Institutionen wie die Schule überhaupt nicht auf diese neue Spezies Mensch vorbereitet seien. Und das gelte nicht nur für die Schule.

»Wir haben eine dramatische Zunahme an Psychosen«, sagt Henning. Das liege auch daran, dass die Arbeits- und Lernprozesse ständig beschleunigt würden. Selbst Alltagsgegenstände würden zunehmend digitalisiert. Und Henning hat ein Beispiel: »Wenn Sie eine Heizung kaufen, kaufen Sie heute immer auch ein digitales System.« Ob da ein »Internetführerschein« oder Ähnliches reiche, um eine Kompetenz auszuweisen, bezweifelt nicht nur Henning.

Pommes im Netz

Da hat Béa Beste sehr genaue Vorstellungen. Sie hat Schulen gegründet, die bilingualen Phorms-Schulen. Beste, die noch als Gesellschafterin bei den Phorms-Schulen dabei ist, arbeitet bereits an ihrem nächsten Unternehmen PlayDUcation und will »mehr Innovation und Kreativität in die deutsche Bildung« bringen. Innovation und Kreativität korrelierten heute mit Medienkompetenz.

Im Grunde sei das wie beim Essen, sagt Béa Beste: »Wir stellen ja heute in Deutschland nicht die Frage: Haben wir etwas zu essen? Wir stellen die Frage: Ist das gesund und gut, was wir essen?« Und für das Internet müsse im Prinzip dasselbe gelten: Die Frage sei nicht mehr, ob man ins Netz gehe. Die Frage sei, was wir im Netz nutzten.

Und so wie uns bewusst sei, dass Pommes frites und Burger im Übermaß langfristig gesundheitlich schadeten, sollten alle auch fähig sein, das Angebot im Netz entsprechend auswählen zu können. Dann seien digitale Medien unschlagbar. Denn sie machten das Lernen und die Bildung »lebensrelevanter und individuell gestaltbar«, meint Beste. Eigentlich gehe es ja gar nicht mehr nur um digitale Kompetenz, das seien heute Lebenskompetenzen.

In der Zukunftsschmiede fürs Lernen

Wie Bildung und Digitales zusammengehen können, wirft Béa Beste an die Wand. Die Gruppe sieht im PowerPoint-Vortrag Bilder aus Sydney, vom dortigen »Sydney Center for Innovation in Learning«. Einer Zukunftsschmiede für das Lernen.

Es sind zwei Bilder. Auf dem oberen Bild sieht man einen großen Raum mit Tischen, einigen Sofas, Stühlen. Die Möbel sind nicht angeordnet, sondern beliebig verteilt, an der Wand hängt ein großer LED-Bildschirm. Verteilt im Raum sitzen oder stehen 20 Kinder, die alle ein Gerät in der Hand halten, meistens einen Tablet-PC.

Herkömmlicher Frontalunterricht finde dort nur einmal am Tag statt, erzählt Beste. Sie war dort, hat sich alles angeschaut und fotografiert. Die Idee sei: Die Schüler sollen die Geräte, die sie ohnehin haben (iPads, Smartphones etc.), auch im Unterricht nutzen. Es gebe daher viel individuelle Arbeit, jede Klasse habe auch einen Blog, es gebe Wettbewerbe, welche Klasse wie viel »Audience«, also Publikum, habe, wer die meisten Besucher auf dem Blog habe.

Auf dem unteren Bild sitzen drei Jungs auf dem gefliesten Schulboden, jeweils vor einem aufgeklappten Laptop und einem Mikrofon. Sie scheinen alle einen Blog-Beitrag zu filmen und einzusprechen. Allerdings: Obwohl viele Kinder im Raum zu sehen sind, scheint kein einziges mit seinem Klassenkameraden zu sprechen, also direkt das Wort an den Nebenmann zu richten. Alle blicken mit gebeugtem Kopf auf ihre Medien.

Wenn man berücksichtige, so ein Teilnehmer der AG, dass Kinderärzte Alarm schlügen, weil die Sprachentwicklung bei Kindern immer dürftiger werde, gerade weil ein Großteil der Zeit vor Bildschirmen verbracht werde, und dass zur Sprache auch die nonverbale Artikulation gehöre, scheine die digitale Bildung unter Umständen doch nicht das Allheilmittel.

»Was habe ich heute gelernt?«

Worauf es Beste aber ankommt: »Es muss ein Lernen ohne Spaßbremse und Frust geben – und ohne Defizitblick.« Das Bildungssystem solle generell eher auf Chancen und Stärken ausgerichtet sein und sich nicht immer nur auf Mängel und Probleme konzentrieren. Das fange bei den Lehrern an: »Wenn ein typisch deutscher Lehrer vor einer Klasse mit vielen Ausländern mit mangelnden Deutschkenntnissen steht, denkt er: ›O Gott, lauter Probleme.‹ Ein kanadischer Lehrer vor einer Klasse, die kein Englisch kann, sagt dagegen: ›Schön, lauter Kinder, denen ich meine Sprache beibringen darf.‹«

Lehrer, die auch außerhalb der Schule erfolgreich sind

Das liege an der Art, wie Lehrer in Deutschland ausgebildet würden, welche Erfahrung sie mitbrächten. »Ein deutscher Lehrer kommt aus der Schule, geht in die Universität und dann wieder in die Schule«, fasst Beste zusammen. »Wir brauchen aber Lehrer, die auch außerhalb der Schule erfolgreich waren, die lebenslanges Lernen selbst authentisch leben.« Und Béa Bestes Rat für die Kanzlerin: »Sie sollten sich einmal am Tag oder regelmäßig öffentlich bekennen: Das habe ich heute gelernt!«

Zum Lernen gehört auch Sitzfleisch

Immer mal wieder geht die Diskussion in Richtung Schule. Dann greift der Moderator oder der wissenschaftliche Koordinator ein und erinnert daran, dass die alleinige Hoheit über Lehrpläne bei den 16 Bundesländern liegt. Es hänge zwar alles mit allem zusammen, doch die Kompetenzen von Bund, Ländern und Kommunen seien klar geregelt. »Aber guten Vorschlägen kann sich doch niemand wiedersetzen«, wirft Jan Seidler ein. Zuletzt war Seidler CTO (Chief Technology Officer) beim Internetdienstleister MyHammer, heute arbeitet er für ein dänisches Internetunternehmen.

»Wo ich ein Fragezeichen sehe, ist bei den soziokulturellen Unterschieden«, mischt sich Horst Niesyto ein. »Gerade beim Thema Selbstaneignung von Wissen mit Medien sind die unterschiedlichen sozialen und bildungsbezogenen Ressourcen zu beachten.«

Niesyto ist das Gegengewicht zu denjenigen in der Arbeitsgruppe, die im Internet eine Art Allheilmittel sehen. Er ist Pädagogikprofessor an der Pädagogischen Hochschule Ludwigsburg und einerseits skeptisch, was die scheinbar unerschütterliche Euphorie der anwesenden Technikfans betrifft, andererseits seit Jahren ein Verfechter des Einsatzes von Medien in der Schulbildung. »Grundsätzlich ist es die richtige Richtung. Freude am Lernen ist etwas Schönes, aber zum Lernen gehören auch Ausdauer und die Bereitschaft, zu reflektieren und Widerstände zu überwinden«, sagt Niesyto.

»Ich will ja nur zeigen, wie Schule weitergedacht werden kann«, erwidert Beste. Das sei ja auch eine »Mentalitätsfrage«. »Ich will nicht, dass alles easy-peasy ist, aber die Leute, die eben kein Sitzfleisch haben, gerade diese Schüler sollen, ja müssen dranbleiben.«

Schon richtig. Dem Professor aus Ludwigsburg geht es aber um etwas Grundsätzliches: »Wir müssen erst die Frage klären: Wie versteht sich jeder Einzelne als Lernender? Was versteht man unter Lernen? Wie bekommt man Menschen zum Lernen?«

Das könnte ein erster Schritt sein. »Nein, die Frage ist doch vielmehr: ›Wie kriegen wir die Lehrer dazu, sich an ein neues Lernen heranzutrauen‹«, wirft ein Mitarbeiter vom Kanzleramt ein. Béa Beste will genau zu diesem Zweck mehr Lehrer und Erzieher aus dem Ausland holen. Kanada würde beispielsweise einen Überschuss an Lehrkräften ausbilden, die könnten auch nach Deutschland kommen. Sie hätten Arbeit, und die deutschen Schüler würden einen neuen Ansatz erleben. Sie fasst zusammen: »Mein Vorschlag: Erleichtern wir den Zuzug von Lehrern aus dem Ausland – und auch die Anerkennung ihrer Qualifikationen.« Die Gruppe findet die Idee interessant und will sie für die Vorschlagsliste, die die Kanzlerin im August bekommen soll, ausarbeiten.

Stipendien für Lehrer

Niesyto sieht große Perspektiven. Er fordert einen umfangreicheren internationalen Austausch der Lehrkräfte untereinander, natürlich auch den digitalen Austausch. »Das könne aber auch ablaufen wie Künstlerstipendien.« Niesyto denkt an Schriftsteller oder Maler, die beispielsweise nach Rom gehen, um etwas zu lernen oder auch um neue Impulse zu bekommen. Auch für Lehrer könnten Stipendien ausgeschrieben werden – um neue Erfahrungen und Anregungen zu sammeln. Und diese dann an die Schüler weiterzugeben.

Lehrer aus dem Ausland für deutsche Schüler

Grundsätzlich ist Niesyto davon überzeugt, dass es keine Bildung mehr ohne Medien gibt. Das denke und sage er schon seit Jahren, erklärt er. Und heute seien einerseits die Chancen dafür gegeben, andererseits lauerten auch neue Gefahren. Zum Beispiel die enorme Beschleunigung. »Wer täglich 70 bis 80 Mails abarbeiten muss, wird kaum die Zeit finden, wirklich zu reflektieren.« Reflektieren brauche aber Zeit. Was ist für mich jetzt gut, und was ist wichtig – diese Frage sei eine Grundfrage, diese Entscheidung immer wieder zu treffen, das müssten die Schüler heute lernen. Vor zehn Jahren sei es vor allem um Hardware gegangen, da habe es den Trend gegeben, die »Schulen ans Netz« zu bringen, also möglichst viele Bildungsstätten mit Computern auszustatten. Heute gehe es um mehr, so Niesyto, heute gehe es von der Persönlichkeitsbildung bis hin zur Lernfähigkeit um viel mehr.

Das große Aber: »Wir dürfen Menschen aus sozial benachteiligten Verhältnissen im digitalen Zeitalter nicht außer Acht lassen.« Das seien zum Beispiel die Jugendlichen ohne Hauptschulabschluss und Menschen ohne Erwerbsarbeit. Auch dürfe digitale Technik älteren Menschen nicht übergestülpt werden: »Wir brauchen da sensible und niedrigschwellige Angebote, die die Menschen in ihrer Lebenswelt erreichen«, so Niesyto.

Die Schule bleibe auch im digitalen Zeitalter die wichtigste Vermittlerin von Wissen. Allerdings sei in den Schulen eine »medienpädagogische Grundhaltung notwendig«, sagt Niesyto. »Und genau da sehe ich eine große Kluft.« Sein Vorschlag: Medien-Mentoren an Schulen, die ins Netz helfen. »Generell müssen natürlich medienpädagogische Kompetenzen bei der Lehrerausbildung verbindlich sein.« Denn »kein Jugendlicher darf die Schule ohne eine grundlegende Medienbildung verlassen«. Hier sei noch viel zu tun.

»Wir sollten uns nicht nur auf der Metaebene mit dem Internet befassen.« Philipp Justus von der Onlinemarketing-Firma Zanox beklagt, dass »ganz viel technisches Wissen fehlt«. Dabei gehe es auch um »harte Fakten, um Bausteine, die man in der heutigen digitalen Welt braucht«.

Béa Beste sieht wiederum die Schule in der Pflicht: »Jeder Lehrer muss sich bewusstmachen: Ich unterrichte nicht Stoff, ich unterrichte Kinder. Es geht um Lebenskompetenzen.« Es gehe darum, die natürliche Haltung von Kindern nicht zu zerstören: Neugier, Optimismus, Spaß am Erforschen. Vielleicht müsse man etwas wie einen Internetführerschein schaffen oder wenigstens Mindeststandards. Henning meint: Ja, Medienkompetenz gewinne enorm an Bedeutung. Und dennoch: »Es gibt nicht *den* Mindeststandard.«

Einer, der Standards formulieren könnte, ist Jan Seidler. »Als ich mit dem Thema angefangen habe, gab es 200 Webseiten in Deutschland.« Inzwischen sind es nach Angaben der Forscher des Internetdienstleisters Netcraft rund 600 Millionen Webseiten weltweit – und weltweit mehr als zwei Milliarden Internetnutzer. Seidler kann schöne Geschichten erzählen aus der Pionierzeit des Netzes. Um die Jahrtausendwende sei er mal mit dem Auto an der Ebay-Zentrale Deutschland vorbeigefahren, das Unternehmen habe ihn interessiert. Er habe dann einfach mal geklingelt, gefragt, ob die Chefin zu sprechen sei. Nach dem Gespräch war er Produktmanager.

Er sagt, er wundere sich heute immer noch über das viele Unwissen und darüber, wie das Thema ignoriert werde. Als seine Tochter eingeschult werden sollte, im Sommer, habe er ein paar Schulen besucht. »Und was haben die? Die haben eine Töpfer-AG, Turn-AG, alle möglichen AGs, aber keine mit Computern.« Seidler versteht das nicht. »Wenn ich eine Lehmhütte bauen will, gut, dann brauche ich natürlich keine Software, für alles andere schon.«

Schulfach: Digitale Medien

In seinem Vortrag präsentiert er ein Treppenmodell: Die Welt sei eine Treppe. Und jeder solle sich im digitalen Zeitalter bemühen, die jeweils nächste Stufe zu erklimmen. Doch die Abstände würden größer und größer. Das sei fatal. Denn es gehe um alles. »Es geht nicht darum, ein bisschen Lebensqualität zu sichern, es geht ums Überleben«, sagt Seidler.

Wer das Netz nicht beherrsche, müsse massive Abstriche in der Lebensqualität machen. Ein Beispiel: »Meine Mutter schätzt ein seltenes Parfüm, sie kauft es sich immer, wenn sie mal fliegt, am Flughafen im Duty-Free-Shop. Oder sie schaut überall, rennt durch ganz Düsseldorf, um es irgendwo aufzutreiben. Und als sie es mal wieder nicht gefunden hat, habe ich für sie gegoogelt und gefragt: ›Wie viel Liter brauchst du?‹«

Dann erst habe seine Mutter angefangen, sich Gedanken über das Internet zu machen und ihre Angst vor der Technik abzulegen. Inzwischen gehe sie angstfreier ins Netz – und kaufe problemlos ihr Parfüm. Aber nicht nur Seidlers Mutter habe Nachholbedarf. »Selbst bei medienaffinen Gruppen ist das verwertbare Wissen oft unzureichend.« Deshalb müsse endlich geklärt werden, welches Mindestmaß an Wissen vorhanden sein solle. »Erschreckend oft basiert vieles auf veraltetem Wissen.« Schon die »Basics« seien unzureichend. »Dass ein 20-Jähriger im Jahr 2012 nur das Zwei-Finger-System beim Tippen beherrscht, kann nicht sein, das geht heute gar nicht.«

Alle brauchten mehr Wissen. Jeden Berufstätigen fordere die

Technik in den nächsten fünf bis zehn Jahren noch viel härter. Die Schule müsse sich dabei als »Enabler« engagieren, als »Möglichmacher«. Und natürlich müsse es ein Schulfach »Digitale Medien« oder »Internet« geben. Denn die entscheidende Frage sei: »Wie schafft man es, alle auf dem gleichen Stand zu halten?« Gerade beim Thema Internet dürfe heute keiner mehr den Anschluss verlieren, das sei existenziell für die Menschen und auch für die gesamte Gesellschaft.

»Techno-Fantasien des posthumanen Menschen«

Der Vortrag von Seidler ist leidenschaftlich und löst viele Reaktionen aus. Stephan Breidenbach fordert, dass es möglichst bald nutzbare Standards für die Wirtschaft gibt. Wie bei Ingenieuren, ergänzt der Ingenieur Klaus Henning. »Ein Ingenieur muss auch wissen, was jede Waschmaschine haben muss, genau solche universellen Vorgaben und Standards muss es auch für das Internet geben.« Kurz und gut: Es brauche eine vernünftige Standardisierung. Aber nicht nur für die Komponenten, sondern auch für deren Anwendung.

Niesyto hat damit ein Problem. Wenn das Internet und der Umgang damit in der Gesellschaft komplett standardisiert würden, wo bleibe da noch Raum für kreative Weiterentwicklungen? Schließlich: Wenn alles nur noch online erledigt werde, was mache dann die 70-Jährige, die zwei Kilometer durch ihre Stadt gehen müsse, um eine Bank oder die Post zu finden? »Wir dürfen doch die Menschen nicht abhängen.« Außerdem störe ihn das Loblied auf Standards. »Was soll das denn, das ganze Leben in Standards zu pressen, und wer nicht mitmacht, wird abgehängt.« Medienpädagoge Niesyto scheint nun doch etwas verärgert zu sein: »Das geht in Richtung Techno-Fantasien, da ist es nicht mehr weit zu Vorstellungen vom posthumanen Menschen!« Niesyto plädiert für eine

Medienbildung, die nicht auf Technik und Bedienwissen reduziert ist. Die Allgegenwärtigkeit der Medien erfordere es, die Menschen für ein souveränes Leben mit Medien stark zu machen, führt er aus. »Es geht um die Befähigung zu einem sozial verantwortlichen, reflexiven und aktiv-produktiven Umgang mit Medien, um die vorhandenen Potenziale der Menschen zu stärken und ihnen eine Teilhabe an der Gesellschaft zu ermöglichen.«

Den souveränen Umgang mit Medien lernen

Seidler fühlt sich missverstanden und beteuert, dass er nicht Menschen herabwürdigen wolle. Er wolle dazu beitragen, dass sie besser zurechtkämen. Und er verweist auf die »Zwangsläufigkeit der Hochtechnologiestandards«.

Da könne man nicht mehr zurück. In Amerika gehe das so: Da lernten die Kinder von Anfang an, elektronisch zu schreiben. Es werde ihnen vermittelt, das Gerät zu benutzen.

Philipp Justus hat mit seiner Familie in Kalifornien gelebt, er war in verschiedenen Führungspositionen bei Ebay, inzwischen ist er Vorstandsvorsitzender des Berliner Internetdienstleisters Zanox. Und er zieht einen Vergleich. »Wenn es um digitale Kompetenzen geht, sind die Schulen in Deutschland auf dem Stand von vor fünf oder zehn Jahren und machen überwiegend noch Web 1.0.« Sprich: Sie vermittelten nur einen Bruchteil der Möglichkeiten, die das Internet biete. »In Amerika wird in der Schule das genutzt, was heute State of the Art ist.« Also selbstverständlich mit Facebook und Blogs auch in der Schule arbeiten, nicht nur um Freundschaften zu pflegen, sondern um Wissen zu generieren. Oder über schuleigene Netzwerke Hausarbeiten einzureichen und Noten abzufragen. Oder Programmiersprachen wie Java und HTML zu erlernen. Dennoch werde dort auch immer gefragt: Wie gehe ich kritisch mit Informationen um, die ich finde? »Auf die Vermittlung von Wissen und technische Fähigkeiten kommt es an. Es gibt kein Fachgebiet, das sich so schnell ändert wie die digitalen Medien.« Aber erst wenn die Persönlichkeitsbildung mit dazukomme, werde die Sache so richtig rund. Das müsse die Kanzlerin wissen.

Die lernende Gesellschaft

Jörn von Lucke von der Zeppelin University in Friedrichshafen gilt als einer der wichtigsten Verwaltungsinformatiker im Land, und wenn er spricht, klingt es nach Zukunft, auch in der abschließenden Gruppe des Themenstrangs III: »Lernende Gesellschaft«. Von Lucke bietet für nahezu jedes Problem eine virtuelle Lösung. Er erwartet von der Politik endlich ein klares politisches Signal in Richtung »2.0«. Seine Vokabeln beginnen meistens mit einem »Open«. Unter anderem spricht er von Open Data, Open Government und natürlich Social Media. Wenn man von Lucke zuhört, hat man das Gefühl, dass alles, was bisher war, antik ist. Er will virtuelle Partizipation an Gesetzgebungsverfahren, er will ein E-Recht, er will ein »Open Knowledgement«, und wenn er vorträgt, ahnt man, was ungefähr so alles möglich sein kann – und was es dafür aus seiner Sicht zwingend braucht: ein Bekenntnis zu offenem Wissen. Wissen müsse für jeden zugänglich sein – vor allem auch das Wissen des Staates und der Verwaltung, eine »Transparenz 2.0« solle sich das Land verschreiben, meint er.

Alles ist öffentlich.

Oder anders ausgedrückt: Her mit den Daten.

»Datentransparenz ist schön und gut, aber es reicht doch nicht, dass die Daten da sind, die Daten müssen auch interpretiert werden«, entgegnet Christina Tillmann von der Bertelsmann-Stiftung. Kein Problem für den Mann vom Bodensee. »Na, dann fordern wir eben die Transparenz von interpretierten Daten.«

»Und wer interpretiert die Daten?«, fragt Tillmann.

»Die Öffentlichkeit.« Wenn es für von Lucke etwas nicht gibt, dann Zweifel an seiner Vision.

Die wiederum auf zwei Maßgaben basiert:

1. Alles ist öffentlich.
2. Alle veröffentlichten Daten sind für alle nutzbar und verwendbar.

Open, Open, Open

Von Lucke geht weiter. Dass sich mit Web-2.0-Technologien die Art zu lernen verändern wird, davon gehen die meisten Experten des Dialogs aus. Aber wie Staat und Verwaltung geöffnet werden, wie dieses Open Government aussehen kann, das steckt nach Ansicht der Experten noch sehr im Nebel der Zukunft.

Der erste Schritt sei, so von Lucke, die Teilhabe aller Bürger an Webtechnologien. Das sei Grundvoraussetzung. »Open Innovation« lasse jeden an neuen Entwicklungen teilhaben. Das wiederum sei ein weiterer Pfeiler für ein »gemeinsames, geteiltes Wissen«. Der nächste Schritt sei die Vernetzung der Menschen untereinander. »Wir haben die Möglichkeit, ad hoc neue Gemeinschaften aufzubauen.« Und es sei immer und jederzeit möglich, große Menschenmassen in einen Entscheidungsprozess einzubringen oder zu koordinieren.

Eine Bildungswolke fehlt

Wenn von Lucke ausholt, wird es visionär. Eine solche Idee ist die »Bildungs-Cloud«. Mit einer Lern- oder Bildungswolke, die das gesamte Land umspanne, solle der Zugang zu Wissen, das Lernen für alle, vor allem auch für Schüler, maximal erleichtert werden, außerdem könnten endlich alle Schüler in Deutschland mit denselben Dokumenten denselben Stoff lernen. Das sei nicht nur denkbar, das sei machbar, so von Luckes Vision. Außerdem: Die

Amerikaner seien da schon ein paar Schritte weiter und könnten uns bald vorschreiben, was wir und womit wir lernen. Einfach weil sie die Infrastruktur dafür geschaffen hätten – und kontrollierten. Ein Riesengeschäft.

Den Einwand, dass Schulbuchverlage dagegen Sturm liefen, betrachtet von Lucke nicht wirklich als einen Einwand. Das sei ihm egal. Er sei an den besten Inhalten für die Gesellschaft interessiert.

Bud Spencers Freibad

Wer von Lucke reden hört, wird vieles über Webtechnologien erfahren und was mit diesen möglich ist. Ein positives Beispiel sind für von Lucke die Hilfeleistungen nach dem Erdbeben in Haiti. »Nach dem Beben wurden die Hilfsladungen mit Hilfe der durch Satellitenbilder von vielen Freiwilligen aktualisierten Open Street Map (www.openstreetmap.org) und der darauf aufsetzenden Haiti Crisis Map (haiti.openstreetmap.nl) organisiert und koordiniert.« Da hätten Menschen der betroffenen Regionen und Unternehmen zusammen agiert. Gleiches sei natürlich möglich bei Bauleitplanungen. Auch da könne, rein technisch, vieles gemeinsam gestemmt werden.

»Aber Open Government ist mehr als nur Partizipation 2.0«, sagt von Lucke. Überhaupt solle man das Thema nicht auf die leichte Schulter nehmen. Wenn die Bürger sich im Netz organisierten, entstünden mitunter enorme Energien, die zu unplanbaren Ergebnissen führen könnten. »Wir wissen noch gar nicht, was da für ein Veränderungsdruck auf uns zukommt.«

Als Beispiel nennt er Schwäbisch Gmünd. Die Stadt in Baden-Württemberg war auf der Suche nach einem Namen für einen neuen Tunnel. Prompt hatte sich in Facebook eine Anhängerschaft formiert, die sich für den Namen »Bud-Spencer-Tunnel« starkmachte. Und irgendwie musste die Stadt damit umgehen, sie hatte ja selbst zum Namenswettbewerb aufgerufen.

Sie beugte sich der Netz-Mehrheit, entschied sich aber dafür, nicht den Tunnel, sondern das städtische Schwimmbad nach Bud Spencer zu taufen. Das sind Dinge, auf die von Lucke hinweist. Klar, ob ein Tunnel wie ein Schauspieler heiße, sei zweitrangig. Wichtig aber sei, was möglich werde, wenn sich die Menschen im Netz zu Gemeinschaften zusammenschlössen. Auch die Ergebnisse des Online-Dialogs des Kanzleramts würden doch mit Spannung erwartet. Man wisse am Anfang nicht, was hinten herauskomme. Auch die Regierung eines Landes müsse sich in Zukunft auf ein neues Lernen einstellen. In den Kommunen gebe es schon längst ein transparentes Verfahren, das im Internet für alle sichtbar die Verwaltung manchmal ganz schön ins Schwitzen bringe.

»Das ist richtig, das müssen wir uns immer vergegenwärtigen, dass wir fast zu Nullkosten eine größtmögliche Menschenansammlung erreichen können«, ergänzt Stephan Breidenbach.

Open-Data-Bundesportal

Aber wo verläuft da die Grenze, was ist Regierungssache, was sollte man dem Netz überlassen?

Von Lucke: »Genau das ist die Frage: Will ich die Entwicklung komplett unkoordiniert laufen lassen, oder will ich diese neue kollektive Intelligenz steuern? Und wenn ja, wie soll das gehen?«

Breidenbach: »Was sollen wir tun, welche Werkzeuge soll der Staat einsetzen? Gibt es ein Beispiel, wo es sinnvoll gemacht wurde?«

Von Lucke: »Die Seiten ›Service-bw‹ des Landes Baden-Württemberg (http://service-bw.de), ein Zuständigkeitsfinder der gesamten öffentlichen Verwaltung im Netz, ist zugleich ein gutes Beispiel für frei zugängliche Daten. Von privater Seite war keiner dazu in der Lage gewesen, so etwas in der Qualität verwaltungsebenenübergreifend aufzubauen, schon aufgrund der komplexen Daten- und Zuständigkeitslage.«

Breidenbach: »Also ist unsere Handlungsempfehlung, dass die Bundesregierung die Weichen für Open Innovation stellen soll?«

Von Lucke: »Ja, für Open Innovation. Und dies sollte sie mit einem Open-Data-Bundesportal beginnen.«

»Wir verhandeln hier eine Herzensangelegenheit«

2004 arbeitete Salman Khan als Hedgefonds-Analyst in Boston. Khan ist Einwanderer aus Bangladesch. Er hat viel zu tun. Tagsüber sucht er geeignete Investments, und abends unterrichtet er seine 13-jährige Cousine Nadia im mehr als 2000 Kilometer entfernten New Orleans. Mathematik, Physik, Chemie. Er telefoniert mit ihr, manchmal verwendet er einen Internet-Messenger-Dienst. Es bleibt nicht bei der Cousine, es kommen immer mehr Verwandte und Freunde hinzu, alle wollen Khans Nachhilfe. Er beschließt, seine »Schulstunden« auf YouTube hochzuladen – mit überwältigendem Erfolg. Und das nicht nur bei der Verwandtschaft. Inzwischen sind seine Filme mehr als 70 Millionen Mal angeklickt worden, die mehr als 2400 Unterrichtseinheiten sind in 23 Sprachen übersetzt – und die nichtkommerzielle »Khan-Academy« verbreitet weltweit Wissen. Die Filme lassen sich immer wieder anklicken, immer wieder kann man sich den Stoff anschauen. Und das hat bei Schülerinnen und Schülern offenbar einen viel größeren Effekt als Bücher.

Wie funktioniert Schule auf YouTube?

Stephan Breidenbach erzählt von Khan: Welche neuen Wege sich einfach so ergeben könnten, wie die ausgetretenen Pfade verlassen würden und wie sie plötzlich einen wunderbaren Königsweg offenbarten. Wie eine Gesellschaft lerne. Die »Lernende Gesellschaft«, diese Arbeitsgruppe ist für Breidenbach etwas Besonderes: »Wir verhandeln hier eine Herzensangelegenheit.«

Lernende Gesellschaft sei nicht nur das Lernen in der Schule oder an anderen Lernorten. Es sei das in Institutionen, Regeln und Prozessen angelegte Lernen. Zum Beispiel auf dem Energiemarkt. Da werde nun wirklich richtig gelernt, und es gehe auch um sehr viel Geld. Seit der Energiewende und dem vereinbarten Ausstieg aus der Atomkraft lernten alle wie verrückt. Die Konzerne, woher sie die Energie bezögen. Die Kommunen, was sie machen könnten, um auf dem Energiemarkt mitzumischen, und die Kunden, welche Energieversorgung sie nutzen sollten. Es offenbare sich ein neuer Weg, und die Gesellschaft lerne. Sie lerne einen neuen Energiemarkt. Das sei spannend, und das sei es, was er unter einer lernenden Gesellschaft verstehe.

Darum soll es hier gehen. Die Kernfrage der lernenden Gesellschaft ist: Wie mobilisieren wir das Ganze? Wie aktiviere ich das Ganze? Und: Was steht einer lernenden Gesellschaft im Weg?

Zwei Dinge müssten stimmen, sonst funktioniere das Lernen nicht, sagt Breidenbach: »Erstens: Wir werden nicht weiterlernen, wenn wir nicht lernen, systemisch zu denken.« Das heißt: Wenn eine Stadt wie Berlin die Abfallentsorgung nicht mit der Energieversorgung zusammendenke, werde Potenzial bei der Energiegewinnung verschenkt. Am Potsdamer Platz würden beispielsweise die Speisereste aus den Hotels und Restaurants so lange zerkleinert und entwässert, bis sie am Ende zu lauter kleinen Flocken würden, die dann in einem Brandenburger Biokraftwerk verfeuert und zu Energie umgewandelt würden.

Zweite Voraussetzung: »Es ist immer besser, präventiv zu handeln, als hinterher auszubessern.« Zum Beispiel bei der Förderung von bildungsfernen Jugendlichen, die, wenn nicht jetzt was getan werde, sich zu einem Dauerproblem auswüchsen. Damit das alles klappe, empfiehlt Breidenbach »so wenig Regelung wie nötig, so wenig Bürokratie wie möglich« – und: offengelegte Daten oder Open Data. Beispielsweise würden zahlreiche Studien in Auftrag gegeben, auch von Regierungsseite, aber nicht alle Ergebnisse offengelegt. »Wir brauchen aber Daten in einer Form, die alle Menschen nutzen können, öffentliche Daten müssen daher viel besser vernetzt werden.«

Und darüber hinaus müsse es eine Partizipation geben, müsse das Volk einbezogen werden, auch mit sogenannten Feedback-Loops. »Wir sollten auch im öffentlichen Raum Feedback-Loops einrichten.« Die Meinung der Bürger müsse gehört werden, und sei es als Netzkommentar. »Der Staat kann von jeder Form der qualitativen Antwort profitieren.« Und auch damit schaffe man eine sich öffnende Gesellschaft. »Wir haben viel zu viele Mini-Einheiten, die vor sich hinarbeiten, aber nicht miteinander sprechen.« Das sei Silodenken. Aber nur das Aufgeben des Silodenkens »steigert die Lernmotivation«, meint Breidenbach. Wenn man sich mit einem Gegenüber austausche, wenn man eigene Pfade und Sektoren oder auch Fürstentümer verlasse, beginne Neues.

Übersetzt in Web 2.0 heißt das: Offenheit und die Transparenz von Daten sind die Basis für gemeinsames Lernen.

»Transparenz ist die Bedienung von Eliten«

»Die Transparenz ist wohl weniger das Problem«, sagt ein Mitarbeiter des Kanzleramtes. Vielmehr hapere es überhaupt am Erfassen der Statistiken und Studien. Mit Transparenz hat Birger Priddat, Professor für Politische Ökonomie an der Universität Witten, so seine Schwierigkeiten. »Da bin ich immer hellhörig.« Transparenz? Was nütze die beste Transparenz, wenn es niemand verstehe. »E-Recht, das versteht doch keiner, was wir brauchen, ist ein Interpretationsmanagement.« Die Menschen müssten doch herausfinden können, was die Daten für sie persönlich und für die Gesellschaft zu bedeuten hätten. Darauf komme es an. Mit den reinen Daten wüssten die meisten Bürger nichts anzufangen. Und dann dürfe es nicht wieder eine Sache für Fachleute im Wolkenkuckucksheim werden, sondern die Menschen müssten sowohl an der Erhebung der Daten als auch an ihrer Interpretation beteiligt werden.

»Ja, ich muss doch wissen, über was ich urteile.« Das stimme, sagt einer aus der Gruppe. Wer die Interpretation bestimme, bestimme, wo es langgehe. Wie könne das ganze Volk daran beteiligt werden? Wie erlangten die Menschen die Kompetenz in der Bewertung von Daten? Das gemeinsame Lernen scheitere aber wohl nicht nur an den nicht vorhandenen Daten. Vor allem das »Säulendenken« stehe dem im Wege, also dass jeder nur an das denke, was gerade vor ihm liege.

Demokratie immer wieder neu aushandeln

»Es gibt jede Menge guter Ideen«, sagt Knut Bergmann, Fellow der Stiftung Neue Verantwortung, »aber viele an sich gute Vorhaben scheitern doch an der politischen Um- und Durchsetzbarkeit.« Er nennt ein aktuelles Beispiel: Dass man als Konsequenz der Morde der rechtsextremen NSU und der Arbeit der Landesverfassungsschutzämter nun einige Ämter zusammenlegen wolle, das sei eigentlich »Konsens«, das wolle im Grunde jeder. Trotzdem wisse wiederum jeder Beobachter, dass das am föderalistischen Eigensinn, wie Bergmann es nennt, der einzelnen Bundesländer scheitern werde.

Das könne sich durch »Transparenz« verändern, finden einige Experten. Andere teilen Bergmanns Skepsis.

Neue Aushandlungsdemokratie

Zur Lernkultur gehört nach Ansicht von Christina Tillmann von der Bertelsmann-Stiftung, dass der Bürger in Verwaltungsfragen mitentscheiden oder bei der Planung von Großprojekten und auch bei Gesetzesvorhaben mitdebattieren kann. »Wie aber passt diese neue Aushandlungsdemokratie zu einem ständig steigenden Tempo?« Für Tillmann gibt es nur eine Lösung: Wer mitmachen will, muss professioneller werden. Wer sich zivilgesellschaftlich engagiert, muss Kapazitäten aufbauen, muss Dialoge führen, im besten Sinne Netzwerkarbeit leisten. Und wie soll so ein Bürgerbeteiligungsprozess überhaupt organisiert werden? Tillmann schlägt vor, ein Koordinierungsgremium zu bilden – in dem in jedem Fall Bürger beteiligt sind.

Denn das habe einen einfachen Grund: »Bürger vertrauen den Reformen, bei denen andere Bürger teilgenommen haben.« Im Grunde, so Tillmann, sei eine Beteiligung nur sinnvoll, wenn es um ein konkretes Vorhaben gehe, wie zum Beispiel Stuttgart 21. Birger Priddat meint dazu: »Wenn die Politik die Bürger sich beteiligen lässt, dann wollen sie mit hineinreden, das heißt aber auch, die Politik muss antwortfähig sein, muss lebendig sein, denn die Bürger wollen aufgeklärt sein.«

Es wird Zeit für eine Definition.

»Gesellschaftliches Lernen findet dort statt, wo man mit den bisherigen Methoden nicht mehr weiterkommt. Oder was ist für Sie gesellschaftliches Lernen?«, fragt Breidenbach.

»Wir bearbeiten Symptome, vielleicht müssen wir einen Ort schaffen, wo gesellschaftliches Lernen stattfinden kann«, meint Tillmann.

»Diese Orte gibt es schon, und einer davon ist beispielsweise der Deutsche Bundestag«, antwortet Bergmann wieder. Und dann berichtet er, was er schon alles durch Lektüre von Ausschussprotokollen gelernt habe, die aber regelmäßig nicht einmal von der Fachöffentlichkeit wahrgenommen würden. Diese Dokumente seien jedoch zumeist öffentlich zugänglich. »Generell besteht ein erheblicher Mangel an Risikobereitschaft. In Politik und Verwaltung besteht kaum eine produktive Fehlerkultur.« Keine Fehler machen zu dürfen sei eine schlechte Voraussetzung für Lernprozesse.

Eine Webseite mit Projektruinen

Dann die ganz große Frage: Was will man als Gesellschaft gemeinsam erreichen? Was ist im Interesse aller?

»Auf der einen Seite heißt es immer: ›Die Politik *muss*!‹, auf der anderen Seite beobachten wir aber eine stetige Abnahme des Vertrauens in die Problemlösungskompetenz der Politik und staatlicher Institutionen«, sagt Knut Bergmann. Der Bürger schimpfe permanent auf die Politik, sehe sie ständig in der Pflicht, glaube aber andererseits nicht, dass sie in der Lage sei, tatsächlich Lösungen hervorzubringen.

Bergmann sieht vor allem einen Weg: Wenn es schon im Land so viele Pilotprojekte und Modellversuche gibt, warum ist es dann so schwer, Modellprojekte bundesweit umzusetzen? Seine Diagnose: »Wir erfinden das Rad immer wieder neu – und zwar immer mit einer neuen Speiche, weil jedes Projekt immer ein Alleinstellungsmerkmal braucht.« Viele Modellprojekte seien zu sehr einzelfallbezogene Projekte und zu wenig über den Einzelfall hinaus taugliches Modell, was die Übertragbarkeit stark einschränke.

Ein Archiv der gescheiterten Projekte

Und immer wieder scheiterten Projekte, meistens am Geld, weil die Anschlussfinanzierung nicht aufzutreiben sei. »Vielleicht sollte man das mal von einer anderen Seite aufrollen.« Bergmann berichtet von seinen Erfahrungen: »Suchen Sie mal im Internet nach gescheiterten Modellprojekten, ich habe keine gefunden, obwohl ich lange gesucht habe.« So gehe wertvolles Wissen verloren, ohne dass die Chance bestehe, aus den gemachten Erfahrungen zu lernen.

Sein Vorschlag: Bauen wir eine Webseite auf mit den ganzen »Projektruinen im Land«. Wir zeigen, warum die Projekte gescheitert sind, was hätte helfen können. Und daraus, so Bergmann, könne man dann wertvolle Lehren ziehen. Daraus könne eine Gesellschaft eine Menge lernen: »Vielleicht schafft man es dann, Projekte auf die Beine zu stellen, die funktionieren und die sich dann auch in die Fläche bringen lassen.«

»Und: Wir brauchen noch einen Leitfaden für Projekte«, fordert Breidenbach.

Bergmann: »Es geht aber nicht um hochglanzbroschüren-taugliche Projekte, es geht um die gesellschaftliche Durchdringung.«

Breidenbach: »Das ist eigentlich nicht so wichtig, viel wichtiger ist die konkrete Wirkung.« Die werde kaum evaluiert.

Bergmann: »Evaluiert wird ohne Ende. Es kommt darauf an, wie man evaluiert.« Rein quantitative Messungen würden nicht weiterhelfen, auch wenn langfristige qualitative Ziele oft nur schwer zu erfassen seien. Man frage zum Beispiel bei einem Schülerprojekt immer, wie viele Schüler teilgenommen hätten. Das sei gut und schön. Aber es wäre hilfreich, bei den Betroffenen selbst nachzufragen, was es ihnen gebracht habe – und zwar auf eine Weise, die ihnen entspreche, also nicht per Fragebogen, sondern per SMS. Nur so gebe es eine möglichst ungefilterte Bewertung, frei vom Druck »sozialer Erwünschtheit«, meint Bergmann. »Das wäre ein Perspektivwechsel – wir fragen die Betroffenen, was sie wirklich brauchen.« Das sei echtes prozessorientiertes Handeln.

Ein neues Berufsbild

Die Leiter der Arbeitsgruppen des Themenstrangs »Wie wollen wir lernen?« haben heute ihr Gespräch mit der Kanzlerin. Wieder sitzen sie in der »Kleinen Lage« im sechsten Stock des Kanzleramts.

Gerald Hüther erklärt die Idee des »Potenzialentfaltungscoachs«. »Mir geht es darum zu zeigen, dass in unseren Bürgern viel mehr steckt«, sagt Hüther, »sie sollen eine Möglichkeit finden, die in ihnen schlummernden Potenziale selbstverantwortlich zur Entfaltung zu bringen.« Dabei müsste sie ein Coach begleiten. Damit sich nicht nur der Spaß am Lernen einstelle, sondern auch die »Freude an der eigenen Weiterentwicklung«. Doch andere verstünden nicht so viel Spaß. Die pädagogischen Hochschulen in Deutschland zum Beispiel wollten keinen Hüther-Coach, die österreichischen dagegen seien sehr angetan. Vielleicht müsse man es bei der Bundesagentur für Arbeit in die Wege leiten, vielleicht gebe es eine Möglichkeit, so was wie einen »Anspruch auf Entwicklungsförderung« zu integrieren.

Menschen ausbilden, die anderen helfen, ihre Potenziale zu entdecken

»Und wer soll das machen? Wie könnte da ein Curriculum aussehen?«, fragt die Kanzlerin. »Wir müssten Menschen ausbilden, die andere zum Entdecken der in ihnen angelegten Möglichkeiten inspirieren«, sagt Hüther. Aber wer mache das schon? »Die Psychologen machen es nicht, die Lehrer schaffen es nicht.« Es müsste eine Art »Geburtshelfer« sein.

»Braucht man dazu eigentlich eine Infrastruktur, oder geht es auch ohne?«, fragt Hilmar Schneider.

»Und ich denke auch an Betriebe, die so einen Coach engagieren wollen, wie sollen die vorgehen?« Angela Merkel scheint die Idee grundsätzlich interessant zu finden. Aber irgendwie fehlen noch konkrete Konturen.

»In Großunternehmen ist es wohl weniger ein Problem, so jemanden zu installieren«, erwidert Martina Niemann, »allerdings glaube ich, dass es im Handwerk oder in mittelständischen Unternehmen schon schwieriger wird.«

Niemann fragt, ob das in der Schule eventuell auch engagierte Mütter machen könnten. Rasfeld bringt Kinder ins Spiel. »Die sind unverstellt, die stellen die richtigen Fragen.« Kinder könnten als »Peergroup« durchaus eine Rolle spielen, sagt Arbeitsmarktexperte Schneider. Aber es brauche noch etwas mehr.

»Der Kern Ihrer Idee ist sehr spannend«, sagt die Kanzlerin, »aber die Bezeichnung ›Potenzialentfaltungscoach‹ verschreckt erst mal, darunter kann sich keiner etwas vorstellen.«

Die Idee und das Wort. Wenn Hüther und seine AG nur ein anderes Wort fänden. Dann fehlte noch das Curriculum, und ein neuer Beruf wäre in der Welt.

Mündige Bürger mit Gestaltungskompetenz

Margret Rasfeld fehlt es nicht am richtigen Wort. Ihr Wort heißt »Schule«. Sie füllt es nur mit anderem Inhalt. Sie sagt, dass Schule von allen Lernorten immer noch der wirkungsmächtigste sei. Da passiere das Lernen. Die Gesellschaft habe das Lernen an den Schulen institutionalisiert. Die Schule solle aber auch Dinge wie soziale Kompetenz vermitteln – und genau da hapere es noch. Das könne sie nicht so gut, das gelinge ihr noch zu häufig nicht. Wir hätten ein »konkurrenzorientiertes Schulsystem«, von dem derjenige profitiere, der sich am besten durchboxen oder durchlavieren könne, so Rasfeld. Die Noten seien die großen Spalter, sie sortierten Kinder und Jugendliche in »Sehr Gut«, »Gut« bis »Mangelhaft« und »Ungenügend«. Doch sei »Ungenügend« gleichbedeutend mit: der taugt nichts? Welch eine Frage. »Wir wollen doch vor allem mündige Bürger mit Gestaltungskompetenz«, sagt Rasfeld. Und welche Note sollte das ausdrücken?

Schulfach »Herausforderung«

In ihrer Arbeitsgruppe war eines der Hauptthemen das zivilgesellschaftliche Engagement. Ihre Arbeitsgruppe will der Kanzlerin ein Gesetz zur Stärkung der Zivilgesellschaft auf den Weg geben. Dann berichtet sie vom Schulfach »Herausforderung« und welche Erfahrungen die Schüler dabei machten, wie sie sich außerdem für das Gemeinwesen engagierten, wie sie in Altenheime, in Kitas gingen, wie sie dabei genau das lernten, worauf es ankomme. Soziale Kompetenz – und Gemeinsinn. Da könnten Grundlagen geschaffen werden, da könnte Schule mehr leisten als mit der reinen Vermittlung von Stoff, Stoff, Stoff.

80 Prozent steuern sich selbst

Wenn Schule ein Lernort der Zukunft sein wolle, sagt Rasfeld, müsse viel mehr die Selbstwirksamkeit im Mittelpunkt stehen. Wozu sei jeder Einzelne in der Lage? Und wie könne man ihm dabei helfen, das zu entfalten? Das seien die Fragen, die sich Schule stellen müsse.

Merkel: »Was glauben Sie, wie viel Prozent der Menschen wollen das, eine Selbsthilfe ohne Steuerung?«

Rasfeld: »20 Prozent.«

Merkel: »Und wie viele kann man aktivieren?«

Hüther: »80 Prozent.«

Das lebenslange Lernen. Martina Niemann sagt, dass der Begriff nicht glücklich sei. Immer schwinge »lebenslänglich« mit. Und außerdem brächten viele Menschen den Begriff Lernen mit »schulischen Stresssituationen« in Verbindung. Wer »lernen« höre und dabei sofort an die angstschweißauslösenden Nachfragen seines Physiklehrers denken müsse, nun, wie solle der »positive Lernerlebnisse« erspüren?

»Indem man zum Beispiel die Rolle der informellen Bildung stärkt«, sagt Niemann. Also endlich klarmachen, wo man neben der Schule auch etwas gelernt habe: in der Familie, auf der Straße, im Sportverein. Schöne, positive Lernerlebnisse. Die Niederlage beim Fußball und der Umgang damit – das sei auch Lernen. Unbenotetes Lernen.

»Außerdem wollen wir vorschlagen, einen Kompetenzpass einzuführen«, sagt Niemann. Der Pass solle dokumentieren, was jemand könne, wo er sich qualifiziert habe. Ein weiterer Vorschlag sei, einen Tag für das berufliche Lernen einzuführen, vergleichbar mit dem »Girls' Day«.

Merkel: »Dieser Kompetenzpass, sollte das zentral und einheitlich gemacht werden?«

Niemann: »Schön wär's, wenn Sie uns fragen.«

Merkel: »Und was hat der Einzelne davon, soll das bei Bewerbungen helfen?«

Niemann: »Die Zeitarbeitsfirmen haben ja schon einen Qualifizierungspass entwickelt, da stehen die verschiedenen Unternehmen drin, in denen einer gearbeitet hat, der Kompetenzpass muss natürlich weiter gehen, er muss den Menschen mehr hervorheben.«

Merkel: »Da müsste man die Tarifpartner fragen, was sie davon halten.«

Das Thema Weiterbildung ist der Kanzlerin wichtig. Es müsse viel stärker herausgestrichen werden, wie notwendig das sei. »Wir führen hier auch mit den Gewerkschaften und der Wirtschaft einen Dialog über die Zukunft der Arbeit, und die sagen, dass unglaublich viele Berufe und Aufgaben wegfallen. Kam es früher auf das Fachwissen zum Ottomotor an, muss man heute über einen Elektromotor Bescheid wissen«, erläutert die Kanzlerin. Und wie man ältere Menschen dazu bringe, sich zu qualifizieren, weiterzubilden, das sei eine Aufgabe, der man sich stellen müsse. Aber, fügt sie hinzu: »Hat sich eigentlich auch jemand mit dem Thema Überqualifikation beschäftigt? Man kann ja heute keinem mehr zur Habilitation raten, wenn er im Anschluss nicht direkt einen Job als Professor bekommt. Denn für andere Beschäftigungsfelder gilt so jemand sonst schnell als überqualifiziert.«

»Aber genau da kann doch ein Kompetenzpass helfen«, sagt Niemann. Weil es dann nicht auf die Zeugnisse ankomme, sondern auf die Erfahrung, die man im jeweiligen Beruf gesammelt habe.

Wo ist das Loch im Reifen?

Hilmar Schneider sagt, dass das Stundenvolumen der geleisteten Arbeit in den letzten Jahren eher zugenommen habe, vom Krisenjahr 2009 einmal abgesehen. Arbeit sei also genug vorhanden. Durch den Bevölkerungsrückgang werde sich die Ausgangslage für willige junge Menschen natürlich verbessern. Die Unternehmen suchten Fachkräfte, Auszubildende. In manchen Regionen sei man bereits nahe an der Vollbeschäftigung. Wer wolle, könne Arbeit bekommen. Das Problem seien diejenigen unter den jungen Menschen, die sich nicht anstrengen wollten, die sich von Bildung und Ausbildung verabschiedeten, die sich vom System entfernten – wie motiviere man die? Schneider erzählt von einem der Experten, Hermann Genz, der in Mannheim die Jobcenter erfolgreich reformiert habe und nicht nur den einzelnen »Bildungsfernen« ins Visier nehme, sondern ganze Straßenzüge und Häuserblocks, also das Umfeld der sogenannten Systemverweigerer. Und der konsequent auf die Zusammenarbeit mit Betrieben und Unternehmen setze. Nur das Individuum betrachten, das helfe eben häufig auch nicht weiter.

»Ja, das sehe ich ähnlich«, ergänzt Merkel. Man müsse wohl oder übel noch mehr in die Betriebe verlagern, ohne die Unternehmen zu überfordern. »Wir müssen die betriebliche Sozialarbeit ausbauen«, sagt Schneider. Überhaupt müsse man die »Systemverweigerer« genauer in den Blick nehmen – denn es geschehe schnell, dass die völlig vom Radar verschwänden.

Bildungsverlierer nicht verlieren

Die Bundeskanzlerin nickt. Und bringt einen Vergleich aus der Wissenschaft. »Vom Storch wissen wir ziemlich viel. Wir wissen, wann er im Herbst aufbricht, um in den Süden zu ziehen, dass er zwischenlandet in Israel, wie er sich orientiert und wie er es schafft, die Reise durchzustehen, bis er in Südafrika ankommt. Das wissen wir alles, aber unsere Jugendlichen, gerade die, die keinen Bildungsabschluss haben, verlieren wir scheinbar aus dem Blick. Das kann doch nicht sein.«

Was tun? »Die Jobcenter wissen in der Regel eine Menge über die Familie, das wäre ein Ansatz«, schlägt Niemann vor.

Große Lücken auch in der digitalen Welt. Die Gruppe sprudelt vor Ideen, sie sind zwar vermutlich nicht alle umsetzbar, und manche sind auch teuer, und ob man eine Bildungszentrale für digitale Bildung wirklich benötigt, ist auch noch nicht abschließend geklärt, doch sie sind interessant. Jörg Rheinboldt meint, dass jeder Schüler über einen Tablet-PC verfügen soll. »Das hilft heute beim Lernen, es ist ein virtueller Lernort.« Mal abgesehen von den Kosten und wer das alles sponsern könnte und sollte, sei das eine halbwegs stabile Investition. »Der Fortschritt in der Technologie ist nicht mehr so schnell, nicht wie vor zehn Jahren, solche Sprünge wie in den letzten Jahren wird es vermutlich nicht mehr geben«, sagt Rheinboldt.

Lernen und Lebensqualität

Und das kann man auch mal fragen: »Wie viel Einfluss haben Sie auf das System, als Kanzlerin?«, fragt Stephan Breidenbach. Er berichtet von seiner Gruppe, der »Lernenden Gesellschaft«, und wie sich diese auch für die Idee Lebenszyklusanalyse ausgesprochen habe. Vergleichbar mit den Analysen der Lebenszyklen von Produkten sollten auch soziale Prozesse solchen Modellrechnungen unterworfen werden. Wer einen neuen Laptop auf den Markt bringe, errechne, was es koste, ihn zu entwickeln, einzuführen, welche Chancen er auf dem Markt habe und wie lange er sich vermutlich halten werde. Solche Modellrechnungen könne man übertragen.

»Zum Beispiel könnte man beispielhaft errechnen, was es uns kosten wird, einen bildungsfernen Jugendlichen nicht zu integrieren, welche Kosten für ihn im Laufe seines Lebens entstehen bis hin zur Altersarmut«, sagt Breidenbach. Daraus könne man sehr viel lernen.

Das zweite große Thema von Breidenbach sind Modellprojekte – und woran es liege, dass erfolgreiche Modelle nicht in die Breite geführt würden. Und dass dies genau der Wesenszug einer lernenden Gesellschaft wäre. Stattdessen müssten viele gute Non-Profit-Organisationen viel Zeit damit verbringen nachzuweisen, dass sie noch gemeinnützig sind. Er plädiert für eine Änderung des Gemeinnützigkeitsrechts.

Das dritte Thema und eine Grundvoraussetzung für das Lernen einer Gesellschaft sei das Offene Wissen. Open Data. »Das müssen wir einfach vorantreiben, da muss endlich ein Umdenken stattfinden, wichtige Daten müssen verfügbar sein.« Das habe nämlich auch mit Lebensqualität zu tun.

Nicht steckenbleiben im Alltag

Merkel: »Lebensqualität?«

Breidenbach: »Ja. Stellen Sie sich vor: Sie wollen baden gehen und wollen wissen, wie steht es um die deutschen Badeseen, wo gibt es Informationen über die Wasserqualität eines See, wo sind die aktuellen Daten.« Das alles könne auf einer zentralen Seite gesammelt werden. »Die Daten sind alle da, auch die Menschen, die es können, sind da.« Und das sei ja nur ein Beispiel.

Merkel: »Vielleicht fehlt noch ein genauerer Blick auf den Bürger. Denn wie eine Gesellschaft lernt, ja, das ist wichtig. Aber wie werden Leute mobilisiert, dass sie nicht steckenbleiben im Alltag?«

Dann sind die beiden Lern-Stunden beendet. Die Kanzlerin leitet noch einen Hintergrund-Gesprächstermin der Arbeitsgruppe bei Bundesbildungsministerin Annette Schavan in die Wege.

Und auf große Freude der kompletten Lernen-Gruppe stößt dann im März die Meldung: Angela Merkel hat am Treffen der Kultusminister der Länder teilgenommen, an der berühmten KMK. Das hat noch kein Bundeskanzler vor ihr gemacht. Das ist neu, dass sich eine Kanzlerin so offensiv zur Bildung bekennt.

Zwischenruf 3

Stephan Breidenbach: Plädoyer für Partizipation und Fehlerfreundlichkeit

Politik muss vorausschauen, wenn sie Strategien und Visionen entwickeln will. Ein solcher »Foresight«-Prozess, der nur in wenigen Ländern bereits eingeführt ist, wurde mit dem Zukunftsdialog der Bundeskanzlerin begonnen. Die Frage ist hier nicht: Wie sieht die Zukunft aus? Es geht vielmehr darum, konkrete Vorschläge zu entwickeln, um die Zukunft zu gestalten. Der Themenstrang, den ich koordiniere, stellt sich die Frage: Wie wollen wir lernen?

Bildung im 21. Jahrhundert hat große Herausforderungen zu meistern, die mit unserem bisherigen Verständnis von Lernen und Wissen nicht mehr zu handhaben sind. Unsere Welt wird immer vernetzter, komplexer und dynamischer. Die Informationsflut nimmt beständig zu. Was gestern noch gültig war, bietet morgen schon keine Sicherheiten mehr. Um in dieser globalisierten Welt wirkungsvoll navigieren zu können, kommt es weniger auf das Erlernen neuer Wissensinhalte an als auf die Entwicklung einer neuen Haltung gegenüber uns selbst und der Welt. Es geht um einen qualitativen Sprung, um eine Transformation unserer Sichtweisen. Komplexe und unsichere Situationen, die mittlerweile zu unserem Alltag gehören, fordern von uns eine hohe Lernflexibilität, Mut zu Risiken, Bereitschaft für neue Erfahrungen und Veränderung, Eigeninitiative, Selbstverantwortung, Kreativität, Entscheidungsfreude und eine hohe soziale Intelligenz.

Dabei lernen wir nicht nur in der Schule oder Hochschule. Wir lernen »on the job«, im sozialen Leben, in der ehrenamtlichen Tätigkeit. Es ist nicht möglich, nicht zu lernen. Die Vielfalt der Lernorte muss daher in eine Bildungsstrategie einfließen, die sich nicht nur auf Schule und Hochschule konzentriert. Die Vielfalt der Lernorte trägt gerade auch zur Entwicklung der vielfältigen Kompetenzen bei, die wir brauchen.

Wenn Lernen an vielen Orten stattfindet, bricht das die Dominanz des formellen Lernens. Bildung kann nicht mehr mit Schule und Hochschule gleichgesetzt werden. Bildung heißt sich bilden (Gadamer). Sie ist nicht an Institutionen und Abschlüsse gebunden.

Und Bildung hält sich nicht mehr an lineare Abfolgen von Lernorten. Lernen im Sinne von Wissens- und Kompetenzerwerb findet in jeder Altersstufe statt, auch jenseits des 50. Lebensjahres. Jede Altersstufe hat ihre eigenen Herausforderungen, Chancen und Fähigkeiten, und gleichzeitig verlangt das individuelle Profil unter Umständen Lernchancen, die bisher auf anderen Altersstufen angesiedelt wurden.

Um an allen Lernorten in allen Lebenszyklen es jedem Menschen zu ermöglichen, sein individuelles Potenzial zu entfalten, müssen Politik, Wirtschaft und Zivilgesellschaft gemeinsam handeln und eng verzahnt kooperieren. Am konkretesten geht das vor Ort. In regionalen, kommunalen Strukturen zeigen sich unterschiedliche Milieus, Gruppenbildungen, Anforderungen und Chancen. So wie jeder Mensch sein individuelles Potenzial mitbringt, so finden sich im Lebensumfeld individuelle Prägungen und Muster, die die Akteure vor Ort auch am besten mit Leben füllen können.

Im Kern bedeutet dies, dass wir die Entfaltung der vielfältigen Potenziale jedes Einzelnen und eine grundsätzliche Freude am Lernen lebenslang unterstützen müssen. Kurzfristige Lernerfolge im Gleichmaß, das Bestehen von Prüfungen, gehören auch dazu. Vor allem zählen jedoch Einstellungen und innere Haltungen, die bestimmen, wie wir im Leben stehen, die Bereitschaft, aus Fehlern zu lernen, sich Herausforderungen mit Zuversicht zu stellen, und die Freude daran, sich beständig weiterentwickeln zu können. Das gilt vor allem für unsere Kinder. Nur Kinder, die in ihrer Individualität gesehen und gefördert werden, die sich wertgeschätzt fühlen und die Erfahrung machen, mit ihren Fähigkeiten wesentlicher Bestandteil ihres sozialen Umfeldes zu sein, sind später in der Lage, aktiv, kreativ und erfolgreich unsere Gesellschaft mitzugestalten.

Wir brauchen Lernorte, wo genau dies geschieht. Lernorte, in denen es nicht nur um Pflichterfüllung, Kampf um gute Noten und Auswendiglernen geht. Kinder sollen ihre Begeisterung am Lernen, Entdecken und Gestalten behalten können – auch und gerade in der Schule. Ein bedeutsamer Schritt wäre, Potenzialentfaltung als Wert und Grundprinzip in unserem Bildungssystem und in der gesellschaftlichen Haltung zum Menschen zu verankern.

Eine weitere Herausforderung, die sich meine eigene Arbeitsgruppe als Thema gesetzt hat, ist, wie die Gesellschaft als Ganzes lernt. Wie entwickeln wir Institutionen, Prozesse und Regeln so, dass notwendige Veränderungen schnell, effektiv und mit innovativen Lösungen umgesetzt werden. Wie können Politik, Wirtschaft und Zivilgesellschaft mehr und besser zusammenwirken, damit die ganze Gesellschaft innovationsfähiger wird. Transparenz, Partizipation, eigene Fehlerfreundlichkeit, Zusammenarbeit über »Silos« und Sektoren hinweg, Rückkoppelungsschleifen und eine systemische Sicht sind nur einige der Faktoren, die hier entscheidend sind.

Der Zukunftsdialog mit seinem intensiven, offenen und multiperspektivischen Ansatz ist für alle Beteiligten ein spannender Lernprozess. Schließlich geht es um unsere Zukunft.

II. Jetzt reden wir. Der Bürgerdialog

Aufgezeichnet von Christoph Schlegel

1. Die drei Bürgergespräche der Bundeskanzlerin

Das deutsche Indigo

Was ist Waid? Waid ist eine Pflanze, mit der man Textilien färben kann. Färberwaid wird seit dem 9. Jahrhundert vor allem in Thüringen angebaut. Es ist ein Blau, ein besonderes Blau, man nennt es auch Deutsches Indigo. Neckeroda ist ein Färberdorf, wo Waid angebaut wird, und Siegfried Hörcher ist Bürgermeister von Neckeroda, oder wie er es der Kanzlerin sagt: »Ich bin nur ein kleines Ortsbürgermeisterlein.« Zweihundert Einwohner hat Neckeroda, und wenn Hörcher da einen Bürgerdialog machen will, muss er nur durch die Straße gehen. »Da habe ich dann genug Dialog.«

Am 29. Februar 2012 ist Bürgerdialog der Bundeskanzlerin in Erfurt. Der Zukunftsdialog geht in die nächste Phase. Um 17.20 Uhr fahren Autos mit Berliner Kennzeichen vor den Eingang des Kaisersaals.

Spontan startet die Bundeskanzlerin schon draußen den ersten kurzen Dialog mit Bürgern, die am Straßenrand stehen. Die Sicherheitsbeamten sind nicht begeistert. Angela Merkel begrüßt Erfurter Bürger, einige Dutzend stehen auf der anderen Straßenseite.

Dann geht sie in den Kaisersaal.

Der Kaiser und die SPD

Nachdem die Experten mehrere Monate die großen und kleinen Themen bearbeitet haben, nachdem Anfang Februar der Bürgerdialog online geschaltet wurde und bereits mehrere Tausend Vorschläge eingegangen sind, startet heute der direkte Dialog mit den Bürgern. Im Kaisersaal in Erfurt. Der Name ist auf Napoleon zurückzuführen, der 1808 hier einen Fürstenkongress veranstaltet hat, sozusagen einen Fürsten-Dialog. Eine Napoleon-Holzfigur steht im Empfangsraum, sehr klein und mit der Hand in der Weste. Doch der Kaisersaal offenbart noch mehr Historisches: 1891 hat im Kaisersaal der Erfurter Parteitag der Sozialdemokraten unter der Leitung August Bebels getagt, ein fundamentaler Tag für die Sozialdemokraten. Bei diesem Parteitag wurde unter anderem der Name »Sozialdemokratische Partei Deutschlands« festgeschrieben.

Im Kaisersaal sitzen 100 Bürger aus Erfurt und Umgebung. Sie sind eingeladen, den Dialog mit der Bundeskanzlerin zu führen. Die *Thüringer Allgemeine* hat gut die Hälfte der Plätze unter ihren Lesern verlost, die sich mit Ideen und Vorschlägen bei ihrer Zeitung gemeldet hatten. Dazu kommen etwa ebenso viel Teilnehmer, die Mediapool, eine Veranstaltungsagentur, im Auftrag des Bundespresseamtes ausgewählt hat – indem Institutionen der Stadt, von Schulen über die Industrie- und Handelskammer, die Gewerkschaften, die Universität und Vertreter anderer gesellschaftlicher Gruppen angeschrieben wurden mit der Bitte, jemanden aus ihren Reihen zu schicken.

»Ich bin heute hier, um zuzuhören.«

Alle sitzen in einem Oval, in der Mitte drei Hocker, an den Enden jeweils ein Tisch. Die Bundeskanzlerin und der Moderator Tilmann Schöberl bewegen sich durch den Raum. Schöberl moderiert im Bayrischen Fernsehen die Sendung »Jetzt red i: Der Bürger hat das Wort« und bringt sozusagen von Berufs wegen die Bürgerdialogs-Kompetenz mit.

Angela Merkel sagt zu Beginn: »Wir haben heute etwas vertauschte Rollen. Ich bin hier, um zuzuhören. Um zu hören, welche Vorstellungen Sie haben.«

Sie tauscht hier bewusst ein wenig die Rollen: Nicht: Politikerin erklärt den Leuten, was Sache ist. Sondern: Regierungschefin hört zu und lässt sich schildern, welche Erfahrungen die Bürger machen und was sie für zukunftsrelevant halten. Die Veranstaltung nennt sich offiziell »Bürgergespräch« und ist eine Art Import aus Amerika, wo so etwas »Townhall-Meeting« heißt, also übersetzt »Rathausrunde«. Was die Bürgerinnen und Bürger zu sagen haben, was sie umtreibt, welche Ideen und Vorschläge sie haben, das gehört in eine gute Rathausrunde. Es ist eine Chance für Politiker, offen auf Menschen zuzugehen und ins Gespräch zu kommen.

Dass nun Deutschland das Townhall-Format anwendet und weiterentwickelt, das hat auch eine Reihe internationaler Journalisten in die Erfurter Futterstraße gelockt.

Die verantwortlichen Mitarbeiter hoffen auf einen guten Verlauf dieses Live-Bürgerdialogs. Und vertrauen auf die Transparenz des Verfahrens.

»Bildung muss Bundessache werden«

Die Menschen sprechen aus, was sie denken, was sie bewegt. Und als einer einen Zettel aus der Jackentasche holt und der Meinung ist, er müsse seine Notizen komplett vortragen, damit die Kanzlerin seine Gedanken, bei denen es um Kinderrechte und um Fragen der Gleichstellung gehe, besser verstehen könne, beruhigt Merkel: »Das Beste ist, Sie legen den Zettel weg und sprechen einfach an, was Ihnen wichtig ist, dann kommen wir beide schon gut miteinander ins Gespräch.«

Beim ersten Bürgergespräch in Erfurt, es folgen im März noch weitere in Bielefeld und Heidelberg, steht das Thema eins des Zukunftsdialogs auf der Tagesordnung: »Wie wollen wir zusammenleben?« Auf dem Boden des Saals stehen die Begriffe: »Identität«, »Sicherheit« und »Generation«, und um diese Themen herum wird heute debattiert.

Doch die Beiträge lassen sich nicht immer in die drei Punkte pressen. Die Schülerin Johanna Obst hat zum Beispiel eine Riesenforderung, ein Riesenthema, an dem sich schon die 129 Experten in den Arbeitsgruppen im Kanzleramt abgemüht haben und vermutlich nicht nur sie. »Bildung muss endlich Bundessache werden«, sagt die Schülerin einer 12. Klasse in Erfurt. »Ich weiß, das ist natürlich eine enorme Veränderung, denn dafür müsste das Grundgesetz geändert werden.«

»Das ist eine wirkliche Zukunftsaufgabe«, sagt Moderator Schöberl.

»Aber da wir hier wirklich über die Zukunft, über die langfristige Zukunft reden, denke ich, wäre das etwas, was man endlich einmal ins Auge fassen muss«, erwidert die Schülerin. »Warum wollen Sie das?«, fragt die Kanzlerin. »Wegen der Probleme der Vergleichbarkeit von Schule und Bildung zum Beispiel beim Umziehen?« »Das sind auf jeden Fall zwei Punkte«, sagt Johanna Obst, »die Vergleichbarkeit fehlt total. Dann ist es diese Umstellung, wenn man umziehen muss. Zum anderen ist es so, dass in den einzelnen Bundesländern ständig das System verändert wird. Es gibt verschiedene Systeme in verschiedenen Bundesländern. Immer wenn eine neue Partei an die Macht kommt, verändert sie das wieder.« Sagt Johanna Obst. Und außerdem könne man eine Menge Kosten sparen. Die Kanzlerin kennt die Sorge. Sie hat für sie großes Verständnis. Sie gibt aber auch offen zu bedenken, dass die Lösung genau dieser Probleme eine Aufgabe ist, die der Bund ohne die Länder nicht bewerkstelligen kann.

103 Minuten

103 Minuten dauert der Dialog. Es kommen viele zu Wort. Der alleinerziehende Vater Matthias Schorcht, der als Bauarbeiter von Ost nach West pendelte, um statt der 10 Euro Ost-Mindestlohn wenigstens die 13 Euro im Westen

zu bekommen. Dafür sei er morgens um drei Uhr aufgestanden und abends um sieben Uhr wieder heimgekommen. »Die unterschiedlichen Löhne in Ost und West müssen ein Ende haben«, sagt Schorcht. Die Kanzlerin verspricht, sich mit dieser Forderung zu befassen.

Einige Ältere erzählen von Problemen im ländlichen Raum, dass die Agrarwirtschaft eigentlich eine der wichtigsten Einnahmequellen Thüringens sei, dass dort aber vieles im Argen liege. Ganze Landstriche verödeten, die jungen Leute gingen weg, und vor allem auch der öffentliche Nahverkehr auf dem Land werde immer mehr zum Problem. Immer mehr Strecken würden eingespart. »Da muss sich was ändern«, wünschen sie sich von der Kanzlerin. Die nickt. Denn die Strukturprobleme des ländlichen Raums sind Ausdruck der demografischen Entwicklung Deutschlands, die die Bundesregierung intensiv beschäftigt. Das wird deutlich.

Wertschätzung in Deutschland

Henryk Balkow, Mitte 20, wohnt in Erfurt, sieht auch viele weggehen. Er will bleiben. »Die Menschen, die in Thüringen Entscheidungen treffen, sind oft entmutigt.« Er sieht großes Potenzial für Erfurt, auch als Medienstadt. Sabrina Große will »außerschulischen Projekten mehr Kontinuität geben und nicht nur ein Jahr finanzieren«. Auch das ein Thema, das die Expertenrunde im Kanzleramt breit diskutiert hat: Wie schafft man es, erfolgreiche Projekte weiterzuführen? Wie schafft man es, erfolgreiche Projekte bundesweit umzusetzen? Angela Merkel sagt in Erfurt: »Man muss bei Projekten schauen, was sich bewährt hat, man muss aber auch die Kraft haben, erfolglose Projekte aufzugeben. Aber ich gebe Ihnen recht, ein Jahr ist zu kurz, um das wirklich zu beurteilen.«

Der aus Angola stammende José Peca, seit 20 Jahren im Ausländerbeirat der Stadt Erfurt, spricht sich für mehr Wertschätzung aus, auch »wenn man anders aussieht«. Nachfrage der Kanzlerin, wie es bei ihm sei, was er in dieser Hinsicht schon erlebt habe. Darauf sagt er erst mal nichts. Er schweigt. Jeder im Saal ahnt: Es ist nicht immer so einfach, in Deutschland schwarz zu sein. »Es muss normal werden, dass man offen gegenüber Fremden ist und sie mit Offenheit aufnimmt«, sagt Merkel.

Offen gegenüber Fremden

So wird an diesem Abend Rechtsextremismus und Fremdenfeindlichkeit ein großes Thema. Eine ältere Frau sagt, dass die Rechten in Thüringen ein Problem seien und dass das zu Hause anfange, wenn der Enkel sage: »Den Müll sollen doch die Ausländer wegbringen.« Es sei unglaublich, sagt eine andere, dass das rechte Gedankengut hier in Thüringen Anhänger finde. Zumal die als NSU bekannte rechte Mördergruppe Thüringer Wurzeln habe. Eine andere Teilnehmerin fordert ein Verbot der NPD. »Ich bin der Meinung, diese Partei muss weg.« Und Angela Merkel hat dafür volles Verständnis. Ob die Voraussetzungen für ein Verbotsverfahren, das erfolgreich sein müsse, vorlägen, werde gerade zwischen dem Bund und den Ländern intensiv geprüft. Aber über solche rechtlichen Fragen hinaus appelliert die Bundeskanzlerin an die Verantwortung jedes Einzelnen bei diesem Thema: »Das fängt im Kleinen an. Jeder kann zu Hause aufpassen, wie wir miteinander umgehen.«

Es wird deutlich, dass es diese Begegnungen sind, die den Wert des Dialogs zeigen. Auch in Heidelberg und Bielefeld wird das so sein. In den Bürgergesprächen wird offenbar, wie sensibel viele Bürger ein Thema besprechen, wie sie sich die Zukunft vorstellen, was sie bewegt, welche Gedanken sie sich machen.

Der fernsehfreie Tag

Ja, hier geht es nicht um Rettungsschirme, nicht um die EU, nicht um die sogenannten großen Debatten, so wichtig all das auch ist. Hier geht es um die angeblich kleinen Dinge, die Gehör finden sollen. Spürbar.

Eine 12-Jährige will erreichen, dass ein Tag in der Woche fernsehfrei wird, damit die Familien wieder enger zusammenrücken können.

Und Siegfried Hörcher aus dem Färberdorf, selbst Kommunalpolitiker, spricht über Korruption und Wirtschaftskriminalität und dass sich viele bereicherten, dass »die Bevölkerung hier gerechtere Strafen vermisst«. Als sie darüber sprechen, wie die Deutschen sich selber sehen, sagt ein Student: »Ich will, dass Deutschland kein Kaufland wird, ich will nicht nur als Konsument wahrgenommen werden, sondern als Bürger ernst genommen.« Die teilnehmenden Bürger sprechen sich dafür aus, Kindern und Familien das Leben zu erleichtern. Auch wollen sie, dass das Ehrenamt gefördert wird.

Später, nach dem Dialog, gibt es noch einen kleinen Empfang. Man kann Fotos mit der Kanzlerin machen. Ein 18-Jähriger berichtet, dass er vorhin eigentlich etwas habe vorschlagen wollen, irgendwas mit Internet, aber dann sei er so nervös gewesen, dass es ihm nicht mehr eingefallen sei. Immerhin kommt es durch ein Handyfoto mit der Kanzlerin doch noch zu einer Begegnung und einem kurzen Wortwechsel. Am anderen Tag bezeichnet die *Thüringer Allgemeine* den ersten Bürgerdialog als eine »Sternstunde der Demokratie« und rechnet vor, dass 90 Prozent der Redezeit bei den Bürgern gelegen habe, und empfiehlt das Townhall-Meeting zur Nachahmung »für alle Politiker, die das Zuhören noch nicht verlernt haben«.

2. Der Online-Dialog

Cannabis, Hebammen und die GEZ – der Online-Dialog

Über Cannabis wissen die Mitarbeiter der Online-Redaktion jetzt fast alles. Jedes Detail. Wie es wirken soll, dass es auch als Medikament genutzt werden kann, dass Familienväter bekennen, statt Bier und Wein lieber mal abends einen Joint zu rauchen, wie man es anbaut, welche Sorten es gibt, woher man es beziehen kann, was es kostet. Denn wie in einem Sog hat sich der Vorschlag »Cannabis legalisieren« zu einem Favoriten des Online-Bürgerdialogs entwickelt.

Das Redaktionsteam des Online-Dialogs sitzt im Erdgeschoss des Bundespresseamts an der Dorotheenstraße in Berlin. Es ist ein großer Raum, die Tische sind u-förmig angeordnet, zwölf Computerbildschirme stehen da. Sie mussten umziehen, der ursprünglich geplante Raum war zu klein. In Spitzenzeiten mussten zehn Mitarbeiter gleichzeitig die Vorschläge bearbeiten. Gestartet wurde der Bürgerdialog im Internet am 1. Februar 2012.

Seitdem konnten die Bürger auf der Webseite *www.dialog-ueber-deutschland.de* ihre Ideen, ihre Vorschläge zur Zukunft Deutschlands einreichen. Der Online-Dialog orientierte sich ebenfalls an den drei Fragestellungen: »Wie wollen wir zusammenleben?«, »Wovon wollen wir leben?« und »Wie wollen wir lernen?«. Die Experten werden sich auch mit den Vorschlägen der Bürger auseinandersetzen und abklopfen, inwieweit sie sie in ihre Überlegungen mit einfließen lassen können.

Der Online-Dialog war ebenso ein Wagnis wie die Bürgergespräche. Im Kanzleramt und Presseamt war man sich unsicher: Wird das überhaupt angenommen? Wer beteiligt sich bei einer Online-Plattform?

Wenn es schneit, kommen die Ideen

»Schon in der ersten Stunde kamen hundert Vorschläge rein«, berichtet ein Redaktionsmitarbeiter. Mitte März waren es mehr als 8000. Jetzt, am 15. April, dem Ende der sogenannten »Vorschlagsphase«, sind es 11 618 Vorschläge und Ideen. Rund 1,7 Millionen Besuche konnten bis zu diesem Zeitpunkt auf der Homepage verzeichnet werden. Und über 74 000 Kommentare sind bis Mitte April eingegangen. Im Bundespresseamt haben sie sich jeden einzelnen Vorschlag, jeden einzelnen Kommentar angeschaut, bevor er hochgeladen wurde. Nicht immer das reine Vergnügen, denn manche sehen in der Webseite eine Möglichkeit, endlich mal Dampf abzulassen. In der Dorotheenstraße prüfen sie, ob die Beiträge verfassungskonform sind, dass sie weder strafbar, rassistisch noch sexistisch sind. Es ist ein Dauerlesen. »Die meisten Vorschläge kommen am frühen Abend und am Wochenende«, so erzählt einer aus der Redaktion. Als es im Februar noch mal geschneit habe, der Winter zurückgekehrt und es kalt gewesen sei, da sei ein Vorschlag nach dem anderen eingetrudelt.

Bei gutem Wetter schreiben die Bürger weniger Ideen.

»Sehr geehrte Frau Merkel«

Ein Blick auf die Seite genügt: Die Nutzer wollen vieles, die Themen sind breit gestreut. Sie fordern beispielsweise: »Ein Denkmal für die Trümmerfrauen«, die »Direktwahl des Bundespräsidenten« und eine »Abschaffung aller Quotenregelungen«. Es geht querbeet. Wer sich ein Bild von Deutschland machen will, muss hier lesen und sich durchklicken. Es kann sein, dass mehrere Tage lang ein Thema wie die »Arbeit freiberuflicher Hebammen« oder die »Ermöglichung des Kinderwunsches« ganz besonders intensiv diskutiert wird.

Die Nutzer organisieren sich, sie verabreden sich zum Disput auf der Regierungsseite. Es kann aber auch sein, dass plötzlich Themen wie »Zoophilie und Tierschutz« an Schwung gewinnen und man den Eindruck hat, ein Verbot von Sodomie sei eines der wichtigsten Themen im Land. Dann ebbt diese Welle ebenso schnell ab, wie sie gekommen ist.

Viele Beiträge sind sachlich formuliert, auch wenn man das Herzblut dahinter spürt. Manche leiten ihren Vorschlag ein mit einem »Sehr geehrte Frau Merkel«. Andere schimpfen über die Begrenzung auf 1500 Zeichen. Denn das reicht ihnen nicht aus, um ihr Schicksal oder ihre Wünsche in Gänze darzustellen.

Es tummeln sich auch echte Spezialisten für bestimmte Themen auf der Webseite des Bürgerdialogs, Ingenieure zum Beispiel, die Vorschläge zur Energiegewinnung machen, oder Bürger, die konkrete Änderungsvorschläge zu Gesetzen machen. Auch Mitarbeiter von Nachbarschaftsinitiativen und Bürgerstiftungen haben Erfahrungen und Anregungen mitzuteilen.

Besonders engagiert war der Deutsche Volkshochschul-Verband: An rund 50 Volkshochschulen in ganz Deutschland wurden zusammen mit der Bertelsmann-Stiftung eigene Zukunftstage veranstaltet, die Themen von Merkels Zukunftsdialog in Eigenregie diskutiert und anschließend Vorschläge auf der Online-Plattform des Zukunftsdialoges eingestellt.

Die eingegangenen Vorschläge werden nicht nur diskutiert und kommentiert, sie werden auch bewertet. Einmal von den Bürgern selbst, denn man kann als Besucher Stimmen für den jeweiligen Vorschlag abgeben. Die Absender der zehn am Ende der Vorschlagsphase am meisten unterstützten Vorschläge auf der Online-Plattform werden die Möglichkeit bekommen, mit der Kanzlerin persönlich über ihre Ideen und Anliegen zu sprechen. Das gilt auch für die, die für weitere zehn Vorschläge verantwortlich sind und von den Fachleuten aus dem Expertendialog zusammen mit den Mitarbeitern des Planungsstabes im Kanzleramt ausgewählt werden.

Die beim »Voting«, der Bewertung durch die Besucher der Online-Plattform, am stärksten abgeschnitten haben, stehen bereits fest. Die »Cannabis-Befürworter« sind unter ihnen, ebenso die Befürworter einer, wie sie es nennen, »offenen Diskussion über den Islam«, die Befürworter einer Förderung freiberuflicher Hebammen oder die Befürworter der doppelten Staatsbürgerschaft. Der gesamte Online-Dialog wird in den kommenden Wochen nicht nur hinsichtlich der Vorschläge, Ideen und Themen ausgewertet werden, auch eine methodische Manöverkritik ist geplant. Denn in Sachen online-gestützter Partizipation steht nicht nur die Bundesregierung, steht vielmehr das ganze Land erst noch am Anfang. Es gibt viel zu lernen und zu bedenken. Technische Dinge und Verfahrensaspekte greifen ineinander.

Viele wollen mitmachen. Von Politikverdrossenheit ist wenig zu spüren.

So viel ist klar: Das Internet als Raum für Austausch und Partizipation ist aus der modernen Welt nicht mehr wegzudenken. Aber ein vollständiger Ersatz für herkömmliche demokratische Willensbildung kann Partizipation im Netz nicht sein. Denn es ist wie im richtigen, im analogen Leben auch: Die Leute, die sich am besten organisieren und Zeit haben, schaffen es nach vorne, in die erste Reihe.

Eines aber hat der Online-Dialog auf jeden Fall gezeigt: Viele Bürger suchen den Dialog. Viele sind nicht politikverdrossen. Sie wollen mitmachen.

Epilog

Fünfunddreißig Grad im Schatten, es war einer der wärmsten Tag des Sommers 2011. Im sechsten Stock des Kanzleramts saß eine Reihe von Experten zusammen. Die eingeladenen Experten bildeten sozusagen die Vorhut des Zukunftsdialogs der Bundeskanzlerin. Um sie herum sollten später die ersten sechs Arbeitsgruppen gebildet werden. Sechs von 18, aufgeteilt in drei Themenstränge, die sehr grundsätzliche Überschriften trugen: »Wie wollen wir zusammenleben?«, »Wovon wollen wir leben?«, »Wie wollen wir lernen?«. Sie wurden gefragt, was sie erwarteten, was sie sich vorstellten, was ihnen fehle. Sicher war: Sie wollten »neu denken, quer denken, offen sein«, und sie wollten »politisch Umsetzbares« für die nächsten fünf bis zehn Jahre auf den Weg bringen.

Im Sommer 2011 begann ein Experiment im Kanzleramt. Ein Experiment für Transparenz in der Politik – und auch ein Experiment für eine neue Form der Beteiligung. Und der Politikberatung durch Experten, die sich im Berliner Politikbetrieb sonst nicht immer die Klinke in die Hand geben: Wissenschaftler und Praktiker, die miteinander fachübergreifend arbeiten, diskutieren und nach Konkretem fahnden.

Im 21. Jahrhundert hat sich die Bürgerbeteiligung insbesondere durch das Internet grundlegend geändert, eine Beteiligung ist direkter und unmittelbarer möglich. Das ändert auch die Politik: Sie muss vernetzter und transparenter sein. Das Dialog-Experiment im Kanzleramt war so etwas wie der erste Versuch einer Blaupause für eine Politik 2.0.

Es ist nun Ende April 2012. Vor wenigen Tagen ist der Online-Bürgerdialog zu Ende gegangen. Die virtuelle Mitmachmaschine hat gezeigt: An Ideen mangelt es nicht, und auch nicht am Willen zur Beteiligung. Die Mitarbeiter des Bundespresseamts (BPA) sitzen nun gemeinsam mit dem Stab Politische Planung und Grundsatzfragen des Kanzleramtes über den Vorschlägen und Ideen. Bis zum letzten Tag klickten die Ideen rein, die Kommentare ebben ohnehin nie ab.

Währenddessen ist der Expertendialog im Kanzleramt noch im Gange. Die 129 Experten treffen sich erneut in ihren Arbeitsgruppen. Sie haben nach den Gesprächen mit der Bundeskanzlerin ihre Vorschläge präzisiert und erweitert. Auch haben sie Vorschläge aus dem Bürgerdialog diskutiert. Bis in den Sommer hinein werden sie alles zusammenfassen. Da wartet noch viel Arbeit auf die Leiter der Arbeitsgruppen und natürlich die drei wissenschaftlichen Koordinatoren.

Am 28. August 2012 soll der Bundeskanzlerin der Bericht der Experten übergeben werden, höchstens 150 Seiten lang – so hat man es sich vorgenommen. Der gesammelte Zukunftsinput aus 18 Arbeitsgruppen.

Und dann wird es sich zeigen: Welche Vorschläge werden in tatsächliches Regierungshandeln einfließen? Welche Idee taucht wieder auf? Was wird weiterentwickelt, weiterdiskutiert? Was wird verworfen? Hat diese Form der Bürger-Mitnahme Zukunft?

Und darüber hinaus: Kann der »Dialog über Deutschlands Zukunft« ein erster Schritt in Richtung »Government Foresight« sein, wie das international genannt wird?

Es ist etwas angestoßen worden. Die Kanzlerin ist über ihre üblichen Termine hinaus mit Bürgern ins Gespräch gekommen, um die Politik dialogischer zu machen. Das haben nicht zuletzt auch die »Bürgergespräche« genannten Townhall-Meetings gezeigt, in denen Bürgerinnen und Bürger sehr offen davon gesprochen haben, wie eine gute Zukunft aussehen kann. Und was sie mit Blick auf die nahe Zukunft umtreibt. Der Dialog könnte also ein Prototyp dafür sein, wie Bürgerbeteiligung künftig funktionieren kann, und auch ein Modell, wie man Bürger über den Wahltag hinaus erreichen und beteiligen kann.

In einer der Arbeitsgruppen hat ein Experte gesagt, der Dialog zeige auch, wie »lebendig die Demokratie« ist. Dieser Zukunftsdialog ist ein Experiment. Unbestritten. Vielleicht aber eines, das Zukunft hat.

Anhang

Alle beteiligten Experten des Zukunftsdialogs der Bundeskanzlerin

Themenstrang I: »Wie wollen wir zusammenleben?«

Sabine Walper, Forschungsdirektorin am Deutschen Jugendinstitut, München, und Professorin für Pädagogik an der Ludwig-Maximilians-Universität München. Sie ist Leiterin der Arbeitsgruppe »Familie« des Zukunftsdialogs und zugleich wissenschaftliche Koordinatorin des Themenstrangs »Wie wollen wir zusammenleben?«.

Clemens Albrecht, Inhaber des Lehrstuhls für Soziologie an der Universität Koblenz / Landau und dort geschäftsführender Direktor des Instituts für Soziologie und Politikwissenschaft.

Britta Bannenberg, Professorin für Kriminologie, Jugendstrafrecht und Strafvollzug an der Justus-Liebig-Universität Gießen. Sie leitet die Arbeitsgruppe »Kriminalität und Sicherheit«.

Christoph Beier, Vorstandsmitglied und stellvertretender Vorstandssprecher der Deutschen Gesellschaft für Internationale Zusammenarbeit (GIZ) GmbH. Er ist u. a. Mitglied im Steering Committee der Alliance for Financial Inclusion (AFI). Beier ist Leiter der Arbeitsgruppe »Deutschland in den Augen der Welt« des Zukunftsdialogs.

Christoph Bertram, Vorsitzender des Stiftungsrats des Berlin-Instituts für Bevölkerung und Entwicklung sowie Kolumnist bei ZEIT-online. Bis 2005 war er Direktor der Stiftung Wissenschaft und Politik (SWP).

Anton F. Börner, Präsident des Bundesverbandes Großhandel, Außenhandel, Dienstleistungen e.V. (BGA) und persönlich haftender Gesellschafter der Firma Börner + Co KG. Er ist u. a. Mitglied im Außenwirtschaftsbeirat des Bundesministeriums für Wirtschaft.

Gerd Brudermüller, Vorsitzender Richter am Oberlandesgericht Karlsruhe und Honorarprofessor an der Universität Mannheim. Zudem ist er Vorsitzender des Deutschen Familiengerichtstages.

James Davis, Direktor des Instituts für Politikwissenschaft und Professor für Politikwissenschaft mit besonderer Berücksichtigung der Internationalen Beziehungen an der Universität St. Gallen.

Honey Deihimi, Referatsleiterin bei der Beauftragten der Bundesregierung für Migration, Flüchtlinge und Integration. Zuvor war sie Integrationsbeauftragte des Landes Niedersachsen.

Jörg M. Fegert, Ärztlicher Direktor der Klinik für Kinder- und Jugendpsychiatrie / Psychotherapie am Universitätsklinikum Ulm sowie Kuratoriumsvorsitzender der Stiftung »Achtung Kinderseele!«.

Klaus-Dieter Frankenberger, Ressortleiter Außenpolitik bei der *Frankfurter Allgemeinen Zeitung*.

Frank Frick, Politikwissenschaftler, Direktor »Good Governance / Zukunft der Beschäftigung« bei der Bertelsmann-Stiftung.

Oscar W. Gabriel, Inhaber des Lehrstuhls für Politische Systeme und Politische Soziologie an der Universität Stuttgart und Direktor am Institut für Politikwissenschaft und Sozialwissenschaften. Er leitet die Arbeitsgruppe »Chancen und Grenzen der Bürgerbeteiligung« des Zukunftsdialogs.

Kurt Hahlweg, Professor für Psychologie an der Technischen Universität Braunschweig.

Daniel Hamilton, Professor an der Johns Hopkins University in Washington, D.C., wo er das Center for Transatlantic Relations leitet. Er ist zudem Executive Director des American Consortium on EU Studies.

Rolf Heinze, Inhaber des Lehrstuhls für Allgemeine Soziologie, Arbeit und Wirtschaft an der Ruhr-Universität Bochum (RUB) sowie wissenschaftlicher Direktor des Instituts für Wohnungswesen, Immobilienwirtschaft, Stadt- und Regionalentwicklung (InWIS) an der RUB.

Christian Horn, Polizeihauptkommissar in Berlin. Bei der für die Bezirke Friedrichshain-Kreuzberg und Neukölln zuständigen Polizeidirektion 5 leitet er das Arbeitsgebiet Integration und Migration.

Josef Janning, Director of Studies am European Policy Centre (EPC) in Brüssel.

Karin Jurczyk, promovierte Soziologin, sie leitet die Abteilung Familie und Familienpolitik am Deutschen Jugendinstitut, München.

Thomas Klie, Professor für öffentliches Recht und Verwaltungswissenschaften an der evangelischen Hochschule Freiburg und Privatdozent an der Alpen-Adria-Universität Klagenfurt / IFF Wien für das Fach Gerontologie. Er leitet das Institut für angewandte Sozialforschung »Alter, Gesellschaft, Partizipation« (AGP) sowie das Zentrum für Zivilgesellschaftliche Entwicklung (ZZE) in Freiburg und Hamburg.

Ab Klink, Soziologe und promovierter Jurist. Er ist Professor an der Universität von Amsterdam (Arbeit, Gesundheit und Sozialwesen) und arbeitet seit Mitte des Jahres bei der Unternehmensberatung Boos & Co. Von 2007 bis 2010 war er Minister für Gesundheit, Wohlfahrt und Sport der Niederlande. Zuvor leitete er das Wetenschappelijk Institut der Partei Christen Democratisch Appèl (CDA).

Ton Koper, Gründer und Geschäftsführer von RespectNet, einem Beratungsunternehmen für Service-Kommunikation in Basel. Er ist Initiator und Präsident der powerAge Foundation.

Volker Kronenberg, akademischer Direktor am Institut für Politische Wissenschaft und Soziologie der Universität Bonn und Honorarprofessor an der Hochschule Bonn-Rhein-Sieg.

Andreas Kruse, Direktor des Instituts für Gerontologie der Ruprecht-Karls-Universität Heidelberg. Er war Vorsitzender der 3., 5. und 6. Altenberichtskommission sowie Mitglied der 8. Familienberichtskommission der Bundesregierung. Er leitet die Arbeitsgruppe »Zusammenleben der Generationen« des Zukunftsdialogs.

Hanno Kube, Inhaber des Lehrstuhls für Öffentliches Recht und Steuerrecht an der Johannes-Gutenberg-Universität Mainz. Als Bevollmächtigter vertritt er die Bundesregierung in Verfahren vor dem Bundesverfassungsgericht und dem Europäischen Gerichtshof.

Herbert Kubicek, Professor und leitender Wissenschaftler am Institut für Informationsmanagement an der Universität Bremen (ifib). Bis 2011 war er dessen Direktor und Inhaber des Lehrstuhls für Angewandte Informatik. Er ist Vorsitzender des Vorstands und Wissenschaftlicher Direktor der Stiftung Digitale Chancen in Berlin.

Ursula Lehr, Vorsitzende der Bundesarbeitsgemeinschaft der Seniorenorganisationen (BAGSO). Sie war von 1988 bis 1991 Bundesministerin für Jugend, Familie, Frauen und Gesundheit. Von 1986 bis 1998 hatte sie den ersten deutschen Lehrstuhl für Gerontologie an der Universität Heidelberg inne.

Friedrich Lösel, Direktor des Kriminologischen Instituts der University of Cambridge, England, und bis September 2011 zugleich Inhaber des Lehrstuhls für Psychologie I der Universität Erlangen-Nürnberg. Er war Präsident der European Association of Psychology and Law sowie Mitglied der Anti-Gewaltkommission der Bundesregierung.

Bernd-Dieter Meier, Direktor des Kriminalwissenschaftlichen Instituts der Leibniz Universität Hannover und Professor für Strafrecht, Strafprozessrecht und Kriminologie.

Hans-Peter Meister, Gründer und geschäftsführender Gesellschafter der IFOK GmbH, Kommunikations- und Strategieberatung für Beteiligung, Dialog und Mediation. Er lehrt an der Hertie School of Governance in Berlin zum Thema Steuerung und Kommunikation in der modernen Netzwerkgesellschaft.

Bernhard Nauck, Inhaber des Lehrstuhls für Allgemeine Soziologie an der Technischen Universität Chemnitz. Er ist Sprecher des Deutschen Familienpanels.

Elisabeth Pott, Direktorin der Bundeszentrale für gesundheitliche Aufklärung und Honorarprofessorin an der Medizinischen Hochschule Hannover, Zentrum für öffentliche Gesundheitspflege am Institut für Epidemiologie, Sozialmedizin und Gesundheitssystemforschung.

Hermann Pünder ist Inhaber des Lehrstuhls für Öffentliches Recht (einschließlich Europarecht), Verwaltungswissenschaft und Rechtsvergleichung an der Bucerius Law School – Hochschule für Rechtswissenschaften in Hamburg. Er ist u. a. Spezialist für Staats- und Verwaltungsmodernisierung und Fragen der Partizipation.

Thomas Risse, Professor für internationale Politik am Otto-Suhr-Institut für Politikwissenschaft der Freien Universität Berlin und Sprecher des Sonderforschungsbereichs der Deutschen Forschungsgemeinschaft (DFG) »Governance in Räumen begrenzter Staatlichkeit«.

Susanne Sander, stellvertretende Leiterin des Deutschen Instituts für Community Organizing, Berlin. Die Politikwissenschaftlerin war sechs Jahre lang Quartiersmanagerin in Berlin und hat die Bürgerplattform Wedding / Moabit »Wir sind da!« aufgebaut.

Almut Satrapa-Schill, verantwortlich für Förderstrategien und Programmentwicklung »Gesundheit«, »Pflege«, »Alter und Demografie« in der Robert-Bosch-Siftung. Sie leitet dort seit über 20 Jahren den Sonderbereich »Zukunftsfragen der Gesundheitsversorgung«.

Herbert Scheithauer, Professor für Entwicklungs- und klinische Psychologie an der Freien Universität Berlin. Er hat verschiedene Programme zum Thema Gewaltprävention entwickelt.

Richard Schröder, Vorstandsvorsitzender der Deutschen Nationalstiftung und bis 2009 Inhaber des Lehrstuhls für Philosophie an der theologischen Fakultät der Humboldt-Universität zu Berlin. 1990 war er Fraktionsvorsitzender der SPD in der frei gewählten DDR-Volkskammer.

Herbert Schubert, Raum- und Sozialwissenschaftler. Er ist Professor an der Fakultät für Angewandte Sozialwissenschaften der Fachhochschule Köln und leitet dort den Forschungsschwerpunkt »Sozial / Raum / Management«. Außerdem außerplanmäßiger Professor der Fakultät für Architektur und Landschaft der Leibniz Universität Hannover.

Zafer Şenocak, deutscher Schriftsteller türkischer Herkunft. Seit 1990 lebt er in Berlin, unterbrochen durch häufige Auslandsaufenthalte als Writer in Residence an Universitäten u. a. in Frankreich, Kanada und den USA. 2011 erschien sein Buch *Deutschsein. Eine Aufklärungsschrift*.

Loring Sittler, einer der beiden Leiter des Zukunftsfonds der Generali Deutschland Holding AG. 2011 erschien sein Buch *Wir brauchen Euch! Wie sich die Generation 50+ engagieren und verwirklichen kann*.

Constanze Stelzenmüller, Senior Transatlantic Fellow des German Marshall Fund of the United States (GMF). Sie ist Vorsitzende des wissenschaftlichen Beirates der Deutschen Stiftung Friedensforschung.

Gabriela Stoppe, Professorin für Psychiatrie und Psychotherapie an den Universitären Psychiatrischen Kliniken in Basel. Sie leitet die Arbeitsgruppe »Mental Health und alternde Bevölkerung« von Swiss Public Health und ist stellvertretende Vorsitzende der Sektion »Old Age Psychiatry« der European Psychiatric Association.

Susanne Stürmer, Geschäftsführerin bei der UFA-Film- und -TV-Produktion, promovierte Volkswirtin und Professorin für »Produktion neuer Medien« an der Hochschule für Film und Medien »Konrad Wolf« in Potsdam.

Berthold Tillmann, von 1999 bis 2009 Oberbürgermeister von Münster. Er lehrt als Honorarprofessor am Institut für Politikwissenschaft (IfPol) der Westfälischen Wilhelms-Universität Münster (WWU) Kommunal- und Regionalpolitik. Darüber hinaus engagiert er sich im interdisziplinären »Kompetenzzentrum Nachhaltige Kommunale Finanzpolitik« des IfPol der WWU.

Bülent Ucar, Islamwissenschaftler, Inhaber der Professur für Islamische Religionspädagogik und Leiter des Zentrums für Interkulturelle Islamstudien der Universität Osnabrück. Er ist Mitglied der Deutschen Islam Konferenz beim Bundesministerium des Innern.

Haci-Halil Uslucan, Psychologe und wissenschaftlicher Leiter des Zentrums für Türkeistudien und Integrationsforschung sowie Professor für Moderne Türkeistudien an der Universität Duisburg-Essen.

Thomas Weber, Diplom-Psychologe und Geschäftsführer der Trauma-TransformConsult GmbH. Seine Tätigkeitsschwerpunkte sind die kurz- und mittelfristige psychologische Nachsorge für Gewalt- und Unfallopfer und Krisenmanagement.

Ilse Wehrmann, Erzieherin und promovierte Diplom-Sozialpädagogin. Sie berät Unternehmen bei der Einrichtung von Betriebskindergärten und ist als Sachverständige für Frühpädagogik tätig.

Birgit Weitemeyer, Inhaberin des Lehrstuhls für Steuerrecht und Direktorin des Instituts für Stiftungsrecht und das Recht der Non-Profit-Organisationen an der Bucerius Law School, Hamburg. Sie ist u. a. Mitglied im Bündnis Gemeinnützigkeit der Spitzenverbände des Dritten Sektors.

Andreas Wirsching, Direktor des Instituts für Zeitgeschichte München – Berlin und Professor für Neueste Geschichte an der Ludwig-Maximilians-Universität München. Er ist Mitherausgeber u. a. des *Journal of Modern European History* und der *Vierteljahrshefte für Zeitgeschichte*. Wirsching leitet die Arbeitsgruppe »Deutschlands Selbstbild« des Zukunftsdialogs.

Andreas Zick, Inhaber des Lehrstuhls für Sozialisation und Konfliktforschung der Fakultät für Erziehungswissenschaft an der Universität Bielefeld. Er ist Mitglied im Institut für Interdisziplinäre Konflikt- und Gewaltforschung (IKG).

Annette Zimmer, Professorin für Sozialpolitik und Vergleichende Politikwissenschaft am Institut für Politikwissenschaft der Westfälischen Wilhelms-Universität Münster. Ihre Forschungsschwerpunkte sind Zivilgesellschaft und bürgerschaftliches Engagement sowie gemeinnützige Organisationen.

Themenstrang II: »Wovon wollen wir leben?«

Klaus Henning, Elektrotechniker und Politikwissenschaftler. Bis 2010 war er Professor an der Rheinisch-Westfälischen Technischen Hochschule Aachen (RWTH) und dort zuletzt Inhaber des Lehrstuhls Informationsmanagement im Maschinenbau und Leiter des Zentrums für Lern- und Wissensmanagement. Er arbeitet als Berater der Osto Systemberatung GmbH. Im Zukunftsdialog der Bundeskanzlerin leitet er die Arbeitsgruppe »Einzigartigkeit und Standortidentität« und ist wissenschaftlicher Koordinator des Themenstrangs »Wovon wollen wir leben?«.

Beatrix Behrens, Verwaltungswissenschaftlerin. Sie leitet den Bereich Personalpolitik und Personalentwicklung der Bundesagentur für Arbeit.

Christian Berg, Vorstandsmitglied der Deutschen Gesellschaft des Club of Rome. Er verantwortet das Thema Thought Leadership in der Nachhaltigkeitsberatung der SAP, dem Global Services Sustainability Hub.

Er ist u. a. Honorarprofessor für Nachhaltigkeit und Globalen Wandel an der Technischen Universität Clausthal. Er leitet die Arbeitsgruppe »Nachhaltiges Wirtschaften und Wachstum« des Zukunftsdialogs.

Stefan Bergheim, Volkswirt und Direktor der 2009 gegründeten gemeinnützigen Denkfabrik »Zentrum für gesellschaftlichen Fortschritt« in Frankfurt am Main. Er leitet die Arbeitsgruppe »Wohlstand, Lebensqualität und Fortschritt« des Zukunftsdialogs.

Albert Braakmann, Leiter der Gruppe Nationaleinkommen, Sektorkonten, Außenwirtschaft des Statistischen Bundesamtes. Er ist Vorstandsmitglied der International Association for Research in Income and Wealth (IARIW).

Heike Bruch, Direktorin des Instituts für Führung und Personalmanagement sowie Ordinaria an der Universität St. Gallen. Sie ist Vorstandsmitglied der Deutschen Gesellschaft für Personalführung. Sie leitet die Arbeitsgruppe »Arbeiten im demografischen Wandel« des Zukunftsdialogs.

Christian Calliess, Jurist und Inhaber des Lehrstuhls für Öffentliches Recht und Europarecht an der Freien Universität Berlin sowie des »Jean-Monnet-Lehrstuhls für Europäische Integration«. Er ist u. a. Mitglied des Sachverständigenrates für Umweltfragen der Bundesregierung.

Georg Cremer, Volkswirt und Pädagoge. Er ist Generalsekretär und Vorstand für Sozial- und Fachpolitik des Deutschen Caritasverbandes sowie außerplanmäßiger Professor für Volkswirtschaftslehre an der Universität Freiburg.

Jan Delhey, Professor für Soziologie an der Jacobs University Bremen. Seine Forschungsschwerpunkte sind Lebensqualität, subjektives Wohlbefinden (Glück) und zwischenmenschliches Vertrauen.

Walter Ganz, Direktor des Fraunhofer-Instituts für Arbeitswirtschaft und Organisation (IAO) und des Instituts für Arbeitswissenschaft und Technologiemanagement (IAT) an der Universität Stuttgart.

Frank Hees, stellvertretender Institutsdirektor am Zentrum für Lern- und Wissensmanagement der Rheinisch-Westfälischen Technischen Hochschule Aachen (RWTH) und Geschäftsführer des Instituts für Unternehmenskybernetik.

Jürgen Howaldt, Professor an der wirtschafts- und sozialwissenschaftlichen Fakultät der Technischen Universität Dortmund und Direktor der Sozialforschungsstelle Dortmund.

Martin Hubschneider, Wirtschaftsingenieur. Er ist Gründer und Vorstandsvorsitzender der CAS Software AG, die sich auf das Kundenbeziehungsmanagement von mittelständischen Unternehmen spezialisiert hat.

Denis Huschka, Soziologe, Politikwissenschaftler und Geschäftsführer des Rats für Sozial- und Wirtschaftsdaten. Er ist Executive Director der International Society for Quality of Life (ISQOLS).

Ulrich Klotz, Elektrotechniker, arbeitet seit den 80er Jahren beim Vorstand der IG Metall und als Stiftungsprofessor an der Hochschule für Gestaltung in Offenbach im Themenfeld »Computer und Arbeit«.

Andreas Knabe, Volkswirt und Juniorprofessor für Arbeitsmarkt- und Sozialpolitik an der Freien Universität Berlin. Derzeit nimmt er eine Lehrstuhlvertretung für Finanzwissenschaft an der Otto-von-Guericke-Universität Magdeburg wahr.

Lambert T. Koch, Wirtschaftswissenschaftler und seit 2008 Rektor der Bergischen Universität Wuppertal. Er leitet das Wuppertaler Institut für Gründungs- und Innovationsforschung.

Christa Liedtke, Leiterin der Forschungsgruppe »Nachhaltiges Produzieren und Konsumieren« beim Wuppertal Institut für Klima, Umwelt, Energie.

Georg Meran, Lehrstuhlinhaber für Umweltökonomie und Wirtschaftspolitik an der TU Berlin sowie Studiendekan an der Fakultät für Wirtschaft und Management.

Wolfgang Müller-Pietralla, Diplom-Biologe. Er leitet den Bereich Zukunftsforschung und Trendtransfer bei der Volkswagen AG. Er hat einen Lehrauftrag im Studiengang Zukunftsforschung an der Freien Universität Berlin.

Notburga Ott, Inhaberin des Lehrstuhls für Sozialpolitik und Institutionenökonomik an der Ruhr-Universität Bochum und Mitglied des wissenschaftlichen Beirats für Familienfragen des Bundesministeriums für Familie, Senioren, Frauen und Jugend.

Ortwin Renn, Ordinarius für Umwelt- und Techniksoziologie an der Universität Stuttgart und Direktor des interdisziplinären Forschungsschwerpunkts »Risiko und nachhaltige Technikentwicklung«. Ortwin Renn ist u. a. Präsidiumsmitglied der Deutschen Akademie der Technikwissenschaften und Vorsitzender des Nachhaltigkeitsbeirates Baden-Württembergs.

Wolfgang Schmalz, geschäftsführender Gesellschafter der J. Schmalz GmbH, einem familiengeführten, weltweit tätigen mittelständischen Unternehmen für Vakuumtechnologie in der Automatisierungs-, Handhabungs- und Aufspanntechnik.

Christoph Schmidt, Präsident des Rheinisch-Westfälischen Instituts für Wirtschaftsforschung (RWI) und Professor an der Ruhr-Universität Bochum. Er ist Mitglied im Sachverständigenrat zur Begutachtung der gesamtwirtschaftlichen Entwicklung und der Enquete-Kommission »Wachstum, Wohlstand, Lebensqualität« des Deutschen Bundestages.

Ronnie Schöb, Inhaber des Lehrstuhls für Finanzwissenschaft mit dem Schwerpunkt »internationale Finanzpolitik« an der Freien Universität Berlin.

Miranda Schreurs, Professorin für Vergleichende Politikwissenschaft und Leiterin des Forschungszentrums für Umweltpolitik der Freien Universität Berlin. Sie ist Mitglied des Sachverständigenrates für Umweltfragen (SRU).

Eckart Severing, Leiter des Forschungsinstituts Betriebliche Bildung (f-bb) in Nürnberg, München und Berlin. Er ist u. a. Mitglied des Vorstands der Arbeitsgemeinschaft Berufsbildungsforschungsnetz (AGBFN).

Dieter Spath, Leiter des Fraunhofer-Instituts für Arbeitswirtschaft und Organisation (IAO) und des Instituts für Arbeitswissenschaft und Technologiemanagement (IAT) an der Universität Stuttgart. Er ist Vizepräsident der Deutschen Akademie der Technikwissenschaften (acatech). Spath leitet die Arbeitsgruppe »Zukunft der Arbeit« des Zukunftsdialogs.

Michael Vassiliadis, Vorsitzender der Gewerkschaft IG Bergbau, Chemie, Energie. Er ist u. a. Mitglied im Rat für nachhaltige Entwicklung der Bundesregierung.

Frank Wallau, Professor für Mittelstandspolitik, Unternehmensgründung und -nachfolge an der Fachhochschule der Wirtschaft in Paderborn / Bielefeld und Mitarbeiter am Institut für Mittelstandsforschung Bonn.

Ulrich Walwei, stellvertretender Direktor des Instituts für Arbeitsmarkt und Berufsforschung (IAB), einer Forschungseinrichtung der Bundesagentur für Arbeit.

Philine Warnke, stellvertretende Leiterin des Competence Centre Innovations- und Technologiemanagement und Vorausschau am Fraunhofer-Institut für System- und Innovationsforschung (ISI).

Marion Weissenberger-Eibl, Betriebswirtin und Bekleidungsingenieurin. Sie leitet das Fraunhofer-Institut für System- und Innovationsforschung ISI. Seit 2004 ist sie Professorin für das Fachgebiet Innovations- und Technologiemanagement an der Universität Kassel. Sie leitet die Arbeitsgruppe »Innovationskultur« des Zukunftsdialogs.

Manfred Wittenstein, Vorstandsvorsitzender der WITTENSTEIN AG. Er ist Wirtschaftsingenieur und Mitglied der Forschungsunion Wirtschaft – Wissenschaft und Mitglied des Senats der acatech.

Frank-Hendrik Wurm, Leiter des Forschungs- und Technologiezentrums beim Dortmunder Pumpenspezialisten Wilo SE. Er hat gegenwärtig die Professur für Strömungsmaschinen an der Universität Rostock inne und ist dort Vorstand des Kompetenzzentrums für Strömungsmaschinen.

Dieter Zapf, Professor am Institut für Psychologie der Goethe-Universität Frankfurt und leitet dort die Abteilung Arbeits- und Organisationspsychologie. Er ist einer der wissenschaftlichen Direktoren des Centers for Leadership and Organizational Behavior CLBO.

Themenstrang III: »Wie wollen wir lernen?«

Stephan Breidenbach, Wirtschaftsmediator und Lehrstuhlinhaber für Bürgerliches Recht, Zivilprozessrecht und internationales Wirtschaftsrecht an der Europa-Universität Viadrina Frankfurt an der Oder, Mitgründer und Dean der HUMBOLDT-VIADRINA School of Governance in Berlin sowie Professor an der Universität Wien. Er hat www.betterplace.org mit ins Leben gerufen. Im Zukunftsdialog der Bundeskanzlerin ist er wissenschaftlicher Koordinator des Themenstrangs »Wie wollen wir lernen« und leitet die Arbeitsgruppe »Lernende Gesellschaft«.

Mathias Albert, Professor für Politikwissenschaft an der Universität Bielefeld. Er ist einer der Leiter der 16. Shell Jugendstudie.

Knut Bergmann ist Fellow der Stiftung Neue Verantwortung und arbeitet im Bereich »Presse und Kommunikation« des Deutschen Bundestages. Er ist Lehrbeauftragter an verschiedenen Berliner Hochschulen.

Béa Beste studierte Wirtschaftsingenieurwesen und Gesellschafts- und Wirtschaftskommunikation und gründete die bilingualen Phorms-Schulen. Zurzeit entwickelt sie die Lern-Initiative PlayDUcation.

Fritz Böhle, Vorsitzender des Vorstands des Instituts für sozialwissenschaftliche Forschung e.V., München (ISF), und Leiter der Forschungseinheit für Sozioökonomie der Arbeits- und Berufswelt an der Universität Augsburg.

Heather Cameron, Juniorprofessorin für Integrationspädagogik an der Freien Universität Berlin und Associate Professor Extraordinarius an der University of the Western Cape in Kapstadt, Südafrika. 2010 vom Deutschen Hochschulverband als Hochschullehrerin des Jahres ausgezeichnet.

Jutta Croll ist Mitglied des Vorstands der Stiftung Digitale Chancen, einer gemeinnützigen Organisation unter der Schirmherrschaft des Bundesministeriums für Wirtschaft und Technologie und des Bundesministeriums für Familie, Senioren, Frauen und Jugend.

Reinald Eichholz ist Mitglied des Deutschen Komitees für Unicef sowie Mitglied der »National Coalition für die Umsetzung der UN-Kinderrechtskonvention in Deutschland«.

Hermann Genz leitet den Fachbereich Soziale Sicherung, Arbeitshilfen und Senioren der Stadt Mannheim und ist Geschäftsführer des Job Centers Mannheim.

Werner Greve, Professor für Psychologie an der Universität Hildesheim. Zuvor war er stellvertretender wissenschaftlicher Direktor des Kriminologischen Forschungsinstituts Niedersachsen.

Christine Henry-Huthmacher, Arbeits- und Sozialrechtlerin und Koordinatorin für Frauen- und Familienpolitik der Konrad-Adenauer-Stiftung.

Joachim Hoffmann, Leiter Strategische Personalentwicklung und Change Management Beratung der BMW Group.

Gerald Hüther, Leiter der Zentralstelle für Neurobiologische Präventionsforschung der Universitäten Göttingen und Mannheim/Heidelberg. Er ist u. a. Präsident des wissenschaftlichen Beirats der Sinn-Stiftung. Er leitet die Arbeitsgruppe »Potenzialentfaltung und selbstverantwortliche Lebensgestaltung« des Zukunftsdialogs.

Philipp Justus ist Vorstandsvorsitzender von zanox, einem Netzwerk für erfolgsbasierte Internetwerbung. Zuvor war er zehn Jahre in verschiedenen Führungspositionen bei Ebay tätig.

Daniela Kobelt Neuhaus, Vorstandsmitglied der Karl Kübel Stiftung für Kind und Familie.

Madeleine Krispin, diplomierter systemischer Businesscoach und Reiss Profile Master. Sie berät und coacht Führungskräfte.

Jürgen Ludwig, Ausbildungsleiter für den Fachbereich Systemelektronik bei der Wirtgen GmbH.

Martina Niemann, Volkswirtin und Chief Human Resources Officer bei Air Berlin. Zuvor leitete sie den Bereich Vergütungs- und Sozialpolitik bei der Deutschen Bahn AG und war Bereichsleiterin für Personalsteuerung und Konzern-Arbeitsmarkt der DB AG. Sie leitet die Arbeitsgruppe »Berufliches und lebenslanges Lernen« des Zukunftsdialogs.

Horst Niesyto, leitet die Abteilung Medienpädagogik am Institut für Erziehungswissenschaft an der Pädagogischen Hochschule Ludwigsburg. Er ist Vorsitzender der Sektion Medienpädagogik in der Deutschen Gesellschaft für Erziehungswissenschaft (DGfE) und Sprecher der Initiative »Keine Bildung ohne Medien!«.

Günther Opp, Professor für Verhaltensgestörtenpädagogik mit den Schwerpunkten schulische Inklusion, Resilienzforschung, Positive Peerkultur sowie Schulqualität und Schulentwicklung in der schulischen Erziehungshilfe an der Universität Halle-Wittenberg.

Leo Penta, Professor an der Katholischen Hochschule für Sozialwesen Berlin und Direktor des Deutschen Instituts für Community Organizing.

Iris Pfeiffer, Psychologin und Wirtschaftswissenschaftlerin, Leiterin des Marktfeldes Bildung und Beschäftigung der Prognos AG.

Birger Priddat, Professor für politische Ökonomie an der Universität Witten / Herdecke.

Margret Rasfeld, Direktorin der Evangelischen Schule Berlin Zentrum. Sie berät als Bildungsinnovatorin Schulen, Projekte, Stiftungen und Vereine. Rasfeld ist Leiterin der Arbeitsgruppe »Gemeinsinn und soziale Kompetenzen« des Zukunftsdialogs.

Christian Rauch, Geschäftsführer Produktentwicklung Arbeitslosenversicherung bei der Bundesagentur für Arbeit in Nürnberg. Er ist verantwortlich für Prozesse, Produkte und Programme im Sozialgesetzbuch III.

Jörg Rheinboldt ist Internetspezialist und -unternehmer. Er gründete die Unternehmen denkwerk GmbH, alando.de AG sowie die Beteiligungsgesellschaft M10 GmbH. Rheinboldt ist Leiter der Arbeitsgruppe »Digitale Kompetenzen« des Zukunftsdialogs.

Rolf Schmachtenberg, Mathematiker und Volkswirt, leitet das Deutsch-Indische Programm für Soziale Sicherung (ein Projekt der GIZ), das das indische Arbeits- und Finanzministerium bei der Einführung von Leistungssystemen zur sozialen Absicherung informell Beschäftigter unterstützt.

Hilmar Schneider Direktor für Arbeitsmarktpolitik am Forschungsinstitut zur Zukunft der Arbeit (IZA), Bonn. Er ist Research Affiliate des Deutschen Instituts für Wirtschaftsforschung (DIW Berlin). Schneider leitet die Arbeitsgruppe »Integration bildungs- und arbeitsmarktferner Jugendlicher in Ausbildung und Beschäftigung« des Zukunftsdialogs.

Hedwig Schomacher ist Berufsschullehrerin für Sozialwissenschaften und Deutsch und leitet das Berufskolleg Vera Beckers in Krefeld, ein Berufskolleg mit 32 unterschiedlichen Bildungsgängen im dualen und vollzeitschulischen System der Berufsausbildung.

Ulrich Schoof, Project Manager bei der Bertelsmann-Stiftung im Programm »Moderne Beschäftigungsfähigkeit« und dort für das Projekt »Zukunft der Beschäftigung« zuständig.

Jan Seidler ist Geschäftsführer der Unwire Deutschland GmbH, der deutschen Niederlassung von Skandinaviens Marktführer für Mobile Services.

Kay Senius arbeitet seit 1974 für die Bundesagentur für Arbeit in verschiedenen Führungsfunktionen. Seit 2009 Vorsitzendes Mitglied in der Geschäftsführung der Regionaldirektion Sachsen-Anhalt-Thüringen. Er ist Mitglied im Demografie-Beirat des Landes Sachsen-Anhalt.

Christina Tillmann leitet das Projekt »Politik gemeinsam gestalten« der Bertelsmann-Stiftung, dessen Ziel es ist, die Wirksamkeit und Anschlussfähigkeit von Bürgerbeteiligung an politisch-administrativen Prozessen zu stärken.

Jörn von Lucke, Professor für Verwaltungs- und Wirtschaftsinformatik an der Zeppelin University in Friedrichshafen. Zugleich ist er Gründungsdirektor des Deutsche Telekom Institute for Connected Cities (TICC).

Günter Walden leitet die Abteilung »Sozialwissenschaftliche Grundlagen der Berufsbildung« im Bundesinstitut für Berufsbildung.

Joachim Wedekind beschäftigt sich am Leibniz-Institut für Wissensmedien (IWM), Tübingen, mit der Konzeption und Implementation komplexer Informationssysteme.

Christian Welzel, Professor für politische Kulturforschung am Institut für Politikwissenschaft und Zentrum für Demokratieforschung der Leuphana Universität Lüneburg.

Nina Wielage, Diplom-Ökonomin und Beraterin bei Rambøll Management Consulting in der Abteilung Arbeitsmarkt- und Beschäftigungspolitik.

Oliver Zwirner arbeitet bei der Europäischen Kommission als Referent in der ökonomischen Abteilung der Generaldirektion Umwelt an Indikatoren, Statistiken und der »Mehr als BIP«-Initiative (»beyond GDP«).